J'ai essayé de décrire certains traits de ce à quoi ressemble la vie morale, sans rien dire de ce à quoi elle doit ressembler. Nos pratiques sont exploratoires, et c'est en vérité seulement par leur exploration que nous en venons à une vision complète de ce que nous pensions, de ce que nous voulions dire.

Cora Diamond, *L'esprit réaliste*

L'éthique
comme manière de vivre

DANS LA MÊME COLLECTION

Richard MORAN, *Autorité et aliénation. Essai sur la connaissance de soi*, 2013.

Roberto FREGA, *Les sources sociales de la normativité*, 2013.

Piergiorgio DONATELLI, *Manières d'être humain. Une autre philosophie morale*, 2014.

Estelle FERRARESE, *Éthique et politique de l'espace public. Jürgen Habermas et la discussion*, 2015.

Soumaya MESTIRI, *Décoloniser le féminisme. Une approche transculturelle*, 2016.

Patrick PHARO, *La belle vie dorée sur tranche*, 2017.

Hugo CLÉMOT, *Cinéthique*, 2018.

Gérard BENSUSSAN, *Les deux morales*, 2019.

Anne LE GOFF, *L'animal humain*, 2020.

David ZAPERO, *La forme de la règle. Kant, l'éthique et la subjectivité*, 2022.

Marie GAILLE, *En soutien à la vie. Éthique du care et médecine*, 2022.

MARTIN ARRIOLA

L'éthique comme manière de vivre

Wittgenstein et Hadot

La vie morale

VRIN

Directrice de collection :
Sandra Laugier

Imprimé en France
ISSN 2272-3781
ISBN 978-2-7116-3083-7
www.vrin.fr

ABRÉVIATIONS

Les abréviations ci-dessous, listées en ordre alphabétique, sont employées pour référer aux œuvres publiées de Wittgenstein. Les autres ouvrages sont notés suivant la méthode française. La référence mentionnée entre parenthèses est celle du numéro de la proposition pour le *Tractatus logico-philosophicus*, et la date (jour, mois, année) pour les *Carnets 1914-1916*. Les références de la première partie des *Recherches philosophiques* sont aux paragraphes alors que celles de la deuxième partie (II) sont aux numéros de sections suivis de la page de l'édition française. Dans le cas de *Grammaire philosophique*, c'est le numéro de paragraphe qui est donné pour la première partie et les pages de l'édition française pour le reste de l'ouvrage. Pour ce qui est de BT, CBB, RM et WLC, nous référons à la pagination originale. Les références de LC et LLV sont celles de l'édition française tandis que CV sont celles de l'édition anglaise. Finalement, nous référons aux numéros des paragraphes pour DC, F, PB (précédés du numéro de la section), RFM (précédés du numéro du livre) et RPP (précédés du numéro du volume). Pour les textes stoïciens, les références correspondent, sauf avis contraire, à la traduction d'Émile Bréhier tirée de l'ouvrage intitulé *Les Stoïciens.*

BT : *The Big Typescript*
C : *Carnets 1914-1916*
CBB : *Le Cahier bleu et le Cahier brun*
CV : *Culture and Value*
DC : *De la certitude*
F : *Fiches*
GP : *Grammaire philosophique*
LC : *Leçons et conversations*
LLV : *Leçons sur la liberté de la volonté*
PB : *Remarques philosophiques*
RFM : *Remarques sur les fondements des mathématiques*

RM : *Remarques mêlées*
RP : *Recherches philosophiques*
RPP : *Remarques sur la philosophie de la psychologie*
T : *Tractatus logico-philosophicus*
WLC : *Wittgenstein's Lectures, Cambridge 1932-1935*

INTRODUCTION

L'UNIVERSALITÉ DE LA FONCTION ÉTHIQUE DU DISCOURS PHILOSOPHIQUE

L'historien et philosophe Pierre Hadot soutient que, durant les époques hellénistique et romaine, mais également déjà chez Platon à travers la figure de Socrate et dans une certaine mesure chez Aristote, la philosophie était avant tout une « vie philosophique » (*bios philosophikos*) [1]. En ce sens, elle était conçue comme un discours [2] fondé sur un choix de conception du monde et de mode de vie qui transformait le rapport « existentiel » du philosophe envers le monde, envers lui-même et envers les autres. Contrairement à la conception scolaire qui prédomine aujourd'hui, la philosophie ne se réduisait donc pas, selon lui, à un discours théorique : elle était un « exercice spirituel [3] préparatoire à la sagesse » [4] et ultimement en vue du bonheur. Nous pourrions donc dire que le discours philosophique avait une fonction « éthique », c'est-à-dire non pas, par exemple, seulement au sens intellectuel d'un discours théorique sur les normes qui régissent les conduites humaines, mais surtout au sens où il était à la fois l'expression et le moteur d'un *art de vivre*,

1. *Cf.* P. Hadot, *Qu'est-ce que la philosophie antique ?*, Paris, Gallimard, 1995 ; *Introduction aux « Pensées » de Marc Aurèle : la citadelle intérieure*, Paris, Fayard, 1997 ; *La philosophie comme manière de vivre*, Paris, Albin Michel, 2001 ; *Exercices spirituels et philosophie antique*, Paris, Albin Michel, 2002.

2. Le discours désigne, chez Hadot, toute pensée discursive exprimée dans le langage écrit ou oral (*Qu'est-ce que la philosophie antique ?*, *op. cit.*, p. 20) et qui peut prendre la forme d'un « discours philosophique théorique », c'est-à-dire un ensemble de propositions formulant des thèses appuyées par des arguments ordonnés dans un système cohérent.

3. « Je désigne par ce terme des pratiques, qui pouvaient être d'ordre physique, comme le régime alimentaire, ou discursif, comme le dialogue et la méditation, ou intuitif, comme la contemplation, mais qui étaient toutes destinées à opérer une modification et une transformation dans le sujet qui les pratiquait. » (*Ibid.*, p. 21-22).

4. *Ibid.*, quatrième de couverture.

un ensemble d'attitudes et d'actions concrètes orientées vers la vie heureuse.

Loin de demeurer au niveau d'une opposition naïve entre la philosophie académique d'aujourd'hui comme discours théorique et la philosophie antique comme manière de vivre, la théorie de Hadot est d'un intérêt capital parce qu'elle permet de mettre en lumière la possibilité d'une fonction éthique du discours philosophique qui n'est pas entièrement spécifique à la philosophie antique. En effet, bien que cette dernière se soit selon lui progressivement amenuisée à partir du Moyen Âge[1], et ce, jusqu'à disparaître presque complètement de nos jours, elle semble avoir été partiellement réactivée chez certains auteurs de la Renaissance au XXe siècle.

À la Renaissance, Hadot mentionne Érasme (1467 env.-1536) selon qui « [...] il n'y a de philosophe que celui qui vit de manière philosophique, comme l'ont fait Socrate, Diogène le Cynique, Épictète, mais aussi Jean-Baptiste, le Christ et les apôtres »[2]. Les *Essais* de Montaigne (1533-1592), évoqués également par Foucault[3], se trouvent évidemment aussi sur la liste puisqu'ils représentent clairement une tentative de « pratiquer les différents modes de vie proposés par la philosophie antique »[4]. À l'époque moderne, Descartes (1596-1650) qui, contrairement à l'image

1. Bien que le Moyen Âge marque selon Hadot une rupture avec le modèle de la vie philosophique de l'Antiquité et des époques hellénistique et romaine, notamment parce que la philosophie serait devenue « la servante de la théologie » (*Exercices spirituels et philosophie antique*, *op. cit.*, p. 72), que les exercices spirituels qui en étaient le cœur auraient été absorbés par la théologie chrétienne (*La philosophie comme éducation des adultes*, Paris, Vrin, 2019, p. 166 ; *La philosophie comme manière de vivre*, *op. cit.*, p. 183-184) et étant donné l'apparition du système universitaire (*La philosophie comme éducation des adultes*, *op. cit.*, p. 168 ; A. I. Davidson et F. Worms (dir.), *Pierre Hadot. L'enseignement des antiques, l'enseignement des modernes*, Paris, Éditions de la Rue d'Ulm, 2010, p. 23), il nuance cette thèse dans *Qu'est-ce que la philosophie antique ?*, *op. cit.*, p. 380-381, *cf.* aussi *La philosophie comme éducation des adultes*, *op. cit.*, p. 167.

2. P. Hadot, *Qu'est-ce que la philosophie antique ?*, *op. cit.*, p. 394.

3. M. Foucault, *L'herméneutique du sujet. Cours au Collège de France. 1981-1982*, Paris, Gallimard-Seuil, 2001, p. 240.

4. P. Hadot, *Qu'est-ce que la philosophie antique ?*, *op. cit.*, p. 395.

« intellectualiste » que l'on s'en fait habituellement de nos jours, devient chez Hadot un représentant de la tradition antique de la vie philosophique dans la mesure où ses *Méditations* auraient été selon lui des exercices spirituels, c'est-à-dire « [...] un travail de soi sur soi, qu'il faut avoir achevé pour passer à l'étape suivante »[1].

D'ailleurs, il est notable selon lui que Descartes, comme Spinoza (1632-1677) et Malebranche (1638-1715), aient œuvré à l'extérieur du système universitaire et également qu'à travers ses correspondances avec la princesse Élisabeth, il ait assumé une fonction de directeur de conscience qui peut rappeler la relation maître-disciple au cœur de la vie philosophique de l'Antiquité[2]. Hadot voit aussi un autre point commun à Descartes et à Spinoza. D'un côté, avec le *cogito*, qui marque le passage du sujet empirique au sujet métaphysique, et de l'autre, à travers l'amour intellectuel de Dieu (*amor intellectualis dei*), qui implique le dépassement d'une perspective individuelle vers une perspective « sous l'angle de l'éternité » (*sub specie aeternitatis*), les deux auteurs auraient élaboré une pensée fondée sur une « conversion philosophique »[3]. Chez Spinoza, c'est dans son *Éthique* qu'elle est à l'œuvre, un ouvrage qui conçoit d'ailleurs, selon Hadot, clairement la philosophie comme un mode de vie[4].

La philosophie des Lumières compte également quelques exemples instructifs : Shaftesbury (1671-1713), qui aurait écrit des *Exercices* à la mode stoïcienne[5], Rousseau (1712-1778), Diderot (1713-1784), qui souhaitait que la philosophie devienne populaire[6], et, sans aucun doute le plus important, Kant (1724-1804), qui soutenait que la philosophie était « [...] la doctrine et l'exercice de la sagesse (pas simple science) »[7]. Hadot insiste aussi sur la

1. *Ibid.*, p. 396.
2. A. I. Davidson et F. Worms (dir.), *Pierre Hadot...*, *op. cit.*, p. 24.
3. P. Hadot, *Exercices spirituels et philosophie antique*, *op. cit.*, p. 233.
4. A. I. Davidson et F. Worms (dir.), *Pierre Hadot...*, *op. cit.*, p. 24.
5. P. Hadot, *Exercices spirituels et philosophie antique*, *op. cit.* p. 380.
6. A. I. Davidson et F. Worms (dir.), *Pierre Hadot...*, *op. cit.*, p. 24.
7. E. Kant, *Opus postumum*, trad. fr. F. Marty, Paris, P.U.F., 1986, p. 245-246; *cf.* P. Hadot, *Qu'est-ce que...*, *op. cit.*, p. 399.

distinction kantienne entre la philosophie cosmique, inspirée par le modèle socratique d'une philosophie vivante qui se préoccupe des soucis des choses humaines, et la philosophie scolaire pratiquée par les « artistes de la raison » qui privilégient surtout les spéculations abstraites[1].

Pour Hadot, comme pour Foucault d'ailleurs, malgré la forte présence de philosophes universitaires tels Hegel, Fichte, et Schelling[2], le XIXe siècle est une période particulièrement foisonnante du point de vue d'un « renouvellement » de la conception antique de la vie philosophique, et ce, particulièrement du côté de l'Allemagne. Nous pouvons notamment le constater, dit Hadot, dans certains poèmes de Gœthe (1749-1832) et chez Schopenhauer (1788-1860) qui a écrit un ouvrage intitulé *Contre la philosophie universitaire.* Nietzsche (1844-1900) apparaît également comme un cas de figure notable tel que ce passage, relevé par Hadot, en témoigne[3] :

> Le temps viendra où l'on préférera pour se perfectionner en morale et en raison, recourir aux *Mémorables* de Xénophon, plutôt qu'à la Bible et où l'on se servira de Montaigne et d'Horace comme de guides sur la voie qui mène à la compréhension du sage et du médiateur le plus simple et le plus impérissable de tous, Socrate[4].

Nous pouvons également établir un rapprochement entre l'entreprise nietzschéenne de « renversement des valeurs » (*Umwertung aller Werte*), c'est-à-dire la critique des valeurs faibles au profit des valeurs fortes, et la notion de conversion. Ce rapprochement semble possible étant donné que la figure du surhumain, qui symbolise l'objectif de cette transmutation, est conçue comme un idéal de dépassement de soi qui rappelle la conception hellénistique de la conversion philosophique au sens d'une autofinalisation de soi en vue de l'idéal de sagesse. Ainsi,

1. A. I. Davidson et F. Worms (dir.), *Pierre Hadot*..., *op. cit.*, p. 24.

2. P. Hadot, *La philosophie comme éducation des adultes*, *op. cit.*, p. 171.

3. P. Hadot, *Qu'est-ce que la philosophie antique ?*, *op. cit.*, épigraphe.

4. F. Nietzsche, *Humain trop humain. Un livre pour esprits libres*, II, « Le voyageur et son ombre », in *Œuvres philosophiques complètes* III, trad. fr. R. Rovini, Paris, Gallimard, 1968, p. 200, § 86.

comme le souligne Hadot, Nietzsche aurait une plus grande affinité avec la conception antique de l'idéal de sagesse qu'il avait pu le croire [1]. De plus, selon Horst Hutter [2], cité par Hadot, non seulement il semble possible de trouver l'existence d'exercices spirituels dans la pensée de Nietzsche, mais certains textes indiquent même que, découragé par la philosophie universitaire, ce dernier aurait caressé le rêve de fonder une académie hellénique, c'est-à-dire une vie de communauté épicurienne dans laquelle il aurait dirigé ses disciples [3].

Dans la tradition américaine de ce que Stanley Cavell appelle le « perfectionnisme », il faut également mentionner des auteurs comme Emerson (1803-1882) et Thoreau (1817-1862), dont la phrase suivante de *Walden* a particulièrement attiré l'attention de Hadot : « Il y a de nos jours des professeurs de philosophie, mais pas de philosophes » [4]. D'ailleurs, Hadot accepte volontiers d'associer la tradition antique de la vie philosophique à ce « perfectionnisme éthique » dont l'expression a, selon lui, l'avantage de ne pas se limiter au sens que pourrait avoir une philosophie morale étant donné qu'elle désigne un mode de vie motivé par « la recherche d'un état d'un niveau supérieur du moi » [5].

Au XXe siècle, Hadot associe le courant existentialiste à un renouveau de la conception antique de la vie philosophique avec des auteurs comme Bergson (1859-1941), Sartre (1905-1980), Merleau-Ponty (1908-1961), Jankélévitch (1903-1985), mais parmi lesquels il range également les phénoménologues Husserl (1859-1938) et Heidegger (1889-1976), des auteurs qui ont tous, selon lui, conçu la philosophie « comme une activité existentielle,

1. P. Hadot, *Qu'est-ce que la philosophie antique ?*, *op. cit.*, p. 346.

2. H. Hutter, *Shaping the Future: Nietzsche's New Regime of the Soul and Its Ascetic Practices*, Lanham, Lexington Books, 2006.

3. P. Hadot, *La philosophie comme éducation des adultes*, *op. cit.*, p. 173, A. I. Davidson et F. Worms (dir.), *Pierre Hadot...*, *op. cit.*, p. 25.

4. H. D. Thoreau, *Walden*, trad. fr. G. Landré-Augier, Paris, Aubier-Montaigne, 1967, p. 89 ; *cf.* P. Hadot, « Il y a de nos jours des professeurs de philosophie, mais pas de philosophes [...] », dans M. Granger (éd.), *Henry D. Thoreau*, Paris, L'Herne, 1994 ; P. Hadot, *Exercices spirituels et philosophie antique*, *op. cit.*, p. 333.

5. P. Hadot, *Exercices spirituels et philosophie antique*, *op. cit.*, p. 379.

comme une transformation du rapport au monde, comme une expérience, comme un engagement politique »[1].

La pensée de Heidegger constitue en particulier selon Hadot un cas de figure à partir duquel la perspective du « perfectionnisme éthique » devient très actuelle[2]. En effet, les travaux de Heidegger marquent un effort de transformation du rapport de l'être humain envers lui-même et envers le monde qui rappelle la notion de conversion philosophique du modèle hellénistique. Le rapprochement que l'on pourrait faire ici passe surtout par la distinction que Heidegger établit entre le rapport à soi et au monde sur le mode de l'authenticité et de l'inauthenticité. C'est d'ailleurs une distinction que Hadot a trouvée féconde pour décrire la conversion philosophique pratiquée par les Anciens[3]. La réflexion sur la finitude et la mortalité du *Dasein* se trouve évidemment au centre de la pensée heideggérienne, ce qui amène également Hadot à la rapprocher de la conception antique de la philosophie comme « exercice de la mort »[4].

Néanmoins, cette continuité de la conception de la philosophie comme manière de vivre n'est pas compréhensible à partir de la seule perspective historique. Elle ne se limite pas à désigner un phénomène dont l'apparition et l'existence dans le temps seraient strictement liées aux contingences d'une époque ou d'une autre. En effet, aux dires mêmes de Hadot, elle possède également un caractère universel :

> [...] ces modèles des écoles antiques et hellénistiques correspondent, comme je l'ai dit ailleurs, à des attitudes permanentes et fondamentales qui s'imposent à tout être humain, lorsqu'il cherche la sagesse. [...] Peut-être faut-il dire que les choix de vie que nous avons décrits, ceux de Socrate, de Pyrrhon, d'Épicure, des stoïciens, des cyniques, des sceptiques, correspondent à des sortes de modèles

1. P. Hadot, *Qu'est-ce que la philosophie antique ?*, *op. cit.*, p. 406-407 ; *Exercices spirituels et philosophie antique*, *op. cit.*, p. 72 ; A. I. Davidson et F. Worms, *Pierre Hadot...*, *op. cit.*, p. 26.
2. P. Hadot, *Exercices spirituels et philosophie antique*, *op. cit.*, p. 380-381.
3. *Ibid.*, p. 23.
4. *Ibid.*, p. 51-52.

> constants et universels qui se retrouvent sous des formes propres à chaque civilisation dans les différentes aires culturelles de l'humanité[1].

Ainsi, lorsque certains philosophes, à différentes époques, cherchent la sagesse, lorsque, selon l'interprétation de Hadot, le discours philosophique devient l'expression d'une éthique comme manière de vivre, ces « attitudes permanentes et fondamentales », ces « modèles constants et universels » refont surface sous une forme ou sous une autre. En fait, d'après Hadot, le modèle de la vie philosophique ne se limite ni aux cultures antique, hellénistique et romaine, ni même à des écoles de pensée particulières ; il s'agit plutôt d'une attitude philosophique qui se justifie par elle-même[2], étant donné que la conception de la philosophie dont elle est l'expression se fonde sur le primat de la raison pratique sur la raison théorique ou plutôt sur la subordination du discours philosophique théorique au mode de vie philosophique. C'est donc en ce sens qu'il est possible d'observer une continuité de cette pratique philosophique à travers une série d'auteurs qui auraient intégré certaines de ses composantes après l'Antiquité.

Le lien entre ces auteurs n'est donc pas forcément historique, ces derniers ne s'inscrivant pas nécessairement dans une même tradition. Il s'agit plutôt ici d'un lien *thématique* : seront rangés dans la même catégorie les auteurs qui s'intéressent à un ensemble commun de thèmes philosophiques et qui sont liés entre eux dans la mesure où, comme le dit Emmanuel Halais reprenant l'idée de William James, ils partagent un certain « caractère philosophique »[3]. Nous pouvons donc parler ici de l'universalité de la fonction éthique du discours philosophique au sens où l'intérêt pour ces thèmes est l'expression d'un caractère philosophique particulier qui représente

1. P. Hadot, *Qu'est-ce que la philosophie antique ?*, *op. cit.*, p. 418-419 ; *cf.* aussi *Exercices spirituels et philosophie antique*, *op. cit.*, p. 72-73.

2. P. Hadot, *Exercices spirituels et philosophie antique*, *op. cit.*, p. 386.

3. E. Halais, *Wittgenstein et l'énigme de l'existence : La forme et l'expression*, Paris, P.U.F., 2007, p. 24, 222-223 ; W. James, *Le pragmatisme*, trad. fr. N. Ferron, Paris, Flammarion, 2007, p. 83-110.

une possibilité générale de l'existence humaine (un « ensemble d'attitudes permanentes et fondamentales »).

En revanche, si certains auteurs partagent l'intérêt pour cette fonction du discours philosophique, le traitement des thèmes liés à cette conception prend bien sûr des formes différentes d'un auteur à l'autre. Autrement dit, rien n'indique que nous puissions *a priori* assimiler les cadres de référence théoriques des auteurs partageant un même caractère philosophique. Par exemple, la spécificité de ce que nous pourrions appeler « la conception nietzschéenne de la conversion » réside en ce qu'elle ne cherche pas à opérer une transformation individuelle, ce qui était pourtant le cas chez les philosophes hellénistiques et romains, mais vise la *culture* occidentale. De même, la destruction des valeurs faibles ne se limite pas pour Nietzsche à celles du christianisme ou même des sciences, mais vise l'origine même de la culture occidentale, c'est-à-dire l'idéalisme métaphysique qui commence selon lui avec Platon. C'est en ce sens que Socrate n'apparaît pas comme la figure incontestée du sage dans la mesure où il marquerait le début de « l'homme théorique »[1].

Chez Heidegger, si la distinction authentique/inauthentique peut sembler féconde pour décrire la conversion philosophique pratiquée par les Anciens, elle possède bien sûr un sens spécifique dans l'ontologie d'*Être et Temps*. Heidegger parle plutôt d'une libération du *Dasein* par rapport à la dictature du On, c'est-à-dire cette tendance au conformisme, inhérente à son être, mais qui aplanit à prime abord et le plus souvent ses possibilités d'existence et, par conséquent, l'empêche d'agir en concordance avec son être le plus propre : l'être-pour-la-mort[2]. La méditation heideggérienne sur la mort implique d'ailleurs la primauté du futur, ce qui est très différent, par exemple, de l'exigence éthique de vivre dans le présent éternel qu'on retrouve chez des philosophes comme Marc Aurèle et Épicure.

1. F. Nietzsche, *La naissance de la tragédie*, trad. fr. G. Bianquis, Paris, Gallimard, 1949, p. 100-102, § 15.

2. M. Heidegger, *Être et Temps*, trad. fr. E. Martineau, Paris, Authentica, 1985, p. 190 *sq*, SZ 260 *sq*.

Par ailleurs, s'il est permis de comparer des auteurs partageant un même caractère philosophique même s'ils appartiennent à différentes époques ou traditions, il n'en demeure pas moins que la manière de traiter les thèmes en question s'enracine dans le contexte sociohistorique spécifique à la pensée de chaque auteur.

À titre d'exemple, il est facile de voir en quel sens la philosophie d'aujourd'hui est assez loin de l'interprétation de la philosophie antique proposée par Hadot. Dans ce contexte, l'idée d'une fonction éthique du discours philosophique peut entrer en conflit avec notre sensibilité moderne. À une époque où la philosophie est une démarche intellectuelle surtout théorique s'inscrivant presque exclusivement dans le système des valeurs académiques, l'idée d'une philosophie en vue du bonheur peut sembler un peu trop « naïve » puisqu'elle est le plus souvent associée à la psychologie populaire. La notion d'une philosophie comme manière de vivre en accord avec la théorie peut également avoir quelque chose de romantique, voire de sentimentaliste du point de vue de la tendance actuelle à valoriser la séparation entre la théorie philosophique et la vie quotidienne, tout comme entre la réflexion fondamentale et ses conséquences pratiques. Le simple fait de parler de la philosophie comme d'un « exercice spirituel préparatoire à la sagesse » peut sembler suspect du point de vue d'une société qui se veut laïque, c'est-à-dire qui a cherché – et qui y est parvenue dans plusieurs cas – à se libérer de l'emprise de la religion ou de la pensée religieuse sur la réflexion philosophique. L'idée même de direction spirituelle, très importante par exemple chez les stoïciens de l'époque romaine, a tendance à représenter aujourd'hui ce que nous devrions chercher à éviter à tout prix, à savoir l'idée du philosophe-gourou.

En somme, au-delà de l'opposition entre le discours et le mode de vie philosophiques, l'intérêt de la notion de vie philosophique liée à l'interprétation de Hadot est, selon nous, de fournir un modèle conceptuel permettant de repérer chez des auteurs pouvant appartenir à différentes époques et traditions et s'inscrivant dans différents cadres de références théoriques une configuration qui met en rapport des thèmes touchant à la fonction éthique du discours philosophique.

Wittgenstein comme cas de figure

La pensée de Ludwig Wittgenstein mobilise certains thèmes liés au modèle conceptuel de la vie philosophique tirée de l'analyse historique de Hadot et constitue un excellent cas de figure récent nous permettant de réfléchir sur une des significations possibles de la fonction éthique du discours philosophique. En effet, il est par exemple étonnant de constater que les propositions du *Tractatus logico-philosophicus* sur la logique et les limites du langage de même que l'application de la méthode grammaticale des *Recherches philosophiques* entraînent des répercussions sur le plan éthique dans la mesure où elles favorisent une transformation existentielle de la volonté. Toutefois, ces thèmes prennent un sens complètement différent chez Wittgenstein, ce qui permet d'enrichir et de compléter les modèles antiques.

Au début des années 1960, Hadot a lui-même proposé une interprétation du *Tractatus* et des *Recherches philosophiques* au sein de laquelle il intégrait certains éléments de sa conception de la vie philosophique[1]. Ces textes auraient d'ailleurs été parmi les premiers à porter sur Wittgenstein en France[2]. Plusieurs références à Wittgenstein, le dépeignant comme un philosophe de notre époque ayant pratiqué la philosophie comme exercice spirituel, se trouvent également dans certains de ses ouvrages subséquents[3]. Hadot a même affirmé que sa notion d'exercice spirituel puisait son origine dans les notions wittgensteiniennes de forme de vie et de jeu de langage que nous retrouvons notamment dans les *Recherches*

1. *Cf.* « Réflexions sur les limites du langage à propos du "Tractatus logico-philosophicus" de Wittgenstein », *Revue de Métaphysique et de Morale* 63, 1959, p. 469-484, « Wittgenstein philosophe du langage – I », *Critique* 149, 1959, p. 866-881, « Wittgenstein philosophe du langage – II », *Critique* 150, 1959, p. 972-983, « Jeux de langage et philosophie », *Revue de Métaphysique et de Morale* 67, 1962, p. 330-343. Ces textes sont rassemblés dans un ouvrage intitulé *Wittgenstein et les limites du langage*, Paris, Vrin, 2004.

2. P. Hadot, *Wittgenstein et les limites du langage*, *op. cit.*, p. 11-13.

3. P. Hadot, *Qu'est-ce que la philosophie antique ?*, *op. cit.*, p. 224-225, 301-302, 411 ; *Exercices spirituels et philosophie antique*, *op. cit.*, p. 16 ; A. I. Davidson et F. Worms (dir.), *Pierre Hadot...*, *op. cit.*, p. 34.

philosophiques [1]. Soulignons toutefois que notre ouvrage s'inspire moins de l'interprétation de Wittgenstein proposée par Hadot, laquelle tombe selon nous dans certains pièges que nous chercherons à éviter, que de la conception de la vie philosophique qui est à l'origine de cette interprétation. Cela dit, comme nous le verrons dans les pages qui suivent, certains éléments de l'interprétation de Hadot ont tout de même servi de points de départ à notre réflexion.

Afin de mettre à profit la contribution de Wittgenstein, nous irons puiser à la fois dans la première version de sa philosophie, avec le *Tractatus* comme principal cas de figure, ainsi que dans la seconde, celle qui a fait suite à ce qu'on a appelé « le tournant grammatical » de son œuvre et dont les *Recherches philosophiques* est l'ouvrage le plus représentatif. Comme les thèmes que nous aurons à traiter touchent le plus souvent à l'éthique, nous aurons également recours aux carnets, aux conférences, aux leçons et aux discussions de Wittgenstein, où il parle le plus souvent de ce genre de questions, ainsi qu'à certains textes issus de la période intermédiaire de sa pensée.

Nous tenterons ainsi de rendre justice à la fois à la possibilité que cette fonction du discours philosophique traverse les époques et aux formes spécifiques que prend cette dernière d'une époque et d'un auteur à l'autre. À partir de l'interprétation de la philosophie antique proposée par Hadot, nous pouvons faire ressortir cinq composantes de la vie philosophique, c'est-à-dire de cette conception de la philosophie qui accorde une place centrale à cette fonction éthique (*cf.* chapitre I) :

– la subordination du discours philosophique au mode de vie éthique ;
– la conversion philosophique comme transformation individuelle ;
– l'idéal de sagesse comme visée éthique de la conversion philosophique ;
– l'*askesis* comme méthode de conversion philosophique ;
– le modèle analogique de la thérapeutique philosophique.

1. P. Hadot, *Wittgenstein et les limites du langage*, *op. cit.*, p. 11 ; A. I. Davidson et F. Worms (dir.), *Pierre Hadot...*, *op. cit.*, p. 34.

Ce modèle ne doit pas être conçu comme un modèle historique, mais comme un modèle conceptuel au sens formel du terme tiré de l'analyse historique de Hadot. Par ailleurs, nous nous attarderons seulement aux trois premières composantes, qui sont davantage axées sur la nature de la transformation opérée par le discours philosophique. Les questions substantielles de la méthode et de sa dimension thérapeutique devront être abordées dans un autre contexte qui leur sera entièrement dédié. Nous utiliserons ces trois composantes comme lignes directrices pour l'exploration des thèmes liés à cette conception de la philosophie chez Wittgenstein.

Le rôle du modèle stoïcien

Afin de donner du contenu à ces composantes formelles, nous procéderons à une analyse comparative ciblée, car même si l'objectif de Hadot a surtout consisté à montrer que les diverses écoles philosophiques de l'Antiquité classique et de l'époque hellénistique partageaient une série de points communs, on ne peut cependant pas assimiler tous ces cadres de référence théoriques et historiques différents. Ainsi, pour rendre compte des spécificités théorique et historique du modèle de la vie philosophique qui nous sert de référence, nous utiliserons comme ancrage une école hellénistique particulière : le stoïcisme.

Pourquoi avoir choisi le modèle stoïcien ? Parce que cette école philosophique illustre selon nous de façon très nette la conception de la vie philosophique des époques hellénistique et romaine en plaçant de manière évidente les exercices spirituels au centre de l'activité philosophique. Mais alors, pourquoi ne pas avoir opté pour les cyniques, qui réduisaient carrément la philosophie à une éthique comme manière de vivre ? Parce que, d'une part, un nombre très réduit de textes cyniques ont été conservés et que, d'autre part, contrairement à ces derniers, qui avaient tendance à s'opposer à la dimension intellectuelle de l'activité philosophique, les stoïciens semblent en général avoir intégré le mieux le discours théorique à la vie philosophique. C'est en ce sens que dans un passage du *Monde comme volonté et représentation*, un ouvrage que Wittgenstein connaissait bien, Schopenhauer soulignait que la sagesse stoïcienne constituait « le développement le plus parfait de la raison pratique » parce qu'elle n'est pas seulement une science de la vertu, mais également un ensemble de préceptes pour vivre selon la raison en vue du bonheur et, de ce fait, le meilleur exemple de philosophie vécue [1]. Cette intégration du discours théorique à une éthique comme manière de vivre revêt pour nous une importance capitale d'autant plus qu'elle favorise un dialogue entre la conception stoïcienne de la vie philosophique et la philosophie actuelle qui se définit avant tout comme discours théorique.

À partir des trois composantes de la vie philosophique comme lignes directrices, l'exploration des diverses possibilités de formulations et de significations de la fonction éthique du discours philosophique sera donc opérationnalisée au moyen d'une analyse comparative ciblée entre les modèles wittgensteinien et stoïcien. La mise en relief de certains points communs entre Wittgenstein et le stoïcisme ne fait ici que rendre possible une analyse comparative entre ces deux cadres de référence philosophiques. En d'autres termes, cela signifie simplement que les deux parties ont, pour ainsi dire, assez en commun pour pouvoir dialoguer ensemble. Cette manœuvre ne vise donc aucunement à démontrer que les philosophies wittgensteinienne et stoïcienne se ressemblent à tous les niveaux ; elle consiste plutôt à utiliser la technique de la comparaison pour réfléchir sur différents aspects de la fonction éthique du discours philosophique en général.

Nous ne savons pas si Wittgenstein a lu les textes stoïciens ; nous savons par contre, comme nous venons de l'évoquer, qu'il connaissait bien le *Monde comme volonté et représentation* de Schopenhauer, ouvrage dans lequel se trouve notamment une section qui analyse l'éthique stoïcienne (en particulier celle d'Épictète). À partir de cette dernière, d'où est tiré le passage auquel nous venons de faire référence, il est possible d'établir certains parallèles avec l'éthique wittgensteinienne de l'époque du *Tractatus* [2]. Wittgenstein

1. A. Schopenhauer, *Le monde comme volonté et comme représentation*, trad. fr. A. Burdeau, rev. R. Roos, Paris, P.U.F., 1966, p. 126.

2. *Cf.* A. Schopenhauer, *Le monde comme volonté et comme représentation*, *op. cit.*, p. 123-132.

a également lu Spinoza, qui connaissait, semble-t-il, les textes stoïciens et qui pourrait donc, lui aussi, être à la source des similitudes entre ces deux conceptions de l'éthique. De plus, les *Formes multiples de l'expérience religieuse* de William James, un autre ouvrage que Wittgenstein connaissait bien, contient quelques passages évoquant un certain « caractère stoïcien » qui ne sont pas sans lien avec le genre d'éthique qui est proposé dans le *Tractatus* [1].

Nous pouvons aussi ajouter à ces hypothèses l'influence qu'auraient pu exercer des auteurs que l'on pourrait associer à une certaine forme de « stoïcisme » comme Otto Weininger, Spengler, Tolstoï et Dostoïevsky. Finalement, certains éléments biographiques donnent à penser que Wittgenstein avait à la base un caractère présentant des affinités avec certains aspects de l'éthique stoïcienne [2].

Les commentateurs ont d'ailleurs parlé à quelques reprises des affinités entre la pensée de Wittgenstein et la philosophie antique, en particulier le stoïcisme [3]. Or, si plusieurs ont relevé de nombreux points communs, cela ne doit pas éclipser la spécificité de ces deux

1. W. James, *Les formes multiples de l'expérience religieuse. Essai de psychologie descriptive*, trad. fr. F. Abauzit, Chambéry, Exergue, 2001, p. 79, 81, 164-166.

2. *Cf.* R. Monk, *Wittgenstein. Le devoir de génie*, Paris, Odile Jacob, 1990, p. 61 ; LC, p. 149.

3. *Cf.* P. Donatelli, « Moral Perfectionism and Virtue », *Critical Inquiry* 45, no. 2, 2019, p. 347-350 ; E. Halais, *Wittgenstein et l'énigme de l'existence : La forme et l'expression*, *op. cit.*, p. 189 ; M. Dragona-Monachou, « Epictetus on Freedom : Parallels between Epictetus and Wittgenstein », *in* T. Scaltsas et A. S. Mason (eds.), *The Philosophy of Epictetus*, Oxford-New York, Oxford University Press, 2007, p. 135-137 ; P. Hadot, *Wittgenstein et les limites du langage*, *op. cit.*, p. 20 ; P. Lambert, *Logique, éthique et esthétique chez Wittgenstein entre 1911 et 1921*, thèse soutenue à l'Université de Montréal sous la direction de D. Dumouchel, 2002, p. 161, 167-170 ; C. Chauviré, *L'immanence de l'ego. Langage et subjectivité chez Wittgenstein*, Paris, P.U.F., 2009 ; L. Wittgenstein, *Leçons et conversations*, trad. fr. J. Fauve, Paris, Gallimard, 1992, XLV, XLVII ; P. Johnston, *Wittgenstein and Moral Philosophy*, London, Routledge, 1989, p. 170 ; R. J. Cavalier, *Ludwig Wittgenstein's* Tractatus Logico-Philosophicus : *A Transcendantal Critique of Ethics*, Washington D. C., University Press of America, 1980, p. 180-185 ; J. Bouveresse, *Wittgenstein : la rime et la raison. Science, éthique et esthétique*, Paris, Minuit, 1973, p. 78-79.

cadres de référence théorique et historique. D'où l'importance, en plus des ressemblances, de mettre en évidence les différences entre ces deux conceptions de la philosophie. Par exemple, Victor Goldschmidt[1], spécialiste du stoïcisme, écrit avec raison qu'il n'y a pas de stoïcisme moderne dans la mesure où le système stoïcien est quelque chose de bien précis, c'est-à-dire un système composé d'une logique, d'une physique et d'une éthique. Or, force est de constater que Wittgenstein n'a développé aucune théorie physique (ni éthique d'ailleurs). Ainsi, c'est entre guillemets que nous pouvons parler d'un écho « stoïcien » chez Wittgenstein ; il ne s'agit pas chez lui d'un stoïcisme complet.

Les ressemblances que nous ferons ressortir entre certains éléments de la pensée de Wittgenstein et du « stoïcisme » doivent plutôt être comprises comme des affinités entre un modèle conceptuel dérivé du système stoïcien, mais qui ne prétend pas constituer un portrait historique, et certains aspects de la philosophie de Wittgenstein. Bref, notre approche est comparative, mais pas au sens où nous cherchons ici à établir une continuité historique entre la pensée des stoïciens (il y a d'ailleurs différents types de stoïcisme) et celle de Wittgenstein. Puisque nous nous fondons sur un modèle conceptuel, c'est plutôt d'une continuité thématique dont il sera question tout en accordant une importance particulière aux points de rupture qui sont, eux aussi, très instructifs.

En somme, à partir d'une analyse comparative ciblée des ressemblances et des différences entre le modèle stoïcien et la pensée de Wittgenstein autour des trois composantes tirées de l'interprétation de la philosophie antique proposée par Hadot, nous tenterons de mettre en lumière les significations possibles d'une conception particulière de la philosophie qui accorde une place centrale à la fonction éthique du discours philosophique. Autrement dit, cet ouvrage vise au fond à répondre à la question : « Qu'est-ce que la fonction éthique du discours philosophique ? ». Une fois contextualisée, cette question générale peut donner lieu à certaines réponses particulières ayant une portée universelle.

1. V. Goldschmidt, *Le système stoïcien et l'idée du temps*, Paris, Vrin, 1977.

CHAPITRE PREMIER

LE MODÈLE DE LA VIE PHILOSOPHIQUE DE PIERRE HADOT

Commençons par faire ressortir et analyser les trois composantes fondamentales de la conception hellénistique et romaine de la vie philosophique à travers le prisme de l'interprétation de Hadot. Si dans la théorie de Hadot ces composantes sont liées à des thèses portant sur l'histoire de la philosophie antique, notre démarche est résolument philosophique et se distingue ici de celle de l'historien dans la mesure où elle se limite à un effort d'analyse visant à échafauder un modèle conceptuel. En ce sens, ce travail ne vise pas à prendre position dans des débats historiques touchant à l'exégèse des textes anciens, mais à jeter les bases d'une méthodologie qui déterminera la perspective avec laquelle nous aborderons par la suite la pensée de Wittgenstein. Comme nous le verrons, cette conception particulière de la vie philosophique comporte trois aspects différents d'une même pratique : la subordination du discours philosophique au mode de vie éthique, la conversion philosophique comme transformation individuelle et l'idéal de sagesse comme visée éthique de la conversion philosophique.

LA SUBORDINATION DU DISCOURS PHILOSOPHIQUE AU MODE DE VIE ÉTHIQUE

Le modèle classique de la vie philosophique

Même si Hadot applique sa notion de vie philosophique à l'ensemble de l'Antiquité, il est important de préciser dès maintenant que cette dernière est surtout imprégnée par les conceptions hellénistique et romaine qui se distinguent du traitement que lui ont réservé Platon et Aristote au cours de ce qu'on a appelé l'époque classique. Chez ces derniers, nous pourrions dire que la dimension théorique de la vie philosophique semble, de manière générale, occuper plus de place que l'éthique comme manière de vivre, laquelle est au centre de la vie philosophique hellénistique et romaine. Par exemple, dans *La République*, Platon soutient que la vie philosophique est consacrée à la connaissance de la vérité et à la contemplation de l'être, c'est-à-dire à la science [1]. De manière semblable, dans l'*Éthique à Nicomaque*, Aristote définit la vie philosophique comme un mode d'existence voué à la méditation, c'est-à-dire à l'activité de l'intelligence ou de la pensée qui constitue le mode de vie du savant [2]. Il faut cependant mentionner que ce privilège accordé à la *theoria* ne doit pas être interprété comme une glorification de l'intellect au détriment de la dimension éthique, qui serait ici complètement absente. En effet, puisqu'elle est liée à la contemplation et à la méditation [3], qui comportent une dimension spirituelle, et à la sagesse [4], qui relève d'un certain art de vivre, il n'est pas clair que la *theoria* soit un concept purement intellectuel. Il semblerait d'ailleurs que ce terme ait pris le sens d'une « spéculation abstraite opposée à la pratique » surtout à partir de l'époque hellénistique, ce qui aurait par la suite été intégré dans le latin des philosophes de l'époque impériale [5]. Il est vrai que chez Platon, par exemple, la sagesse s'identifie davantage à l'*epistêmê*, c'est-à-dire à la connaissance certaine et rigoureuse propre à la « science », mais comme Hadot le rappelle à juste titre, « la séparation entre science et sagesse n'existait pas dans l'Antiquité gréco-latine » et donc le savoir théorique n'excluait pas le savoir pratique [6].

1. Platon, *La République*, trad. fr. R. Baccou, Paris, GF-Flammarion, 1966, IX, 580b-582e.

2. Aristote, *Éthique à Nicomaque*, trad. fr. R. Bodéüs, Paris, GF-Flammarion, 2004, X, 1177a16-1177b31.

3. A. Rey, *Dictionnaire historique de la langue française*, Paris, Le Robert, 2010, p. 3817.

4. Platon, *La République*, *op. cit.*, IX, 581b-582a; Aristote, *Éthique à Nicomaque*, *op. cit.*, X, 6, 1177a21-34.

5. A. Rey, *Dictionnaire historique de la langue française*, *op. cit.*, p. 3817.

6. P. Hadot, *Discours et mode de vie philosophique*, Paris, Les Belles Lettres, 2014, p. 532-533, 536-537.

Par ailleurs, s'il faut faire une distinction entre les conceptions classique, hellénistique et romaine de la vie philosophique, il est également important de souligner que les cyniques, tout comme les stoïciens et même les épicuriens auraient conçu la philosophie comme une manière de vivre en s'inspirant du modèle socratique. Il y a donc ici une certaine continuité. Ainsi, même s'il est parfois difficile de le faire, il faut distinguer la pensée de Platon et la figure de Socrate, c'est-à-dire non pas le Socrate historique, mais la figure mythique de Socrate que nous connaissons à travers ses disciples, dont Platon, mais également Xénophon, que Hadot intègre à juste titre à sa conception de la vie philosophique. Par exemple, à propos de la fameuse maïeutique socratique visant à favoriser « l'accouchement » de vérités enfouies dans l'âme de l'interlocuteur d'un dialogue, si Platon en parle dans le *Théétète*[1] avant tout comme l'expression d'une théorie qui fonde la connaissance sur la réminiscence d'une vision que l'âme a eue dans une existence antérieure, le dialogue socratique ne vise pas ultimement un savoir théorique, mais la mise en question des valeurs qui dirigent la vie de l'interlocuteur[2]. C'est en ce sens que l'Alcibiade du *Banquet* dit : « J'étais dans un tel état qu'il ne me semblait pas possible de vivre en me comportant comme je me comporte [...] Il me contraint à m'avouer à moi-même que je n'ai pas souci de moi-même. »[3]. En utilisant un certain type de discours philosophique pour opérer une transformation de la manière d'être et de vivre des individus qu'il côtoyait, Socrate apparaît donc comme un « maître du souci de soi » (l'expression est de Foucault) qui influença profondément les conceptions hellénistique et romaine de la vie philosophique.

Même si Hadot accorde une place dans son système au mode de vie théorétique proposé par Aristote – il s'agit tout de même selon

1. Platon, *Théétète*, 150d, trad. fr. A. Diès, in *Parménide*, *Théétète*, *Le sophiste*, *op. cit.*

2. *Cf.* P. Hadot, *Qu'est-ce que la philosophie antique ?*, *op. cit.*, p. 53-54.

3. 215c-e, 216a, traduit et cité par P. Hadot, *Qu'est-ce que la philosophie antique ?*, *op. cit.*, p. 58. *Cf.* aussi Platon, *Alcibiade*, trad. fr. Ch. Marbœuf et J.-Fr. Pradeau, 127d-e, *Apologie de Socrate*, trad. fr. L. Robin, 29d-e, 30e, 36c et Xénophon, *Mémorables*, IV, 4, trad. fr. L.-A. Dorion, Paris, Les Belles Lettres, 2000.

lui d'une conception de la vie philosophique au sein de laquelle le discours et le mode de vie forment une unité –, il faut admettre que la dimension spirituelle, au sens où l'entend Michel Foucault[1], est ici beaucoup moins présente. Ce dernier parle d'ailleurs du Stagirite comme « l'exception majeure et fondamentale », « celui des philosophes pour lequel la question de la spiritualité a été la moins importante »[2]. Cela est vrai dans la mesure où il ne se serait pas adonné à une vie philosophique ascétique à la manière des stoïciens par exemple ; sur le plan théorique, il ne faut cependant pas oublier que c'est à partir d'Aristote que l'éthique devient une discipline philosophique qui sera par la suite institutionnalisée dans la tripartition stoïcienne de la philosophie (logique, éthique, physique)[3]. De plus, la conception aristotélicienne de la vertu éthique, opposée à la vertu intellectuelle, selon laquelle le caractère (*êthos*) est le résultat de l'habitude (*ethos*) contient déjà en germe l'idée d'une éthique comme savoir-faire, comme travail sur soi ancré dans une pratique répétée[4].

Le modèle hellénistique de la vie philosophique

Bien qu'elle prît parfois, comme aujourd'hui, dans les écoles, exclusivement la forme d'un discours théorique[5], une des thèses centrales de Hadot est l'idée selon laquelle la philosophie se présentait, chez les philosophes hellénistiques et romains (et même déjà à travers la figure de Socrate), avant tout comme un choix

1. « On appellera alors "spiritualité" l'ensemble de ces recherches, pratiques et expériences que peuvent être les purifications, les ascèses, les renoncements, les conversions du regard, les modifications d'existence, etc., qui constituent, non pas pour la connaissance mais pour le sujet, pour l'être même du sujet, le prix à payer pour avoir accès à la vérité », M. Foucault, *L'herméneutique du sujet...*, *op. cit.*, p. 16-17.

2. *Ibid.*, p. 18-19.

3. B. Cassin, *Vocabulaire européen des philosophies. Dictionnaire des intraduisibles*, Paris, Seuil-Dictionnaires Le Robert, 2004, p. 821.

4. Cf. *Ibid.*, p. 821.

5. P. Hadot, *Qu'est-ce que la philosophie antique ?*, *op. cit.*, p. 20 ; A. I. Davidson et F. Worms (dir.), *Pierre Hadot...*, *op. cit.*, p. 21-22.

de vie, c'est-à-dire de mode de vie, d'art de vivre ou de manière d'être philosophique [1]. De façon analogue, Michel Foucault parle d'un « art de l'existence » (*technê tou biou*), une pratique dominée par le souci de soi (*epimeleia heautou* et *cura sui*), c'est-à-dire ici « une manière de se comporter » [2] et « une attitude : à l'égard de soi, à l'égard des autres, à l'égard du monde » [3] qui valorise le fait de prendre soin de soi-même.

Or, sous l'influence de Bergson et de l'existentialisme [4], Hadot met surtout l'accent sur l'enracinement du discours philosophique dans une « option existentielle ». D'une part, cette expression met en relief la décision d'un individu de se consacrer à la philosophie comme à une vocation. Comme le souligne Hadot, étant donné que ce choix impliquait parfois de vivre en communauté, cela pouvait effectivement signifier que « nous entrions en philosophie » comme nous disons aujourd'hui que « nous entrons en religion » [5]. D'autre part, et cet aspect parle sans doute un peu plus à notre sensibilité moderne, la valeur existentielle de ce choix réside en ce que ce qui est ici en cause est avant tout un changement d'attitude, une transformation intérieure du rapport à soi, au monde, et aux autres [6].

Le discours y occupait bien sûr une place importante, mais celui-ci était déterminé par le choix de vie philosophique dans lequel il s'enracinait et auquel il était, par le fait même, subordonné. Comme le souligne Hadot :

> J'admets parfaitement que, aussi bien dans l'Antiquité que de nos jours, la philosophie soit une activité théorique et « conceptualisante »

1. P. Hadot, *La philosophie comme manière de vivre*, Paris, Albin Michel, 2001, p. 293-295, 300. Hadot distingue les disciples fervents (*zélôtai*), qui pratiquaient la philosophie comme manière de vivre, des simples auditeurs (*akrôatai*) qui suivaient des cours afin d'aller chercher certaines informations ou acquérir une technique du discours. Voir *La philosophie comme éducation des adultes*, *op. cit.*, p. 156.

2. M. Foucault, *Histoire de la sexualité III. Le souci de soi*, Paris, Gallimard, 1984, p. 62.

3. M. Foucault, *L'herméneutique du sujet...*, *op. cit.*, p. 12-13.

4. A. I. Davidson et Fr. Worms (dir.), *Pierre Hadot...*, *op. cit.*, p. 25.

5. *Ibid.*, p. 21.

6. P. Hadot, *Exercices spirituels et philosophie antique*, *op. cit.*, p. 15.

> [sic] Mais je pense aussi que, dans l'Antiquité, c'est le choix que le philosophe fait d'un mode de vie qui conditionne et détermine les tendances fondamentales de son discours philosophique et je crois, finalement, que cela est vrai pour toute philosophie. Je ne veux pas dire évidemment que la philosophie soit déterminée par un choix aveugle et arbitraire, mais je veux dire plutôt qu'il y a un primat de la raison pratique sur la raison théorique[1].

Nous pourrions dire que le discours est ici subordonné à l'*êthos*, au caractère ou à la manière d'être habituelle du philosophe, au sens où il *jaillit* d'un certain vouloir, c'est-à-dire du choix de vivre de telle ou telle manière[2], un choix fondé sur un caractère lié à un ensemble de valeurs particulières. Par exemple, le discours stoïcien, pour lequel la vertu morale, c'est-à-dire ici la conquête d'une certaine liberté de la volonté, pour utiliser une expression moderne, est l'enjeu par excellence, reflète un choix « existentiel » qui serait l'expression d'un caractère particulier fondé, comme le dit Hadot, sur l'expérience de base de « la prise de conscience aiguë de la situation tragique de l'homme conditionné par le destin »[3]. Mais le discours philosophique est également subordonné à l'*êthos* au sens où il *rejaillit* sur le caractère en produisant un effet sur le mode d'être du philosophe qui peut même aller jusqu'à une transformation globale de la personne, que Hadot appelle la « conversion philosophique », et qui est caractérisée par le passage d'un état de vie « obscurci par l'inconscience, rongé par le souci » à un état de vie « dans lequel l'homme atteint la conscience de soi, la vision exacte du monde, la paix et la liberté intérieures »[4]. L'accent porte ici sur « l'intériorité de l'action », c'est-à-dire « l'ensemble des dispositions qui constituent les ressorts du comportement »[5],

1. P. Hadot, *Qu'est-ce que la philosophie antique ?*, *op. cit.*, p. 410.

2. *Cf.* la notion d'*épibolê* et de *prohairésis* chez Épictète (*cf.* Épictète, *Entretiens*, II, XIX, 29-32 ; III, V, 18 ; IV, VIII, 19) et la première section du deuxième chapitre du présent ouvrage.

3. P. Hadot, *Qu'est-ce que la philosophie antique ?*, *op. cit.*, p. 198.

4. P. Hadot, *Exercices spirituels et philosophie antique*, *op. cit.*, p. 23.

5. B. Cassin, *Vocabulaire européen des philosophies. Dictionnaire des intraduisibles*, *op. cit.*, p. 821.

en quelque sorte le versant « psychologique » ou subjectif de l'effet produit.

Or, le discours philosophique peut aussi rejaillir sur le mode de vie en un sens qui concerne « l'extériorité de l'action », c'est-à-dire « le comportement comme action objective »[1]. C'est la subordination à l'*ethos* (sans accent) en tant que manière de vivre et de se comporter (les habitudes, les coutumes, l'usage), une dimension objective, mais également « pragmatique », dans la mesure où elle implique de traiter le discours philosophique non pas comme une fin en soi, mais comme un moyen au service du mode de vie philosophique : « ... comme le pensent Carnéade et Cicéron, les discours philosophiques théoriques et dogmatiques ne sont que des moyens, fragmentaires et passagers, utilisés "au jour le jour", en fonction de leur plus ou moins grande efficacité dans la pratique concrète de la vie philosophique »[2]. C'est ainsi qu'on a tendance parfois à abréger la théorie pour lui donner la forme de maximes morales visant à mettre en application un code éthique.

Étant donné que le discours philosophique peut avoir cette fonction « pragmatique » qui peut d'ailleurs, elle aussi, aller jusqu'à opérer une conversion philosophique qui se refléterait ici dans une transformation radicale des habitudes de vie, il s'ensuit que la relation entre le discours et le mode de vie philosophiques ne se limite pas à une opposition entre la théorie et la pratique : « Le discours peut avoir un aspect pratique, dans la mesure où il tend à produire un effet sur l'auditeur ou le lecteur. Quant au mode de vie, il peut être, non pas théorique, évidemment, mais théorétique, c'est-à-dire contemplatif. »[3]. C'est en ce sens, nous dit Hadot, que le discours philosophique occupe quatre fonctions positives principales dans la vie philosophique : il justifie rationnellement, de par sa force logique, le choix de vie philosophique et la vision du monde qui lui est associé ; il est un moyen d'exercer une action sur soi-même et sur les autres ; il est « une des formes même de

1. *Ibid.*, p. 821.
2. P. Hadot, *Qu'est-ce que la philosophie antique ?*, *op. cit.*, p. 221.
3. *Ibid.*, p. 20.

l'exercice du mode de vie philosophique à travers le dialogue avec soi-même ou avec les autres »[1] ; et il oriente le mode de vie : « ... si on supprime toute référence dogmatique et théorique, l'individu est complètement livré à lui-même. [...] il faut connaître des modèles de vie ou, en tout cas, des modèles humains pour s'orienter »[2]. Ainsi, l'image de la subordination, qui évoque l'idée de la relation entre deux éléments, ne doit pas masquer le fait que le discours fait partie intégrante du mode de vie philosophique.

Michel Foucault a lui aussi relevé l'importance accordée à l'idée du discours comme moyen au service du mode de vie philosophique, notamment à travers le constat d'une critique récurrente chez les stoïciens, les épicuriens et les cyniques d'un savoir inutile au profit d'un savoir ordonné à l'art de vivre (*tekhnê tou biou*)[3]. Par exemple, dit-il, la cible de Plutarque était le savoir de curiosité au profit de la concentration sur la trajectoire de soi à soi[4], celle d'Épicure, le savoir de culture (*paideia*) des « artistes du verbe » (*phonês ergastikous*) au profit de l'étude de la nature (*phusiologia*)[5] et celle du cynique Demetrius, le savoir par les causes au profit d'un savoir relationnel. Déjà chez Platon, à travers la figure de Socrate, nous retrouvions cette critique dont la cible était le mercantilisme sophistique au profit d'une éthique du dialogue[6]. La contribution intéressante de Foucault sur cette question est selon nous d'avoir montré qu'il ne s'agit pas ici de faire une distinction entre des contenus de connaissance utiles et inutiles, mais de privilégier un type de connaissance et de discours dont la fonction est de « produire de l'*êthos* », c'est-à-dire produire un effet sur le mode d'être du philosophe[7]. Pour reprendre la même formule, elle-même inspirée du terme *êthopoios* que l'on retrouve notamment chez Plutarque, nous pouvons donc parler ici d'une conception « éthopoétique » de

1. P. Hadot, *Qu'est-ce que la philosophie antique ?*, *op. cit.*, p. 18, 269.
2. P. Hadot, *Exercices spirituels et philosophie antique*, *op. cit.*, p. 387.
3. M. Foucault, *L'herméneutique du sujet* , *op. cit.*, p. 248.
4. *Ibid.*, p. 210-214.
5. *Ibid.*, p. 228-232.
6. *Ibid.*, p. 224-226.
7. Cf. *Ibid.*, p. 227-228.

la philosophie ou, plus précisément, du discours philosophique. Mais puisqu'il s'agit bien de produire un effet sur l'*êthos* (le caractère), qui relève de « l'intériorité de l'action », il faut ajouter que cette opération aura par le fait même un impact sur l'*ethos*, c'est-à-dire les habitudes de vie et les comportements du philosophe. En effet, comme le disait Plutarque, le discours philosophique « inspire des élans moteurs, des jugements générateurs d'actes utiles, des choix en faveur du bien »[1].

Hadot refuse toutefois de réduire la pratique de la vie philosophique à une éthique puisque cette dernière n'est, selon le modèle stoïcien qui est au centre de son interprétation, qu'un seul des trois axes de la philosophie avec la logique et la physique[2]. Son intérêt pour cette conception de la philosophie, dit-il, est moins éthique qu'existentiel[3]. Il faut dire que Hadot a ici en tête le sens ordinaire de l'éthique comme « appréciation concernant le bien et le mal des actions, ou alors des gens, ou des choses »[4]. Or, notre réflexion sur le thème de la subordination du discours philosophique au mode de vie, ne nous a pas amenés à réduire la pratique de la vie philosophique hellénistique et romaine à une éthique, mais plutôt à montrer à quel point cette dernière y occupait une place centrale, non pas nécessairement en tant que discipline philosophique, mais en tant que fonction du discours philosophique. Dans ce contexte, nous pouvons donc dire que la fonction éthique du discours philosophique se situe effectivement sur un terrain « existentiel », c'est-à-dire celui d'une éthique comme manière de vivre et comme transformation individuelle. D'ailleurs, en ce sens très général, Hadot admet la possibilité de parler ici d'une éthique[5].

N'est-ce pas précisément une des plus grandes leçons à tirer de l'étude des philosophies hellénistique et romaine : la possibilité de

1. Plutarque, *Le philosophe doit surtout s'entretenir avec les grands*, 776c-d (trad. fr. tirée de P. Hadot, *Qu'est-ce que la philosophie antique ?*, *op. cit.*, p. 271).

2. P. Hadot, *Exercices spirituels et philosophie antique*, *op. cit.*, p. 379.

3. *Ibid.*, p. 377.

4. *Ibid.*, p. 377.

5. *Ibid.*, p. 378.

concevoir l'éthique non pas seulement, comme on le fait la plupart du temps aujourd'hui, en tant que discours théorique, mais également en tant que manière de vivre à la fois exprimée et transformée par le langage philosophique ? Dans le modèle stoïcien, la philosophie théorique (l'éthique, mais également la physique et la logique) est indissociable de la philosophie vécue : le discours philosophique théorique jaillit d'un choix de mode de vie philosophique basé sur un certain caractère et des valeurs particulières et rejaillit sur ce mode de vie en le justifiant, en l'orientant et en le transformant de façon positive. « La philosophie comme manière de vivre », pour reprendre l'expression de Hadot, ne signifie donc pas ici l'élimination du discours philosophique au profit d'un mode de vie silencieux, mais la subordination d'une philosophie théorique à une philosophie vécue, à une éthique comme manière de vivre dont le discours est partie intégrante. C'est dans cette optique que nous pouvons, dans un premier temps, parler d'une fonction éthique du discours philosophique.

LA CONVERSION PHILOSOPHIQUE COMME TRANSFORMATION INDIVIDUELLE

En plus de justifier rationnellement et d'orienter le mode de vie philosophique, la fonction éthopoétique principale du discours philosophique dans la vie philosophique hellénistique et romaine est d'opérer une transformation « existentielle » du rapport à soi, au monde et aux autres. C'est cette transformation que recouvre chez Hadot le concept central de conversion philosophique. Celle-ci est bien de nature « existentielle » puisqu'elle ne se limite pas à un changement de perspective au sens épistémologique du terme ; elle est un « changement total de vie, une conversion de tout l'être » du philosophe[1], une « métamorphose totale de la manière de voir le monde et d'être en lui »[2].

1. P. Hadot, *Qu'est-ce que la philosophie antique ?*, *op. cit.*, p. 18.
2. P. Hadot, *Exercices spirituels et philosophie antique*, *op. cit.*, p. 15.

La nature de cette transformation existentielle par la philosophie est explicitée dans un article intitulé « *Epistrophè* et *Metanoia* dans l'histoire de la philosophie »[1] dans lequel Hadot montre que la conversion n'est pas un thème exclusivement chrétien, mais puise ses origines dans les sociétés païennes de l'Antiquité grecque. En fait, dit-il, la conversion avait au départ un sens politique : « La pratique de la discussion judiciaire et politique, en démocratie, leur a révélé la possibilité de "changer l'âme" de l'adversaire par le maniement habile du langage, par l'emploi des méthodes de persuasion »[2]. Mais c'est dans *La République* de Platon[3], nous dit Hadot, que nous voyons apparaître pour la première fois le sens philosophique de la conversion, d'ailleurs encore très lié au sens politique dans la mesure où c'est la cité qu'il s'agissait ultimement de convertir :

> Le philosophe est lui-même converti parce qu'il a su détourner son regard des ombres du monde sensible pour le tourner vers la lumière qui émane de l'idée du Bien. Et toute éducation est conversion. Toute âme a la possibilité de voir cette lumière du Bien. Mais son regard est mal orienté, et la tâche de l'éducation consistera à tourner ce regard dans la bonne direction. Il s'ensuivra alors une transformation totale de l'âme. Si les philosophes gouvernent la cité, la cité entière sera ainsi « convertie » vers l'idée du Bien[4].

C'est toutefois à l'époque hellénistique, dit-il, que la conversion philosophique vise avant tout désormais à transformer non pas la cité, mais directement les individus et devient également la pierre angulaire de la vie philosophique. Ici, il est important de prendre le temps de souligner la spécificité des conceptions hellénistique et romaine de la conversion philosophique qui nous intéresse par

1. P. Hadot, « *Epistrophè* et *Metanoia* dans l'histoire de la philosophie », *Actes du XIe congrès international de philosophie*, Bruxelles, 20 au 26 août 1953, XII, p. 31-36.

2. P. Hadot, *Exercices spirituels et philosophie antique*, *op. cit.*, p. 225.

3. Platon, *La République*, *op. cit.*, VIII, 518cd.

4. *Ibid.*, p. 225-226.

rapport à la conversion politique au centre de la conception classique de la vie philosophique.

De manière très générale, nous pourrions dire que chez Platon et Aristote, la vie philosophique se définit davantage par rapport à la vie politique tandis que chez les philosophes hellénistiques, cette dernière se situe plutôt à l'arrière-plan sans toutefois disparaître complètement. Sur le plan théorique, dans l'*Éthique à Nicomaque*, Aristote établit une distinction entre la vie philosophique, la vie politique et la vie que la masse consacre au plaisir corporel[1], une triade qui correspond aux trois principales classes d'êtres humains dans *La République* de Platon : le philosophe, l'ambitieux (l'ami des honneurs) et l'intéressé (l'ami du gain)[2]. Bien que dans les deux cas, la vie philosophique soit supérieure parce qu'elle est mieux à même de nous mener au bonheur, elle se définit quand même par rapport à la vie politique qui est d'ailleurs tout de même classée au deuxième rang.

La vie philosophique n'est cependant pas opposée à la vie politique au sens où aucun mélange ou dialogue ne soit possible. Platon en est certainement le meilleur exemple. En effet, non seulement la vie politique prenait selon lui une valeur exceptionnelle lorsqu'elle était alimentée par l'éducation philosophique – c'est dans cette optique, par exemple, que l'Académie formait les futurs dirigeants –, mais nous pouvons dire que la philosophie et la politique forment carrément une unité au sein de la conception platonicienne d'une cité idéale gouvernée par des philosophes-rois. En ce qui concerne Aristote, nous savons qu'il a été le précepteur d'Alexandre le Grand mettant ainsi ses connaissances philosophiques au profit de la vie politique de la cité. Or, à la différence de Platon, comme l'a montré Richard Bodéüs[3], l'école d'Aristote ne formait qu'à la vie philosophique. De plus, si ce mode d'existence consacré à la méditation n'excluait pas la possibilité de vivre en communauté,

1. Aristote, *Éthique à Nicomaque*, *op. cit.*, I, 1095b16-1096a9.

2. Platon, *La République*, *op. cit.*, IX, 581b-582a.

3. R. Bodéüs, *Le philosophe et la cité : recherches sur les rapports entre morale et politique dans la pensée d'Aristote*, Paris, Les Belles Lettres, 1982, p. 171.

un de ses objectifs premiers était l'autosuffisance et menait donc naturellement à la solitude [1].

Selon Hadot, l'époque hellénistique marque pour la vie philosophique le passage de la conversion politique à la conversion philosophique, c'est-à-dire de l'importance centrale accordée à la transformation de la cité à la valorisation plus marquée de la transformation individuelle. Martha Nussbaum va même jusqu'à dire qu'après avoir tenté de changer la société, la philosophie tente désormais de changer les individus un à un. Au lieu de changer le monde pour qu'il corresponde à ses besoins, le philosophe cherche plus que jamais à changer son rapport au monde, c'est-à-dire qu'il apprend à ne pas se laisser affecter par ce qui ne correspond pas à ses besoins [2]. Il faut cependant nuancer un peu en ajoutant que l'idée de la philosophie comme transformation individuelle n'apparaît évidemment pas à l'époque hellénistique puisque Socrate ne faisait au fond rien d'autre que changer les individus un à un.

Même si cette transformation individuelle avait parfois, dans les faits, les caractéristiques de la conversion, le terme *epistrophè* n'apparaît cependant à peu près pas au sens philosophique (sauf dans *La République* où il est associé à la conversion politique). Il faut également préciser que Socrate avait un rapport pour le moins ambivalent envers la politique puisqu'il est celui qui s'abstient de faire de la politique, mais qui déclare néanmoins dans le *Gorgias* qu'il est le seul à faire de la politique – bien que ce ne soit évidemment pas au sens où les hommes politiques en font [3]. Néanmoins, on voit bien que la transformation que vise à opérer la philosophie dans l'Antiquité classique se définit particulièrement par rapport à la politique, que ce soit de manière positive ou négative.

Cependant, si la spécificité de la conception hellénistique de la conversion philosophique est bel et bien d'opérer une transformation individuelle en s'inspirant du modèle socratique, il faut préciser

1. Aristote, *Éthique à Nicomaque*, *op. cit.*, p. 526-527 ; X, 1177a21-1177b15.

2. *Cf.* M. C. Nussbaum, *The Therapy of Desire. Theory and Practice in Hellenistic Ethics*, Princeton, Princeton University Press, 1994, p. 502, 505.

3. Merci à Louis-André Dorion pour cette remarque.

que l'interprétation proposée par Hadot s'oppose à l'interprétation traditionnelle[1] qui voit l'époque hellénistique comme une phase de décadence de la culture antique, une certaine forme de repli sur soi découlant de l'échec du projet de transformation de la cité auquel la philosophie avait tenté de contribuer à travers les efforts de Platon et d'Aristote et qui s'expliquerait par le passage d'un régime démocratique à un régime monarchique qui aurait fait disparaître la vie publique[2]. Comme le souligne Hadot, il n'y a pas une aussi grande rupture que nous pourrions le croire entre les époques classique et hellénistique. Non seulement la vie philosophique de Platon et d'Aristote était déjà un moyen de se libérer de la corruption politique, mais la vie philosophique hellénistique pouvait inclure une dimension politique ou, du moins, entretenait parfois encore des rapports avec la vie politique.

> [...] les philosophes de l'époque hellénistique, même épicuriens, ne se désintéresseront jamais de la politique, jouant souvent le rôle de conseiller des princes ou d'ambassadeur d'une cité, comme en témoignent les inscriptions souvent décernées en leur honneur. Les philosophes stoïciens auront un rôle important dans l'élaboration de réformes politiques et sociales dans plusieurs États, par exemple le stoïcien Sphairos exerce une forte influence sur les rois de Sparte, Agis et Cléomène, le stoïcien Blossius sur le réformateur romain, Tiberius Gracchus. Ils s'opposent aussi parfois très courageusement aux empereurs romains[3].

À cette interprétation de l'époque hellénistique comme une phase de décadence de la civilisation grecque marquée par le préjugé de la disparition de la vie politique au centre de l'époque classique s'ajoute également cette idée de repli sur soi, l'idée qu'avec la valorisation plus importante de la transformation individuelle, nous assistions à l'émergence d'une certaine forme d'individualisme

1. *Cf.* G. Murray, *Five Stages of Greek Religion: Studies Based on a Course of Lectures Delivered in April 1912 at Columbia University*, London, Watts, 1935, p. 3-4.
2. *Cf.* P. Hadot, *Qu'est-ce que la philosophie antique ?*, *op. cit.*, p. 146-149.
3. *Ibid.*, p. 150.

au sens péjoratif du terme. Non seulement le philosophe se serait déconnecté de la vie politique, mais il se serait aussi déconnecté de la vie sociale et, de manière générale, du rapport avec autrui pour se réfugier dans une morale individuelle. Contre la thèse d'un éclatement du cadre politique dans les monarchies hellénistiques, Michel Foucault, qui a cherché à expliquer la majoration de l'austérité sexuelle dans la réflexion morale du début de l'ère impériale, a examiné l'interprétation traditionnelle en interrogeant la notion d'individualisme sur laquelle elle repose. Est-ce juste de dire que la substitution du gouvernement démocratique qui assurait le bonheur des citoyens par les monarchies hellénistiques aurait favorisé l'émergence d'une morale individualiste[1] ?

La réponse de Foucault est intéressante. Avant de critiquer le caractère individualiste de cette morale, il faut, selon lui, distinguer trois sens de l'individualisme : l'attitude qui accorde une valeur absolue à l'individu dans sa singularité indépendamment du groupe ou des institutions ; la valorisation de la vie privée ; et l'intensité des rapports à soi[2]. Selon lui, la majoration de l'austérité sexuelle dans la réflexion morale ne s'explique pas par l'émergence d'un individualisme dans les deux premiers sens, mais par l'apogée à cette époque d'une autre forme d'« individualisme », la culture de soi, qui se caractérise par l'intensification et la valorisation du rapport de soi à soi[3]. Autrement dit, de cette triple distinction, il ressort une conception « saine » de l'individualisme ou de l'intériorité qui n'est pas forcément en contradiction avec le bien-être de la communauté ou des institutions.

En effet, comme le montre également Foucault, le souci de soi au centre de cette culture aurait constitué une pratique sociale « donnant lieu à des relations interindividuelles, à des échanges et communications et parfois même à des institutions », notamment dans les écoles ou à travers la direction spirituelle, mais aussi dans les relations de parenté, d'amitié ou d'obligation et comme

1. *Cf.* M. Foucault, *Histoire de la sexualité III. Le souci de soi*, *op. cit.*, p. 58.
2. *Ibid.*, p. 59.
3. *Ibid.*, p. 60.

intensificateur des relations sociales préexistantes[1]. En ce sens, Émile Bréhier ajoute avec raison que nous aurions tort, par exemple, de voir les stoïciens comme des philosophes solitaires, uniquement intéressés par la méditation, puisque ces derniers prenaient activement part à la vie sociale notamment dans les grandes villes où ils pouvaient exercer leur propagande[2]. En somme, Foucault serait ici d'accord avec Hadot pour dire que la conversion philosophique n'est pas une conversion politique, mais elle ne se réduit pas toutefois à une morale individualiste déconnectée de la vie sociale et politique.

Mais quelle est la nature particulière de cette transformation individuelle ? En quel sens peut-on parler d'une *conversion* philosophique ?

> Cette conversion est un événement provoqué dans l'âme de l'auditeur par la parole d'un philosophe. Elle correspond à une rupture totale avec la manière habituelle de vivre : changement de costume, et souvent de régime alimentaire, parfois renonciation aux affaires politiques, mais surtout transformation totale de la vie morale, pratique assidue de nombreux exercices spirituels. [...] La philosophie antique n'est donc jamais l'édification d'un système abstrait, mais apparaît comme un appel à la conversion par laquelle l'homme retrouvera sa nature originelle (*epistrophè*) dans un violent arrachement à la perversion où vit le commun des mortels et dans un profond bouleversement de tout l'être (c'est déjà la *metanoia*)[3].

La thèse centrale de Hadot sur la conversion est l'idée d'une polarité permanente dans toute la spiritualité occidentale entre la *metanoia* et l'*epistrophè*, deux termes qui, selon lui, sont utilisés à l'origine dans l'Antiquité grecque pour parler des deux aspects de l'expérience de conversion philosophique dont il est question dans le passage ci-dessus. *Metanoia* qui signifie « changement de

1. *Cf.* M. Foucault, *Histoire de la sexualité III. Le souci de soi*, *op. cit.*, p. 62, 72-74.

2. P.-M. Schuhl (éd.), *Les Stoïciens*, trad. fr. É. Bréhier *et al.*, Paris, Gallimard, 1997. , LXII.

3. P. Hadot, *Exercices spirituels et philosophie antique*, *op. cit.*, p. 226.

pensée » et « repentir » évoque l'idée d'une renaissance ou d'une mutation qui passe par « une rupture totale de la manière habituelle de vivre », « un violent arrachement à la perversion », « un profond bouleversement de tout l'être », tandis que *epistrophè* signifie « changement d'orientation » et implique l'idée d'un retour à soi, à « sa nature originelle » en vue de « la béatitude », c'est-à-dire « la tranquillité de l'âme » et « la liberté intérieure »[1]. De plus, ce double mouvement, nous dit Hadot, est « provoqué dans l'âme de l'auditeur par la parole du philosophe », c'est-à-dire au moyen de la prédication, qui puise sa force de persuasion dans la rhétorique et la logique. Il est donc important de souligner que c'est le discours philosophique qui opère la conversion.

Ailleurs, Hadot parle également de la *metanoia* comme d'un « violent arrachement à l'aliénation de l'inconscience », « arrachement et rupture par rapport au quotidien, au familier, à l'attitude faussement naturelle du sens commun », « recommencement absolu », « nouveau point de départ qui transmue le passé et l'avenir » et de l'*epistrophè* comme un « retour à soi, à sa véritable essence », « retour à l'originel et à l'originaire, à l'authentique, à l'intériorité, à l'essentiel » et « accès à la liberté intérieure, à une nouvelle perception du monde, à l'existence authentique »[2]. Nous sommes encore une fois ici en présence d'une terminologie existentielle pour ne pas dire heideggérienne. Hadot reconnaît d'ailleurs directement l'influence qu'a exercée sur sa pensée l'existentialisme[3] et plus particulièrement Heidegger[4]. Comme nous l'avons mentionné en introduction, Hadot fait également valoir à quelques reprises l'utilité de la distinction heideggérienne entre l'authentique et l'inauthentique (qui a ici un sens spécifique) pour rendre compte de l'écartèlement du philosophe, en processus de conversion, « entre le domaine de l'habituel et du quotidien et le

1. *Ibid.*, p. 223.
2. *Ibid.*, p. 232-234.
3. *Ibid.*, p. 15.
4. P. Hadot, « Mes exercices spirituels », *Le Nouvel Observateur* 2369, juillet 2008.

domaine de la conscience et de la lucidité »[1]. C'est ainsi que Hadot parle le plus souvent de la conversion philosophique comme une transformation qui consiste à nous détourner de la vie inauthentique pour nous tourner vers la vie authentique :

> L'acte philosophique ne se situe pas seulement dans l'ordre de la connaissance, mais dans l'ordre du « soi » et de l'être : c'est un progrès qui nous fait plus être, qui nous rend meilleurs. C'est une conversion qui bouleverse toute la vie, qui change l'être de celui qui l'accomplit. Elle le fait passer d'un état de vie inauthentique, obscurci par l'inconscience, rongé par le souci, à un état de vie authentique, dans lequel l'homme atteint la conscience de soi, la vision exacte du monde, la paix et la liberté intérieures[2].

La conversion philosophique est donc arrachement et rupture par rapport au quotidien, c'est-à-dire par rapport à un état de vie inauthentique « obscurci par l'inconscience » et « rongé par le souci ». Hadot précise tout de même que la philosophie est inséparable du quotidien, d'où l'idée d'un écartèlement du philosophe entre la vie philosophique et la vie non philosophique. C'est en ce sens qu'il dit avoir voulu définir la philosophie, à la fin de *Qu'est-ce que la philosophie antique ?*, comme une transfiguration du quotidien.

> Socrate a ainsi montré qu'en tout temps, quoi qu'il nous arrive ou quoi que nous fassions, la vie quotidienne est inséparable de la possibilité de philosopher. [...] La philosophie n'est pas une activité réservée à un contemplatif restant dans son cabinet de travail et qui ne cesserait dès qu'il en sort, ou dès qu'il sort de son cours, mais il s'agit plutôt d'une activité qui est absolument quotidienne[3].

Nous pourrions maintenant nous demander en quoi cette conversion philosophique se distingue d'un autre type de conversion, plus connue, la conversion religieuse, et plus précisément la conversion chrétienne. Il est vrai, comme le fait remarquer Hadot, que les deux revêtent parfois le même aspect radical et totalitaire, qu'elles sont toutes deux mues, selon lui, par la même polarité

1. P. Hadot, *Exercices spirituels et philosophie antique*, *op. cit.*, p. 64.
2. *Ibid.*, p. 23.
3. P. Hadot, *Qu'est-ce que la philosophie antique ?*, *op. cit.* p. 382.

metanoia-epistrophè et que la conversion chrétienne reprend de nombreux thèmes de la conversion philosophique. Néanmoins, il est clair que la conversion philosophique ne repose pas sur « la foi absolue et exclusive en la parole et la volonté salvatrice d'un Dieu » ni sur une perspective eschatologique [1].

Foucault rejoint ici Hadot sur la spécificité de la conversion philosophique et sur cette idée que la notion de conversion ne se réduit pas au modèle chrétien [2]. Cependant, certaines de ses analyses viennent parfois se heurter à la théorie de Hadot, non sans l'enrichir d'une manière intéressante. La critique principale de Foucault vise l'idée d'une polarité permanente *metanoia-epistrophè* comme grille d'analyse de la spiritualité occidentale. Ce schéma est, selon lui, trop « homogénéisant ».

> [...] c'est que si l'on prend les choses dans leur développement diachronique, et si l'on suit le cheminement du thème de la conversion tout au long de l'Antiquité, il me paraît très difficile de faire valoir ces deux modèles, ces deux schémas, comme étant la grille d'explication et d'analyse qui permettrait de comprendre ce qui s'est passé dans la période qui va, en gros, de Platon au christianisme [3].

Mais l'intention n'est pas ici seulement de faire ressortir la pluralité et l'hétérogénéité des modèles de conversion de l'Antiquité à l'ère chrétienne. Il s'agit surtout, pour Foucault, de faire valoir à juste titre la spécificité d'un modèle particulier, le modèle hellénistique, comme paradigme de la conversion philosophique. Autrement dit, si Hadot est d'accord pour dire que l'époque hellénistique est effectivement une certaine forme d'âge d'or de la vie philosophique de l'Antiquité au sein de laquelle la conversion philosophique occupe une place centrale, la contribution de Foucault est d'avoir montré que le schéma *metanoia-epistrophè*, dans la mesure où il s'applique à *toute* la spiritualité occidentale, ne rend pas justice à la spécificité du modèle hellénistique tandis

1. *Ibid.*, p. 226-227.
2. M. Foucault, *L'herméneutique du sujet*, *op. cit.*, p. 199-200.
3. *Ibid.*, p. 208.

que ce dernier représenterait le mieux ce que nous entendons par « conversion philosophique »[1].

Il soutient, par exemple, que le terme *metanoia* n'avait pas le sens de conversion (mutation, renaissance) dans l'Antiquité classique et l'époque hellénistique, mais se limitait au sens ordinaire et négatif d'un changement d'opinion ou d'un repentir qu'on cherche à éviter[2]. D'après lui, la *metanoia* aurait acquis le sens positif de conversion, c'est-à-dire d'un « renouvellement du sujet par lui-même », seulement au IIIe et IVe siècle et serait donc propre au modèle de la conversion chrétienne (plus précisément au modèle ascétique-monastique qui s'organise autour de l'exégèse de soi, du renoncement à soi et de la mutation soudaine)[3]. En fait, c'est plutôt l'*epistrophè* qui serait propre à la conversion philosophique de l'Antiquité classique et de l'époque hellénistique. Or, Foucault montre bien que l'*epistrophè* hellénistique a un sens spécifique qu'il faut distinguer de l'*epistrophè* platonicienne[4]. Tandis que cette dernière désigne une transformation de soi fondée sur un rapport à soi sur le mode de la connaissance de soi par le biais de la réminiscence, la première se caractérise plutôt par l'autofinalisation du rapport à soi, c'est-à-dire la constitution du soi comme objectif à atteindre[5]. Foucault mise ici sur l'idée d'une conversion à soi (*conversio ad se*), c'est-à-dire un déplacement du regard de la curiosité oiseuse et du désir de percer les secrets de la nature vers soi-même. La conversion à soi est donc une « trajectoire » de soi à soi[6]. Autrement dit, selon Foucault, si le souci de soi se résume dans le modèle platonicien au « connais-toi toi-même » de l'Oracle de Delphes, dans le modèle hellénistique, nous pourrions le résumer à la maxime de Pindare : « deviens ce que tu es ».

1. M. Foucault, *L'herméneutique du sujet*, *op. cit.*, p. 244.
2. *Ibid.*, p. 206-207.
3. *Ibid.*, p. 207-208, 247.
4. *Ibid.*, p. 208.
5. *Ibid.*, p. 247.
6. M. Foucault, *Histoire de la sexualité III. Le souci de soi*, *op. cit.*, p. 89-90.

Cependant, bien que l'analyse proposée par Foucault a le mérite de rendre justice à la pluralité et aux différences des modèles de conversion de l'Antiquité jusqu'à l'ère chrétienne en plus de nous rappeler la valeur particulière du modèle hellénistique, dans la mesure où elle est liée à une interprétation trop moderne de la vie philosophique hellénistique et romaine comme « esthétique de l'existence », c'est-à-dire l'idée de la construction du soi comme œuvre d'art, elle met selon Hadot beaucoup trop l'accent sur le « soi » comme objectif à atteindre et oublie la dimension transcendante. En ce sens, au lieu de parler de culture *de soi* (et par le fait même d'autofinalisation *de soi*, de conversion *à soi*, de trajectoire *de soi à soi*), liée à une esthétique de l'existence, il serait préférable de parler de *dépassement de soi*[1]. Comme disait Sénèque, le bonheur n'est pas à chercher en soi-même, c'est-à-dire dans l'*ego*, mais « dans la meilleure partie de soi »[2], dans la raison universelle au sens où la raison humaine est une parcelle de la raison cosmique[3]. Ainsi, si le modèle hellénistique peut servir de paradigme de la conversion philosophique, ce n'est cependant pas à travers l'idée de la construction de soi-même comme œuvre d'art, mais à travers celle d'une libération de l'angoisse par le passage de la perspective individuelle du sujet à la perspective universelle du *kosmos*[4].

En somme, au-delà des questions historiques, le débat Hadot-Foucault sur la conversion philosophique permet sans aucun doute de mettre en lumière la possibilité, pour le discours philosophique, d'opérer une transformation existentielle, c'est-à-dire totale, de la personne qui se distingue de la conversion politique qui, elle, vise à transformer la société, et qui se caractérise par le passage d'un mode de vie inauthentique à un mode de vie authentique à travers un bouleversement ou une rupture (*metanoia*)

1. P. Hadot, *Exercices spirituels et philosophie antique*, *op. cit.*, p. 308.

2. Sénèque, *Lettres à Lucilius*, trad. fr. H. Noblot, Paris, Les Belles Lettres, 1945, XXIII, 6.

3. P. Hadot (éd.), « Réflexions sur la notion de "culture de soi" », *Michel Foucault Philosophe*, Paris, Seuil, 1989, p. 262.

4. P. Hadot, *Exercices spirituels et philosophie antique*, *op. cit.*, p. 310.

qui nous ramène à notre nature originelle (*epistrophè*) et, ainsi, nous procure le bonheur. Avec Foucault, nous pourrions ajouter que ce type de transformation individuelle se distingue de la conversion chrétienne, c'est-à-dire du modèle ascétique-monastique, mais également du modèle platonicien, et prend sa forme la plus prononcée dans le modèle hellénistique. Or, contre une certaine tendance de l'analyse de Foucault, le modèle hellénistique ne réduit pas la conversion philosophique à l'autofinalisation de soi dans le cadre d'une esthétique de l'existence, mais accorde une importance centrale à un mouvement de dépassement de soi vers une perspective rationnelle et universelle.

L'IDÉAL DE SAGESSE COMME VISÉE ÉTHIQUE DE LA CONVERSION PHILOSOPHIQUE

La conception de la conversion philosophique demeure strictement formelle tant et aussi longtemps que nous n'avons pas précisé que le nouveau rapport à soi, au monde et aux autres que le philosophe cherche à développer puise son contenu dans la visée éthique que constitue l'idéal de sagesse. Selon Hadot, la sagesse ne se réduit pas à un discours, à une manière de parler ou même à un savoir, mais correspondrait à la manière d'être, d'agir et de concevoir le monde la plus excellente qui soit[1]. En un mot, c'est l'*ataraxia*, c'est-à-dire la tranquillité d'âme au fondement du bonheur (*eudaimonia*)[2], qui caractérise le mode de vie vertueux que vise la pratique de la vie philosophique[3].

D'une part, celle-ci se reflète dans le mouvement de concentration engendré par le mode de vie éthique au sens où elle est la marque de la « liberté intérieure » et de « l'indépendance à l'égard de toutes choses ». Ces dernières se caractérisent plus précisément par

1. P. Hadot, *Qu'est-ce que la philosophie antique ?*, *op. cit.*, p. 334.

2. *Cf.* P. Hadot, *Exercices spirituels et philosophie antique*, *op. cit.*, p. 226 ; J. Brunschwig, « Stoïcisme ancien », dans M. Canto-Sperber (dir.), *Dictionnaire d'éthique et de philosophie morale*, Paris, P.U.F., 2004, t. 2, p. 1858.

3. P. Hadot, *Qu'est-ce que la philosophie antique ?*, *op. cit.*, p. 337.

« l'égalité d'âme », c'est-à-dire le fait d'être heureux peu importe ce qui arrive, « l'absence de besoin », liée à l'autarcie (*autarkeia*), et « l'indifférence aux choses indifférentes », à savoir aux choses qui préoccupent les non-sages[1]. Ainsi, le sage est celui qui parvient à se libérer des tourments de la vie quotidienne et, pour reprendre la formule de M. Hulin citée par Hadot, celui qui parvient à « déposer le fardeau »[2].

D'autre part, l'*ataraxia* se reflète dans un mouvement spirituel de dilatation au sens où, à l'exception des sceptiques, la liberté intérieure puise sa force ultime dans l'unité avec le *kosmos*[3]. La tranquillité du sage passe donc également par un rapport privilégié avec l'univers, la nature ou le Tout. Pour reprendre les termes de Groethuysen, cités par Hadot[4], « Le sage fait partie du monde, il est cosmique. Il ne se laisse pas détourner du monde, détacher de l'ensemble cosmique [...] Le type du sage et la représentation du monde forment en quelque sorte un ensemble indissoluble. »[5]. En ce sens, le sage antique est celui qui vit en accord avec la nature[6]. Encore une fois, comme le dit Hadot, en désaccord avec le caractère trop « égocentrique » de l'analyse foucaldienne : « au lieu de parler de “culture de soi”, il vaudrait mieux parler de transformation, de transfiguration, de “dépassement de soi”. Pour décrire cet état, on ne peut éluder le terme “sagesse” qui, me semble-t-il, n'apparaît que rarement, sinon jamais, chez M. Foucault »[7].

En continuité avec la tradition philosophique qui les a précédés, les philosophes hellénistiques et romains parlaient le plus souvent

1. *Ibid.*, p. 335, 337.
2. *Ibid.*, p. 352.
3. *Ibid.*, p. 338-339.
4. *Ibid.*, p. 347.
5. B. Groethuysen, *Anthropologie philosophique*, Paris, Tel-Gallimard, 1952, p. 80.
6. P. Hadot, *Discours et mode de vie philosophique*, *op. cit.*, p. 327-328.
7. P. Hadot, *Exercices spirituels et philosophie antique*, *op. cit.*, p. 308. Foucault parle en réalité de sagesse à plusieurs reprises dans un cours donné au Collège de France durant l'année 1981-1982 : *L'herméneutique du sujet*, *op. cit.*, p. 36, 44, 69-70, 105, 132, 150, 187, 205, 225, 273, 306, 364, 384, 440.

de la sagesse comme d'un objectif pratiquement inatteignable dans les faits[1] et donc comme un véritable idéal au sens asymptotique du terme, une « norme transcendante qui détermine le mode de vie du philosophe »[2]. Nous retrouvons ici l'idéal d'assimilation au divin (*homoiosesis to theo*) au cœur de la philosophie antique depuis au moins Platon[3], cette idée que l'idéal du philosophe est de s'assimiler à la divinité en menant, dans la mesure de ses forces et de ses capacités (*kata dynamin*), la vie qui procure à la divinité la sagesse parfaite et le bonheur pur[4]. Bref, puisque la sagesse est l'apanage des dieux, devenir sage équivaut à devenir un dieu[5]. Hadot souligne l'importance du rapprochement entre la figure du sage et celle des dieux, deux modèles qui sont conçus comme une « force d'attraction », un idéal qui oriente les choix des individus et leur donne une valeur[6]. Il cite Sénèque : « Dans le cœur de chaque homme de bien "un dieu habite. Quel est-il ? Nulle certitude ; mais c'est un dieu" »[7].

Ici, l'idée foucaldienne d'un modèle hellénistique de la conversion philosophique fondée sur une éthique de l'autofinalisation de soi semble compatible avec l'analyse de Hadot : être philosophe signifie aspirer à devenir ce dieu qui sommeille « en chaque homme de bien », se projeter vers cette possibilité d'existence supérieure qui à la fois nous constitue et nous dépasse. Si la dimension cosmique de l'éthique est moins présente dans l'analyse de Foucault, alors que la notion de physique vécue est centrale dans l'interprétation de Hadot, il semble que nous puissions quand même, dans les deux cas, parler d'une « éthique du dépassement de soi ». Bien que le

1. *Cf.* Sénèque, *Lettres à Lucilius*, *op. cit.*, XXXXII, 1.

2. P. Hadot, *Qu'est-ce que la philosophie antique ?*, *op. cit.*, p. 334 ; *Discours et mode de vie philosophique*, *op. cit.*, p. 542.

3. *Cf.* Platon, *Théétète*, 176b, in *Parménide*, *Théétète*, *Le sophiste*, *op. cit.*

4. *Cf.* aussi Aristote, *Éthique à Nicomaque*, *op. cit.*, X, 1177b30-1178a1 ; Merci à Louis-André Dorion pour cette remarque.

5. P. Hadot, *Discours et mode de vie philosophique*, *op. cit.*, p. 547.

6. P. Hadot, *Qu'est-ce que la philosophie antique ?*, *op. cit.*, p. 345.

7. Sénèque, *Lettres à Lucilius*, *op. cit.*, XXXXI, 2 ; *cf.* P. Hadot, *Qu'est-ce que la philosophie antique ?*, *op. cit.*, p. 349.

langage de la subjectivité prédomine chez Foucault, l'idée d'une autofinalisation de soi n'est pas forcément « égoïste » : l'*ego* ne tend pas à demeurer *ego*, mais à transformer son mode d'être pour devenir autre, c'est-à-dire meilleur que ce qu'il était au départ, à savoir un sujet libre s'étant posé lui-même comme tel et dont les valeurs positives (le souci de soi) rejaillissent sur les rapports sociaux (le souci des autres) et, de manière générale, sur le rapport au monde. En ce sens, il est vrai que l'accent porte sur la *trajectoire* de soi à soi, mais également et peut-être surtout sur la trajectoire de la perspective individuelle du sujet à la perspective universelle du *kosmos*. Il s'agit donc bien d'une conception de la sagesse comme visée, orientation ou tension et non comme objectif à atteindre. Ce point est primordial pour la question de la relation entre le discours et le mode de vie philosophiques. Comme le précise Hadot :

> La philosophie n'est qu'exercice préparatoire à la sagesse. Il ne s'agit pas d'opposer d'une part la philosophie comme un discours philosophique théorique et d'autre part la sagesse comme le mode de vie silencieux, qui serait pratiqué à partir du moment où le discours aurait atteint son achèvement et sa perfection [1].

Autrement dit, puisque l'idéal de sagesse est asymptotique dans la mesure où le philosophe tend vers l'*ataraxia* et par le fait même vers le bonheur sans jamais l'atteindre une fois pour toutes, la philosophie demeure toujours un discours. Le point crucial est plutôt la fonction éthique de ce discours, c'est-à-dire l'engagement du philosophe dans un processus de conversion, une transformation existentielle du rapport à soi, au monde et aux autres qui est toujours à réactiver au moyen de pratiques langagières qui produisent un effet concret sur le mode de vie philosophique.

1. P. Hadot, *Qu'est-ce que la philosophie antique ?*, *op. cit.*, p. 19.

CONCLUSION

Au terme de cette analyse de l'interprétation de la conception hellénistique et romaine de la vie philosophique proposée par Hadot, nous avons mis en relief trois composantes d'un modèle conceptuel qui nous servira de référence pour l'exploration des thèmes liés à cette conception chez Wittgenstein. Pour demeurer fidèle à la théorie de Hadot, qui a servi de point de départ à ce chapitre, nous avons dégagé ces composantes à partir d'exemples tirés des philosophies de Platon, d'Aristote, du scepticisme, de l'épicurisme et du stoïcisme. Dans les pages qui suivent, comme nous l'avons annoncé en introduction, nous nous concentrerons presque uniquement sur le modèle stoïcien (en particulier sur la philosophie d'Épictète) et nous chercherons, dans le cadre de notre analyse comparative ciblée avec Wittgenstein, à ancrer ces caractéristiques formelles dans des exemples particuliers.

CHAPITRE II

LA SUBORDINATION DU DISCOURS PHILOSOPHIQUE AU MODE DE VIE ÉTHIQUE

La première composante du modèle conceptuel que nous avons élaboré au chapitre précédent est l'idée d'une subordination du discours philosophique (théorique ou non) à l'éthique comme manière de vivre, c'est-à-dire au caractère (*êthos*) et aux habitudes de vie (*ethos*), que nous avons respectivement associés à l'intériorité et à l'extériorité du mode de vie éthique. Cette relation de subordination peut être entendue en deux sens. D'une part, le discours philosophique *jaillit* du mode de vie dans la mesure où il est l'expression d'un certain vouloir, c'est-à-dire d'un choix de vie en fonction d'un caractère lié à des valeurs particulières et, d'autre part, il *rejaillit* sur le mode de vie au sens où il a une fonction éthopoétique, c'est-à-dire qu'il peut produire un effet bénéfique sur le caractère et les habitudes de vie.

Nous pourrions ajouter que le discours philosophique a une fonction éthopoétique au sens faible lorsqu'il sert, par exemple, à justifier rationnellement les valeurs et le choix de vie sur lesquels il est fondé ou encore lorsqu'il est utilisé pour orienter le mode de vie éthique. Par ailleurs, il est éthopoétique au sens fort lorsqu'il a le pouvoir d'opérer une conversion philosophique, à savoir une transformation globale de la personne tant sur le plan de l'intériorité que de l'extériorité du mode de vie éthique.

L'idée de « subordination », qui évoque une relation entre deux éléments, ne doit pas masquer le fait que le discours philosophique et le mode de vie forment un tout articulé. En réalité, nous pouvons dire que le discours est *partie intégrante* du mode de vie. À partir de cette composante du modèle conceptuel qui nous sert ici de ligne directrice, il est possible de trouver dans la pensée de Wittgenstein des ressources permettant d'approfondir notre réflexion sur la nature d'une fonction éthique du discours philosophique.

LE DISCOURS PHILOSOPHIQUE COMME EXPRESSION D'UN CERTAIN VOULOIR

Examinons d'abord la dimension subjective de la relation de subordination du discours philosophique au mode de vie éthique en puisant dans certaines remarques de Wittgenstein sur l'éthique et la volonté et en nous limitant à la possibilité du discours philosophique de jaillir de l'*êthos*. Ici, pour ce qui relève de la perspective que nous privilégions à l'égard de la pensée de Wittgenstein, nous croyons qu'il est fécond de compléter l'analyse du modèle hellénistique de la vie philosophique proposée par Hadot, qui nous sert de référence et qui mise surtout sur l'idée d'une subordination du discours philosophique à un *choix* de vie philosophique, par l'analyse du modèle stoïcien de A. J. Vœlke, qui place encore plus clairement le thème de la volonté au centre de la question qui nous intéresse.

Il faut toutefois préciser que s'il est même permis de parler de l'existence d'un concept de « volonté » chez les stoïciens[1], il est certainement important de le distinguer de notre concept moderne de volonté qui désigne une faculté indépendante de la raison et du désir conférant au sujet un pouvoir d'autodétermination ou de libre arbitre[2]. C'est pourquoi, dans le modèle stoïcien, il est peut-être préférable de parler d'un « certain vouloir » correspondant à ce qui est « en notre pouvoir », à savoir, dans l'ancien stoïcisme, le jugement et la tendance, qui sont l'expression d'une force, d'une tension, d'un effort et qui, comme le défend Vœlke, forment une unité indissoluble[3] – d'où sa thèse centrale à propos de la théorie stoïcienne de la connaissance :

1. B. Snell, *Neun Tage Latein*, Göttingen, Vandenhoek & Ruprecht, 1955, p. 21 ; M. Pohlenz, *Kleine Schriften*, Hildescheim, Georg Olms, 1965, p. 440 ; R. A. Gauthier, *Introduction à l'*Éthique à Nicomaque, Louvain, Publications universitaires de Louvain, 1970, p. 255-266 ; M. Pohlenz, *Die Stoa. Geschichte einer geistigen Bewegung*, Göttingen, Vandenhoeck & Ruprecht, 1970, p. 319.

2. B. Cassin, *Vocabulaire européen des philosophies. Dictionnaire des intraduisibles*, *op. cit.*, p. 1375.

3. A. J. Vœlke, *L'idée de volonté dans le stoïcisme*, Paris, P.U.F., 1973, p. 191-193.

> Au lieu de se réduire à des représentations incapables d'entraîner l'âme sans l'intervention de facultés non intellectuelles, la connaissance est alors dynamique par essence : telle l'idée chez Spinoza, elle enveloppe une force qui s'exprime aussi dans la tendance et qui est vouloir[1].

Ainsi, étant donné que le jugement – fondement de la connaissance qui consiste à accorder un assentiment à des représentations vraies médiatisées par des propositions (*axiôma*) – est indissociable de la tendance et que ces deux éléments constituent le domaine d'un certain vouloir, la connaissance exprimée par le langage, en l'occurrence le discours philosophique, est indissociable d'un certain vouloir. Or, ce vouloir prend un sens particulier dans le contexte de la vie philosophique. Dans l'ancien stoïcisme, on parle de « la tendance avant la tendance » (*épibolê*) et du « choix avant le choix » (*prohairésis*)[2], deux notions reprises ensuite par Épictète. Pour ce dernier, comme le dit Vœlke, l'*épibolê* désigne plus précisément « un projet initial à partir duquel se développe tout l'effort philosophique »[3], « une visée commandant toute l'orientation de l'individu »[4].

> J'ai le projet de faire de vous des hommes qui ne soient point gênés, contraints ni entravés, des hommes libres, tranquilles et heureux, le regard toujours fixé sur Dieu dans les petites choses comme dans les grandes : vous, vous êtes là pour apprendre et pour vous exercer. (30) Pourquoi donc n'accomplissez-vous pas votre tâche, si vraiment vous avez la volonté qu'il faut, et si j'ai, moi, la préparation nécessaire ? […] Que nous manque-t-il ? S'agit-il d'une chose qui ne peut être apprise ? Elle peut l'être. (32) Ou d'une chose qui ne dépende pas de nous ? Elle est seule à en dépendre ; richesse, santé, réputation ne dépendent pas de nous ; rien d'autre n'est en

1. *Ibid.*, p. 194.
2. *Stoicorum Veterum Fragmenta*, III, 173 ; *cf.* A. J. Vœlke, *L'idée de la volonté dans le stoïcisme*, *op. cit.*, p. 140.
3. A. J. Voelke, *L'idée de la volonté dans le stoïcisme*, *op. cit.*, p. 140.
4. *Ibid.*, p. 141.

notre pouvoir que l'usage correct de nos représentations ; seul, il est par nature, sans obstacle ni entraves [1].

Dans un premier temps, nous voyons ici que ce projet de perfectionnement éthique se fonde sur des valeurs particulières, des valeurs « stoïciennes », qui consistent par exemple à accorder une grande importance à une conception de la liberté intérieure qui se définit par rapport au déterminisme des choses extérieures, ce qui implique de tout miser sur ce qui dépend de nous par opposition à ce qui ne dépend pas de nous et de faire de la vertu éthique la valeur suprême. Dans un deuxième temps, la *prohairésis*, que Bréhier traduit par « volonté » [2], joue un rôle central dans le cadre de ce projet fondamental, dans la mesure où elle désigne un choix primordial, c'est-à-dire une prise de position préalable à l'égard de la réalité fondée sur « un ensemble de jugements portant sur les représentations par lesquelles nous saisissons la réalité » [3].

Ce choix est opérationnalisé par « l'usage des représentations » [4] dont il est également question dans cet extrait et qui a une double fonction. D'une part, il consiste à faire des distinctions au sein de la réalité. Par exemple, certaines choses dépendent de nous et d'autres ne dépendent pas de nous. D'autre part, il sert à évaluer les représentations, c'est-à-dire, par exemple, à établir que certaines choses n'ont pas de valeur, et donc ne doivent pas nous affecter, parce qu'elles ne dépendent pas de nous [5]. À l'étape initiale du choix de vie philosophique, les jugements sur lesquels se fonde l'usage des représentations de l'apprenti philosophe ne sont évidemment pas alimentés de façon substantielle par les théories stoïciennes (éthique, physique et logique). Mais il y a déjà le choix primordial

1. Épictète, *Entretiens*, II, XIX, 29-32 ; *cf.* aussi III, V, 18 et IV, VIII, 19, dans P.-M. Schuhl (éd.), *Les Stoïciens*, *op. cit.*

2. D'autres traductions possibles : « faculté de juger et de vouloir », « libre arbitre » (Courdaveaux), « *Wille* » (Enl, Schulthess-Mücke), « *moral purpose* » (Oldfather) et « personne morale » (Souilhé et Jagu) (*Cf.* A. J. Vœlke, *L'idée de volonté dans le stoïcisme*, *op. cit.*, p. 142-143).

3. A. J. Vœlke, *L'idée de volonté dans le stoïcisme*, *op. cit.*, p. 145.

4. Épictète, *Entretiens*, II, XXIII, 5 *sq.*, *op. cit.*

5. *Cf.* A. J. Vœlke, *L'idée de volonté dans le stoïcisme*, *op. cit.*, p. 144-146.

de la *prohairésis*, une attitude volitive et cognitive préalable à l'égard de la réalité qui consiste à vouloir résolument devenir un homme de bien, à faire le choix raisonné de consacrer sa vie à ce qui a le plus de valeur, à savoir ici la vertu éthique.

Le projet philosophique dans lequel l'apprenti philosophe choisit de s'engager consiste à perfectionner sa *prohairésis*, notamment en s'exerçant, à l'aide des théories stoïciennes, à faire un meilleur usage de ses représentations, à faire des distinctions et des évaluations plus efficaces entre ce qui dépend et ce qui ne dépend pas de lui et, par conséquent, à poser de meilleures actions. Ainsi, non seulement la connaissance exprimée par le langage est-elle *indissociable* d'un certain vouloir, mais elle est également *l'expression* d'un certain vouloir en un sens fondamental puisque la *prohairésis*, en tant que prise de position préalable, oriente dès le départ le discours philosophique théorique qui en découlera et qui servira principalement à justifier rationnellement le choix de vie philosophique qui en est l'impulsion. Si nous limitons ici notre interprétation du modèle stoïcien à la philosophie d'Épictète, nous pourrions dire que le choix de vie philosophique peut être compris au sens de l'enracinement d'un choix primordial de la volonté (*prohairésis*), opérationnalisé par l'usage des représentations, dans un projet initial (*épibolê*) qui définit l'orientation générale d'une éthique comme manière de vivre en fonction de valeurs particulières. Comme nous tenterons maintenant de le démontrer, il y a un terrain commun de réflexion entre ce modèle stoïcien et la pensée de Wittgenstein autour de cette idée que le discours philosophique exprime un certain vouloir.

La motivation du Tractatus *: une prise de position préalable à l'égard du monde fondée sur un projet éthique*

Selon Hadot, par analogie avec la notion de choix de vie dans la philosophie antique, les propositions du *Tractatus* peuvent être conçues comme l'expression d'un certain vouloir au sens où elles sont animées par une motivation éthique visant à conduire le lecteur à un certain mode de vie, à une certaine attitude « tout à fait analogue aux options existentielles de la philosophie antique »[1].

C'est en effet une interprétation que nous pouvons tirer de la lecture d'une lettre que Wittgenstein a écrite à Ludwig Von Ficker, l'éditeur du *Tractatus*.

> Il ne vous est pas vraiment étranger, parce que le point du livre est éthique. J'ai d'abord voulu inclure dans la Préface une phrase qui n'y est finalement pas, que je vais retranscrire pour vous ici, parce que ce sera peut-être une clé pour vous. Voilà ce que je voulais écrire : mon travail se compose de deux parties : celle qui est présentée ici plus tout ce que je n'ai *pas* écrit. Et c'est précisément cette seconde partie qui est la partie importante. Car l'éthique trouve sa limite tracée de l'intérieur, pour ainsi dire, par mon livre ; et je suis convaincu que c'est la *seule* façon *rigoureuse* de tracer cette limite[2].

Suivant ce passage, nous proposons d'appliquer au type de discours philosophique privilégié ici par Wittgenstein une méthode d'interprétation similaire à celle appliquée par Hadot aux textes anciens[3]. En effet, nous croyons que les propositions du *Tractatus* prennent tout leur sens lorsque nous traitons le contenu de connaissance qu'elles tentent de véhiculer non pas comme une fin en soi, mais plutôt, dans la perspective de l'effet qu'elles visent à produire, c'est-à-dire plus précisément comme des moyens d'opérationnaliser un choix existentiel, fondé sur les valeurs propres à un caractère particulier, le choix d'un mode de vie ou d'une attitude silencieuse à laquelle Wittgenstein réfère par le terme « éthique ». En d'autres termes, bien qu'elles véhiculent effectivement certaines thèses philosophiques, les propositions du *Tractatus* ne se réduiraient pas à un discours philosophique théorique, c'est-à-dire, comme le dit Wittgenstein lui-même, à « un

1. P. Hadot, *Qu'est-ce que la philosophie antique ?*, *op. cit.*, p. 411.

2. L. Wittgenstein, *Briefe an Ludwig von Ficker*, G. H. von Wright (ed.), Salzburg, Müller, 1969, p. 35, trad. tirée de E. Halais dans *Wittgenstein et l'énigme de l'existence : La forme et l'expression*, *op. cit.*, p. 79.

3. P. Hadot, *Exercices spirituels et philosophie antique*, *op. cit.*, p. 15-16.

ouvrage d'enseignement » (*Lehrbuch*)[1], mais seraient en réalité motivées par un projet fondamental qui viserait à circonscrire les limites du langage et, par le fait même, à tourner le regard du lecteur vers le Mystique (ce qui ne peut se dire, mais seulement se montrer), domaine par excellence de cette « éthique ».

Il y a ici un parallèle intéressant à faire entre le projet éthique fondamental qui motive le discours philosophique du *Tractatus* et la notion d'*épibolê* chez Épictète. Il est toutefois important de préciser que l'*épibolê* peut lier la notion de « choix de vie philosophique » à celle de « vocation philosophique », qui consiste à entrer à l'école de philosophie avec l'engagement de se consacrer à un savoir ordonné à la liberté et au bonheur[2], ce que nous ne retrouvons évidemment pas chez Wittgenstein. Non seulement le projet éthique du *Tractatus* n'a rien à voir avec une « vocation philosophique » au sens des philosophes hellénistiques et romains, mais, comme nous le verrons, l'éthique qui l'intéresse ne passe pas en réalité par un choix de vie *philosophique*.

En quel sens le discours philosophique du *Tractatus* est-il motivé par un *choix primordial* et peut donc être compris plus précisément comme l'expression d'un certain vouloir ? Nous proposons de répondre à cette question par analogie avec le concept stoïcien de *prohairésis*. D'une part, comme dans l'ancien stoïcisme, au sens d'une prise de position préalable au choix en tant que tel (*hairésis*) ou, comme le dit Sorabji, au sens d'une tendance des décisions rationnelles à propos de la manière appropriée d'agir[3]. Dans cette optique, le choix qui motive les propositions du *Tractatus* peut être interprété comme le choix d'une attitude liée à une certaine conception du monde, de soi-même et des autres qui pénètre et oriente dès le départ le discours philosophique.

1. T, Préface.

2. Épictète, *Entretiens*, I, XII, 8, *op. cit.* ; *cf.* A. J. Vœlke, *L'idée de volonté dans le stoïcisme*, *op. cit.*, p. 140.

3. R. Sorabji, « Epictetus on *proairesis* and Self », *in* T. Scaltsas and A. S. Mason (eds.), *The Philosophy of Epictetus*, New York, Oxford University Press, 2007, p. 87.

D'autre part, comme nous l'avons déjà mentionné, cette conception de la *prohairésis* comme prise de position préalable se précise davantage chez Épictète dans la mesure où elle consiste entre autres à choisir dès le début du projet éthique d'aborder les représentations (médiatisées par des propositions) par lesquelles nous saisissons la réalité à partir d'un point de vue particulier, c'est-à-dire en termes de ce qui dépend et ne dépend pas de nous[1]. Dans les *Carnets 1914-1916*, Wittgenstein parle lui aussi explicitement de la volonté comme « prise de position préalable à l'égard du monde »[2]. Or, comme nous le verrons plus en détail, la volonté est ici un choix primordial en un sens transcendantal : elle donne une « signification » et une valeur aux faits du monde (qui en sont intrinsèquement dépourvus)[3].

Par analogie avec la notion de choix de vie philosophique de Hadot et celle de *prohairésis* chez Épictète, le discours philosophique du *Tractatus* peut ainsi être conçu comme l'expression d'un certain vouloir au sens où il est subordonné à la volonté éthique de l'auteur, à comprendre au sens transcendantal d'une prise de position préalable envers les faits du monde, dont à l'égard des propositions de l'ouvrage, qui sont des faits[4], dans le cadre d'un projet éthique visant à conduire le lecteur à un certain mode de vie éthique. Cependant, il ne s'agit pas ici de dire que les propositions du *Tractatus* ne véhiculent aucune vérité, qu'elles seraient en quelque sorte le pur produit de la volonté et de l'imagination de Wittgenstein. Ce dernier dit clairement, dans la préface du *Tractatus*, que des pensées sont exprimées dans l'ouvrage et que « la *vérité* des pensées ici communiquées » lui semble « intangible et définitive ». Il s'agit plutôt d'affirmer que Wittgenstein a donné un sens et une valeur éthiques aux propositions du *Tractatus* (qui jettent par ailleurs un véritable éclairage sur certaines questions philosophiques) ; il leur a donné une fonction *éthopoétique* (*cf.* chapitre II, section II).

1. Épictète, *Entretiens*, I, XXII, 9-10, *op. cit.*
2. C, 4.11.16.
3. *Cf.* C, 2.9.16 et 15.10.16
4. T, 3.14.

Quelle est alors la nature de cette éthique qui serait à la fois la motivation et la visée du discours philosophique du *Tractatus ?* En premier lieu, une chose est sûre, l'éthique que valorise Wittgenstein n'a pas le sens d'une « philosophie morale ». En effet, s'il y a un sens à parler d'éthique chez Wittgenstein, c'est uniquement comme manière de vivre et donc au sens d'une « éthique vécue », qui s'oppose à une « éthique théorique » [1]. Nous reprenons ici la distinction de Hadot entre l'éthique théorique et l'éthique vécue, mais au sens large d'un discours théorique sur les normes qui régissent les conduites humaines versus l'éthique telle qu'elle est vécue dans la vie ordinaire et non au sens restreint que prend cette distinction dans le modèle stoïcien, c'est-à-dire comme distinction entre la théorie éthique et son application à travers la pratique répétée d'exercices. Chez Wittgenstein, l'éthique vécue ne passe pas par l'application d'une théorie éthique (*cf.* chapitre II, section II).

En deuxième lieu, dans la *Conférence sur l'éthique*, nous en apprenons un peu plus sur ce que Wittgenstein considère être le domaine de cette éthique vécue : « ce qui a une valeur », « ce qui compte réellement », le « sens de la vie », « ce qui rend la vie digne d'être vécue », « la façon correcte de vivre » [2]. La tonalité « existentielle » de cette éthique devient alors évidente d'autant plus que l'exemple privilégié par Wittgenstein dans cette conférence pour nous indiquer ce qu'est l'éthique est l'expérience de l'étonnement devant le fait de l'existence du monde [3], une expérience qui inclut « la partie essentielle de ce qu'on appelle communément esthétique » [4]. Cette idée concorde avec un passage du *Tractatus* sur le sentiment mystique du monde comme tout limité [5], une expérience qui ne peut pas être dite, mais seulement montrée [6], et que Hadot interprète comme le cœur de la dimension existentielle de la pensée de Wittgenstein.

1. LC, 143-144, 158.
2. LC, 143-144.
3. LC, 149.
4. LC, 143.
5. T, 6.45.
6. T, 6.522.

> Je pense que Wittgenstein veut décrire l'impression d'étrangeté (qui peut aller jusqu'à l'extase) que nous éprouvons devant le *Dasein* (le fait que le monde soit) : l'extase de Roquentin dans le jardin de Bouville, mais aussi le sentiment cosmique cher aux Romantiques allemands[1].

Or, comme l'a fait remarquer Bouveresse, il faut distinguer la dimension existentielle du *Tractatus* et l'attitude ineffabiliste des philosophies de l'existence. Ces dernières tiennent un discours sur ce que Wittgenstein croit être indicible tandis que le *Tractatus* cherche à tracer la frontière entre l'usage représentatif du langage et cette dimension existentielle *de l'intérieur*, c'est-à-dire sans *dire* quoi que ce soit à son sujet et, par le fait même, prétendre adopter une perspective représentationnelle extérieure à l'usage représentatif du langage[2]. L'éthique vécue qui se dévoile à la lecture des propositions du *Tractatus* peut être dite « existentielle » en un sens bien précis, c'est-à-dire dans la mesure où elle implique une transformation du rapport au monde qui passe par l'expérience « esthétique » de l'étonnement devant le fait de l'existence et dont résulte une attitude éthique grâce à laquelle « l'énigme de la vie »[3] – le caractère problématique du sens de la vie, mais également l'angoisse de la mort – s'évanouit pour céder la place à une vision sous l'angle de l'éternité.

En troisième lieu, cette éthique est *personnelle*, c'est-à-dire qu'elle n'a de sens pour Wittgenstein que du point de vue du sujet[4]. En effet, comme il est possible de le constater à la lecture des *Carnets 1914-1916*, dans la perspective d'une démarche personnelle, la réflexion de Wittgenstein sur l'éthique passe par l'expérience solipsiste de la mienneté du monde[5]. Comme le souligne à juste titre Jacques Bouveresse, « la dimension éthique ne

1. P. Hadot, *Wittgenstein et les limites du langage*, *op. cit.*, p. 43.

2. J. Bouveresse, *Wittgenstein : la rime et la raison. Science, éthique et esthétique*, Paris, Minuit, 1973, p. 11-12.

3. T, 6.4312.

4. C, 2.8.16.

5. C, 2.9.16.

s'introduit que par le fait que le monde est *mon* monde »[1]. En effet, nous dit Wittgenstein, devant l'incapacité de plier les événements du monde à ma volonté, la liberté de devenir heureux ne réside que dans le pouvoir de changer les frontières du monde qui est le mien[2], c'est-à-dire de donner une valeur éthique à mon rapport au monde. C'est d'ailleurs en ce sens que le bien et le mal, le bonheur et le malheur, sont des prédicats du sujet du vouloir et non des propriétés du monde[3]. Soulignons qu'en 1930, lors d'une discussion avec Friedrich Waismann, Wittgenstein thématise explicitement l'idée d'une éthique à la première personne en référant à sa *Conférence sur l'éthique* – laquelle était encore imprégnée de la conception de l'éthique des *Carnets 1914-1916* et du *Tractatus*.

> À la fin de ma conférence sur l'éthique, j'ai parlé à la première personne. Je crois qu'il y a là quelque chose de tout à fait essentiel. À ce niveau rien ne peut plus faire l'objet d'un constat, je ne puis qu'entrer en scène comme une personne et dire je[4].

Plusieurs années plus tard, après avoir rompu depuis déjà longtemps avec la conception transcendantale de la volonté des *Carnets 1914-1916* et du *Tractatus*, Wittgenstein ne semble pas avoir abandonné l'idée d'une éthique à la première personne. En effet, au cours d'une discussion avec Rush Rhees datant de 1942, il aurait dit que les problèmes des livres d'éthique ne sont pas des problèmes éthiques authentiques parce que la solution à ces problèmes très généraux n'est pas imaginable ou reconnaissable. Les exemples examinés ici étaient la question de savoir si l'assassinat de César par Brutus était une action noble ou vile et si un homme a le droit de se faire mettre à mort au nom de la vérité. Wittgenstein semble dire ici qu'il faut pour trouver la solution à un problème éthique pouvoir s'imaginer comment le protagoniste se sent, quel est son état d'esprit, bref ce que ce serait de vivre ce problème éthique « à la

1. J. Bouveresse, *Wittgenstein : la rime et la raison...*, *op. cit.*, p. 101.
2. C, 11.6.16.
3. C, 2.8.16.
4. LC, 158.

première personne »[1]. La suite de cette discussion est d'autant plus instructive que Rhees parvient à trouver un exemple de problème éthique que Wittgenstein juge authentique.

> Je suggérai alors le problème auquel se trouve confronté un homme qui en est arrivé à la conclusion qu'il doit abandonner ou sa femme ou son travail de recherche sur le cancer. « Merci, dit Wittgenstein, discutons-en »[2].

Wittgenstein commente cet exemple en disant qu'il n'y a pas de réponse prédéterminée, que la solution à ce problème relève d'un choix individuel qui aura des conséquences qu'il faudra assumer personnellement.

En somme, une fois libérée de sa signification métaphysique, ce que l'idée du solipsisme et de la mienneté du monde veulent dire est peut-être également liée à l'éthique en ce sens : tout comme ce qui arrive arrive toujours à moi (je ne peux vivre ce que quelqu'un d'autre vit à la première personne), je ne peux choisir à la place de quelqu'un d'autre; ultimement, c'est toujours *moi* qui choisis. En nous inspirant du modèle stoïcien vu à travers le prisme de l'interprétation de Hadot, nous pourrions dire qu'il s'agit au fond ici de ramener le discours éthique à un discours *exprimant des valeurs personnelles*[3]. Parler d'éthique, c'est alors parler en faveur d'un choix existentiel, d'une prise de position personnelle, en fonction d'un certain caractère lié à des valeurs particulières. Bref, c'est assumer l'ancrage du langage éthique dans le versant subjectif du mode de vie.

Le discours philosophique du Tractatus *comme expression d'une volonté transcendantale*

Maintenant que nous avons clarifié la nature de cette « éthique » à laquelle veut nous convier le discours philosophique du *Tractatus*, tentons de préciser en quel sens ce dernier est l'expression d'un

1. LC, 168.
2. LC, 168-169.
3. *Cf.* Épictète, *Manuel*, I, *op. cit.*; *Entretiens*, I, I, 7; I, IV, 27; I, XXII, 9; II, V, 4, *op. cit.*.

certain vouloir comme prise de position préalable à l'égard du monde dans la mesure où il serait l'expression d'une volonté transcendantale. D'entrée de jeu, il faut spécifier que le terme « transcendantal » a une signification spécifique dans le contexte de la première philosophie de Wittgenstein. D'une part, à la différence de la signification kantienne, il ne réfère pas aux limites de la raison ou de la connaissance théorique. Comme le dit Wittgenstein dans sa préface, il ne s'agit pas de tracer une frontière à l'acte de penser, mais à l'expression des pensées (au langage signifiant) : « car pour tracer une frontière à l'acte de penser, nous devrions pouvoir penser les deux côtés de cette frontière (nous devrions donc pouvoir penser ce qui ne se laisse pas penser) ». Ainsi, chez le premier Wittgenstein, le transcendantal ne peut pas être objet de connaissance (pas même au moyen de propositions synthétiques *a priori*), mais relève de l'indicible (du non-sens).

D'autre part, bien que l'auteur du *Tractatus* utilise parfois le terme « transcendantal » au sens de « transcendant »[1] – qui désigne ce qui est extérieur au monde empirique et donc échappe à l'expression par le langage – en lien avec la définition kantienne, qui mise sur l'idée de « condition de possibilité de l'expérience », nous nous en remettrons plutôt à l'usage qui en est fait au sens de condition de possibilité formelle de la représentation (logique) et de la valeur (éthique) des faits (possibles ou actuels) du monde : « L'éthique ne traite pas du monde. L'éthique doit être une condition du monde, comme la logique »[2].

Dans les *Carnets 1914-1916*, Wittgenstein défend que la pensée (au sens empirique du terme) est l'expression de la volonté éthique comme support du bien et du mal, c'est-à-dire comme sujet voulant ou sujet éthique au sens transcendantal.

> Quelle sorte de statut a proprement la volonté humaine? Je veux désigner avant tout la « volonté » comme le support du bien et du mal. Imaginons un homme qui ne pourrait faire usage d'aucun de ses membres, et ne pourrait ainsi, au sens ordinaire du mot, exercer

1. C, 30.7.16; T, 6.421.
2. C, 24.7.16.

> sa *volonté*. Il pourrait néanmoins penser et désirer, et communiquer ses pensées à autrui. Il pourrait donc, à travers autrui, faire le bien et le mal. [...] Y a-t-il alors une différence de principe entre cette volonté et *celle* qui met en mouvement le corps humain ? Ou bien l'erreur provient-elle ici de ce que le *désir* (ainsi que la pensée) est déjà une activité de la volonté ? [...] Mais peut-on concevoir un être qui pourrait seulement se représenter (disons : voir) mais ne pourrait aucunement vouloir? En un certain sens cela paraît impossible[1].

Deux idées principales sont à retenir de ce passage. D'une part, Wittgenstein fait ici une distinction entre la volonté au sens ordinaire, c'est-à-dire la volonté « empirique » qui, par exemple, met les membres du corps en mouvement, et la volonté « éthique », qui est le support du bien et du mal, et qui précède, au sens transcendantal, la volonté empirique[2]. En effet, même si nous étions privés de la volonté de mettre en mouvement les membres de notre corps, nous conserverions notre volonté éthique qui pourrait prendre appui dans le monde à travers des bonnes ou mauvaises actions que nous pourrions faire faire aux autres en leur communiquant nos pensées et nos désirs.

D'autre part, cette volonté est transcendantale non pas seulement parce que l'activité de la volonté empirique présuppose « l'activité » de la volonté éthique, mais parce que sans volonté éthique, on ne peut concevoir à quoi ressemblerait notre expérience, comment les faits du monde se présenteraient à nous, ce qui inclut le mouvement des membres de notre corps, mais également nos pensées et les propositions du langage, qui sont elles-mêmes des faits[3]. En clair, les faits du monde n'existent pas (sont inconcevables) indépendamment du sens et de la valeur que leur confère la volonté

1. C, 21.7.16; *cf.* T, 5.631 et G. E. M. Anscombe, *An Introduction to Wittgenstein's Tractatus. Themes in the philosophy of Wittgenstein*, Southbend (Indiana), St-Augustine's Press, 1959, p. 80-81.

2. T, 6.423.

3. *Cf.* T, 3.14.

éthique, c'est-à-dire ici le sujet voulant ou le sujet éthique au sens transcendantal[1].

La distinction entre la volonté éthique et la volonté empirique mène donc à une conclusion idéaliste qui vaut non pas seulement pour la volonté empirique, mais pour tous les faits (possibles ou actuels) du monde. Ainsi, non seulement ce passage nous fait réfléchir sur la possibilité de concevoir la pensée (exprimée par le langage) comme *indissociable* d'un certain vouloir, mais également comme *l'expression* d'une volonté éthique au sens transcendantal qui se distingue d'une volonté empirique. Ce moment de la réflexion des *Carnets* rappelle l'idée stoïcienne selon laquelle toute pensée comporte en elle-même une composante volitive. Comme le dit Vœlke, « c'est une pensée qui agit, qui tend à un but, qui implique donc le dynamisme propre à la volonté »[2]. Or, si Wittgenstein ne développe pas vraiment de théorie en ce sens, le modèle stoïcien élabore davantage cette question, par exemple, en fondant la connaissance sur l'assentiment que donne la pensée à une représentation (sensible ou rationnelle) dans le cadre d'une conception moniste de l'âme[3].

Cette tendance à assimiler ou à réduire les faits du monde aux représentations du sujet éthique découle du versant idéaliste de la réflexion du premier Wittgenstein à propos de la volonté, indissociable d'une position solipsiste fondée sur l'idée d'une relation fusionnelle entre « ma volonté » et « la volonté du monde », c'est-à-dire entre la volonté éthique et le monde comme ensemble de faits (dont la volonté empirique fait partie). « Et je puis aussi, en ce sens, parler d'une volonté commune à l'ensemble du monde. Mais cette volonté est, en un sens supérieur, *ma* volonté. De même que ma représentation est le monde, de même ma volonté est la volonté du monde. »[4]. Or, Wittgenstein parle lui-même de ce solipsisme idéaliste comme un stade d'une réflexion qui, lorsqu'elle

1. *Cf.* C, 5.8.16.
2. A. J. Vœlke, *L'idée de volonté dans le stoïcisme*, *op. cit.*, p. 6.
3. Cf. *ibid.*, p. 30.
4. C, 17.10.16.

est développée jusqu'au bout, conduit à un réalisme pur qui donne toute la place au monde empirique (dont la volonté éthique ne fait pas partie) et qui possède lui aussi sa part de vérité.

> La voie que j'ai parcourue est la suivante : l'idéalisme isole du monde les hommes en tant qu'êtres uniques ; le solipsisme m'isole moi seul ; et je vois en fin de compte que j'appartiens moi aussi au reste du monde ; d'un côté, il ne reste donc *rien*, de l'autre, *le monde* en tant qu'être unique. Ainsi l'idéalisme, rigoureusement développé, conduit au réalisme [1].

En ce sens, si cette idée que la pensée enveloppe déjà un certain vouloir est effectivement indissociable des premiers stades de la réflexion de Wittgenstein, nous pourrions la marginaliser en l'interprétant comme un simple moment temporaire de sa réflexion qui serait appelé à être dépassé. Or, il est important de voir que Wittgenstein, au cours de cette progression, ne rejette pas purement et simplement le solipsisme idéaliste ; il le dépasse tout en le conservant sous une forme logique et linguistique qui coïncide avec un réalisme pur.

> La logique remplit le monde ; les frontières du monde sont aussi ses frontières. [...] Ce que nous ne pouvons penser, nous ne pouvons le penser ; nous ne pouvons donc davantage *dire* ce que nous ne pouvons penser. [...] Cette remarque fournit la clef pour décider de la réponse à la question : dans quelle mesure le solipsisme est-il une vérité ? Car ce que le solipsisme *veut signifier* est tout à fait correct, seulement cela ne peut se *dire*, mais se montre. Que le monde soit *mon* monde se montre en ceci que les frontières du *langage* (le seul langage que je comprenne) signifient les frontières de *mon* monde [2].

En d'autres termes, le solipsisme cherche ici à exprimer l'expérience vécue de la mienneté sur le plan logique et linguistique : la frontière du langage est la frontière de la pensée qu'il exprime (cette fois-ci au sens transcendantal de « l'image logique des faits ») et du monde qu'il représente. Il n'y a donc pas de point de vue

1. C, 15.10.16 ; *cf.* T, 5.64.
2. T, 5.61-5.62.

extérieur au langage, à la pensée et au monde ; je ne peux concevoir le monde autrement qu'à travers la pensée et le langage *qui sont les miens* en tant que sujet voulant. Bien que nous ne soyons pas autorisés à la *dire*, une vérité se *montre* à travers l'expression du solipsisme : la pensée exprimée par le langage relève du domaine propre à une certaine forme de volonté ou de subjectivité transcendantale. En clair, le solipsisme linguistique du *Tractatus* consiste à dire que le langage, pour être un langage, doit être *mon* langage, à savoir le langage que *j*'utilise et que *je* comprends ; il doit être exprimé par *moi*. Or, les limites de mon langage sont également les limites de mon monde. Par conséquent, les faits du monde sont indissociables du sujet voulant que je suis, c'est-à-dire dans la mesure où ils n'existent qu'à travers les pensées qui sont les miennes et dont mon langage est l'expression ; c'est en ce sens que Wittgenstein parle du sujet comme présupposé de l'existence du monde[1]. Le langage est donc l'expression d'une volonté transcendantale parce qu'il est l'expression du sens que le sujet voulant donne aux faits du monde donc aux propositions du langage ; la volonté est la condition de possibilité de la représentation du monde empirique à travers le langage qui est le sien.

Mais ce solipsisme linguistique, nous dit Wittgenstein, coïncide avec un réalisme pur. Tout comme l'œil ne se trouve nulle part dans le champ visuel et que rien dans le champ visuel ne permet de conclure qu'il est vu par un œil, il est impossible de discerner la volonté éthique (le sujet voulant) dans le monde empirique[2]. De ce point de vue, si tout ce qui existe correspond à des faits, il semblerait que la volonté éthique n'existe pas, à proprement parler, et qu'il n'y a finalement que le monde empirique comme être unique. Or, ce que le versant réaliste de la réflexion de Wittgenstein permet de mettre en lumière est le caractère *transcendant* de la volonté éthique, c'est-à-dire que cette dernière se situe à l'extérieur du

1. C, 2.8.16.
2. T, 5.633.

monde empirique (ou du moins à sa frontière) et donc échappe à l'expression linguistique.

En effet, la vérité du solipsisme implique que ma volonté, à travers le langage, donne une signification aux faits bruts du monde qui n'en ont pas intrinsèquement.

> Ce à quoi l'on ne peut penser, on ne peut non plus en parler[1]. Les choses acquièrent de la "signification" par leur rapport à ma volonté. Car « toute chose est ce qu'elle est, et rien d'autre »[2].

Le versant réaliste de cette idée met ainsi en lumière que la vie ne se réduit pas au domaine de ma volonté éthique ; il y a également un monde empirique, dont mon être psychophysique fait partie[3], mais qui est indépendant du domaine transcendantal de ma volonté éthique. Par conséquent, c'est « de l'extérieur » que ma volonté donne une signification aux faits indifférents du monde : « Le monde m'est *donné*, c'est-à-dire que mon vouloir pénètre du dehors dans le monde, comme dans quelque chose de déjà prêt »[4].

Le caractère transcendant du sujet voulant s'applique également à la dimension éthique de la volonté transcendantale. En effet, les faits, incluant les propositions du langage, n'ont pas de valeur intrinsèque. C'est la volonté éthique qui leur confère une valeur « de l'extérieur »[5]. Ainsi, dans la mesure où elle est transcendantale et transcendante, la volonté éthique ne doit pas être comprise en tant que faculté de poser une bonne ou une mauvaise action (nous serions plutôt ici dans le registre empirique), mais en tant que prise de position préalable à l'égard du monde, c'est-à-dire une attitude qui confère toujours déjà une certaine qualité éthique à notre représentation du monde[6], qui définira si notre monde est heureux ou malheureux[7].

1. *Cf.* C, 5.61.
2. C, 15.10.16.
3. C, 2.9.16.
4. C, 8.7.16.
5. *Cf.* T, 6.4-6.41.
6. *Cf.* J. Bouveresse, *Wittgenstein : la rime et la raison*..., *op. cit.*, p. 130.
7. *Cf.* T, 6.43.

En ce sens, si la volonté éthique précède le monde empirique, elle échappe par le fait même à l'expression linguistique. Or, ce n'est pas parce qu'elle est détachée du langage, mais au contraire parce qu'elle est la condition de possibilité de la valeur des propositions linguistiques en tant que faits. Il est logiquement impossible de parler de la condition de possibilité du langage, qui relève d'une perspective transcendantale et non empirique, au moyen d'un langage dont la seule fonction est de représenter des faits. En d'autres termes, les propositions ne peuvent pas *parler* de la valeur, mais *ont* une valeur que la volonté éthique leur confère, ce qui signifie que la pensée exprimée par le langage enveloppe déjà une certaine forme de vouloir.

Au fond, le réalisme auquel aboutit la réflexion de Wittgenstein intègre, en quelque sorte, le moment solipsiste : « Le je du solipsisme se réduit à un point sans extension, et il reste la réalité qui lui est coordonnée. »[1]. En effet, cette formule rend justice à l'intuition que le monde est toujours mien (le monde est coordonné à ma volonté dans la mesure où cette dernière lui donne un sens et une valeur qu'il n'a pas en lui-même), mais met également en lumière le fait que le monde n'est pas moi, il est « extérieur » au domaine qui m'est propre. Pourtant, il y a bien « un moi ». Parler d'un point sans extension semble avoir anéanti toute forme de subjectivité, mais il s'agit plutôt de faire valoir une conception métaphysique du sujet, propre à la philosophie, par opposition à une conception psychophysique, qui est plutôt l'objet de la psychologie empirique[2].

Après avoir réinstauré le monde empirique comme être unique, on réinstaure le sujet; mais parler du sujet comme un point sans extension, c'est parler du sujet métaphysique en utilisant un langage empirique. Or, le sujet n'est pas un fait. « Il y a un sujet », mais il est « au-delà des faits » comme frontière du monde. Ainsi, en vertu de la théorie tractarienne de la signification qui consiste à n'attribuer de signification qu'aux propositions qui représentent des faits

1. T, 5.64.
2. *Cf.* T, 5.641.

possibles, il est dénué de sens de dire qu'« il y a un sujet » parce que la possibilité qu'il existe un « fait-sujet » n'est pas envisageable ; il est absurde de parler du sujet métaphysique, qui est par définition extérieur au domaine des faits, à partir de la perspective empirique qui est celle du langage signifiant. Mais, selon Wittgenstein, si nous ne pouvons pas dire qu'« il y a un sujet métaphysique », cette vérité *se montre* avec la vérité que cherchait à exprimer le solipsisme : la frontière du langage est la frontière de la pensée qu'il exprime et du monde qu'il représente. Or, je suis cette frontière en tant que sujet métaphysique, en tant que sujet voulant, en tant que volonté éthique qui donne une signification et une valeur aux faits qui composent le monde. Le monde empirique est coordonné à la volonté éthique que je suis.

En somme, nous pouvons conclure que le discours philosophique du *Tractatus* est l'expression d'un certain vouloir comme prise de position préalable à l'égard du monde dans la mesure où il est l'expression d'une volonté transcendantale et transcendante assimilable à un sujet éthique. En effet, le projet du *Tractatus*, qui est de circonscrire les limites du langage signifiant, consiste à tracer les frontières de *mon* langage et de *mon* monde. Or, la mienneté du langage et du monde introduit une dimension éthique dans un projet qui semblait à la base purement intellectuel, dans la mesure où elle met en lumière la possibilité pour le sujet voulant de conférer, par son attitude, une valeur éthique aux faits indifférents du monde. Ainsi, puisque les propositions du *Tractatus* sont elles-mêmes des faits, il est possible de les interpréter en ce sens comme l'expression de la volonté de son auteur qui leur aurait donné une signification, mais également une valeur éthique dans le cadre d'un projet de délimitation du langage signifiant visant à conduire le lecteur à une éthique comme manière de vivre.

Excursus : *le discours philosophique du* Tractatus *comme expression du caractère personnel de Wittgenstein*

On comprend maintenant pourquoi le discours philosophique du *Tractatus* est animé par une motivation éthique n'ayant de sens qu'à la première personne et, par conséquent, pourquoi il doit être motivé par l'éthique *de* Wittgenstein, c'est-à-dire du sujet qui est l'auteur de ce discours ; il peut donc être interprété comme l'expression des valeurs personnelles qui forment *son* caractère propre, caractère dans lequel ce discours est ultimement ancré. Dans ce qui suit, nous tenterons d'esquisser quelques pistes de réflexion à ce sujet en partant des *Carnets 1914-1916* qui nous permettent de retracer l'origine des thèmes du *Tractatus*.

Premièrement, dans l'évolution chronologique de la réflexion de Wittgenstein, les remarques sur la logique précèdent celles portant sur l'éthique, qui apparaissent tardivement dans les *Carnets 1914-1916*, c'est-à-dire seulement à partir du 11 juin 1916. Or, quand l'éthique fait son apparition, elle devient *indissociable* de la logique.

> Que sais-je de Dieu et du but de la vie ? Je sais que le monde existe. Que je suis en lui comme mon œil est dans son champ visuel[1]. Qu'il y a quelque chose en lui de problématique, que nous appelons son sens. Que ce sens ne lui est pas intérieur mais extérieur[2]. Que la vie est le monde[3]. Que ma volonté pénètre le monde. Que ma volonté est bonne ou mauvaise. Que donc le bien et le mal sont d'une certaine manière en interdépendance avec le sens du monde. Le sens de la vie, c'est-à-dire le sens du monde, nous pouvons lui donner le nom de Dieu. [...] Je ne puis plier les événements du monde à ma volonté, mais je suis au contraire totalement impuissant. Je ne puis me rendre indépendant du monde – et donc en un certain sens le dominer – qu'en renonçant à influer sur les événements[4].

1. *Cf.* C, 6.6331.
2. *Cf.* C, 6.41.
3. *Cf.* C, 5.621.
4. C, 11.6.16.

Penchons-nous plus attentivement sur l'enchaînement des idées dont il est question dans ce passage. La réflexion de Wittgenstein part ici d'un problème existentiel au sein duquel l'éthique (la valeur) et la logique (la signification) semblent inséparables. Le monde existe, mais son sens est problématique. Le lien entre l'éthique et la logique repose sur le lien entre la volonté et le sens du monde, c'est-à-dire ce qu'on appelle communément « le sens de la vie », mais qui comporte ici une dimension logique dans la mesure où le problème existentiel du sens de la vie est intimement lié à cette idée que les faits du monde n'ont pas de signification intrinsèque, que toute chose est ce qu'elle est, et rien d'autre.

En effet, il est problématique, sur le plan existentiel, que les faits du monde n'aient pas de signification. Si la vie est dénuée de sens, que dois-je vouloir ? Vers où dois-je m'orienter pour être heureux ? Nous voyons donc que la signification ou le sens de la vie est liée à la valeur de la vie. Si je veux quelque chose (qu'un fait ou qu'un événement se produise), c'est parce que je considère que ce quelque chose « mérite d'être voulu », qu'il a une valeur ou une signification. Or, rien n'a de valeur ou de signification. Par conséquent, il est futile de vouloir quoi que ce soit. C'est pourquoi le problème de la vie s'exprime par l'impuissance de ma volonté à l'égard des faits du monde : je ne peux pas influer sur les événements du monde et donc les plier à ma volonté en vue de mon bonheur au sens où aucun événement du monde ne peut arriver *parce que* je l'ai voulu (il n'y a pas de lien nécessaire entre ce que je veux et ce qui arrive). Les événements du monde arrivent comme ils arrivent : sans signification, sans valeur et indépendamment de ma volonté. Mon seul pouvoir est de renoncer à vouloir influer sur les événements. Mais d'où viennent alors la signification et la valeur que les faits du monde semblent avoir ? Comme nous l'avons vu, elles viennent du sujet voulant qui leur donne une signification et une valeur « de l'extérieur ».

À partir du 11 juin 1916, l'éthique devient donc indissociable de la logique. Cela est d'ailleurs notable au premier coup d'œil dans la mesure où les remarques éthiques et logiques cohabitent désormais dans le texte[1]. Mais quelle est, à partir de ce moment, la nature profonde de la relation entre le versant logique et éthique de la réflexion de Wittgenstein ?

Si nous y regardons de plus près, nous pouvons voir, deuxièmement, que l'éthique est en un certain sens placée *au fondement* de l'« édifice théorique » de ce qui deviendra le *Tractatus* et, plus précisément, la conception tractarienne de la logique. En effet, c'est à partir de ce moment que la volonté comme sujet éthique au sens transcendantal fait son entrée dans la réflexion de Wittgenstein comme condition de possibilité indicible de la valeur, mais également de la signification des faits indifférents du monde[2]. Avec l'apparition de l'éthique dans la réflexion de Wittgenstein, qui comme nous l'avons vu est indissociable du solipsisme, la logique devient la condition de possibilité de *ma* représentation des faits et de la signification des propositions de *mon* langage en tant que sujet voulant. L'éthique devient donc non seulement indissociable de la logique et du langage, mais elle les précède également, en un certain sens, dans la mesure où ils sont inconcevables sans la volonté transcendantale qui en est le support.

Troisièmement, comme le dit Ray Monk, c'est à la suite de l'expérience de la guerre que nous pouvons observer dans les *Carnets 1914-1916*, précisément à partir du 11 juin 1916, un changement important dans la réflexion et le discours de Wittgenstein qui s'exprime par l'intégration de son éthique personnelle à son travail philosophique.

> C'est comme si le personnel et le philosophique avaient fusionné ; l'éthique et la logique, les deux aspects du « devoir envers soi-même » – s'étaient enfin rejointes, non seulement en tant que deux aspects d'une même tâche personnelle, mais en tant que deux parties du même travail philosophique.[3].

En ce sens, nous pouvons interpréter la manœuvre consistant à ériger l'éthique en tant que présupposé silencieux de la « théorie »

1. *Cf.* par exemple, C, 14.7.16.
2. *Cf.* 15.10.16.
3. R. Monk, *Wittgenstein. Le devoir de génie*, *op. cit.*, p. 146.

logique comme l'expression de la manière de vivre concrète de Wittgenstein, c'est-à-dire de l'expérience difficile de la guerre, qui aurait transformé son caractère.

Ainsi, cette éthique fait son introduction dans le « système théorique » de Wittgenstein non pas parce qu'elle a été elle-même légitimée par une théorie, mais dans la mesure où elle découle d'un choix personnel en fonction d'un certain caractère lié à des valeurs particulières. Cela n'exclut évidemment pas la possibilité que ce choix d'intégrer cette éthique personnelle ait été orienté par une certaine forme de réflexion préalable. Par exemple, tout porte à croire que le virage éthique du premier Wittgenstein ait été alimenté par la lecture de *L'Évangile en bref* de Tolstoï et inspiré, à certains égards, de l'idéalisme schopenhauerien. Cela n'exclut pas non plus que cette éthique puisse être exprimée par une certaine forme de discours philosophique (comme c'est d'ailleurs le cas dans les *Carnets 1914-1916* et le *Tractatus*), même si Wittgenstein affirme que ce discours est dénué de sens parce qu'il ne représente aucun fait possible. Cependant, le statut fondamental de l'éthique du *Tractatus* relève davantage du *dogme* que de la théorie. En effet, chez Wittgenstein, ce qui est éthique ne peut ni découler *d'*une théorie ni être justifié *par* une théorie. Cela dit, l'éthique semble toutefois être traitée comme le présupposé silencieux du « système théorique » du *Tractatus*.

Quatrièmement, l'enchaînement des idées dont il est question dans le passage des *Carnets* du 11 juin 1916 ne va évidemment pas du tout de soi. En effet, le problème éthique de l'impuissance de la volonté, lié à l'absence de signification et de valeur intrinsèques des faits du monde, apparaît moins comme une vérité universelle, fondée en raison, que comme une prise de position personnelle, voire idiosyncrasique. Wittgenstein adopte ici un certain « caractère philosophique », celui qu'Emmanuel Halais associe avec justesse à la personnalité de l'« âme douloureuse » (*sick soul*) dont parlait William James et dans laquelle Wittgenstein disait se reconnaître[1],

1. *Cf.* B. McGuinness, *Wittgenstein: A Life*, London, Duckworth, 1998, p. 196-197; E. Halais, *Wittgenstein et l'énigme de l'existence : La forme et l'expression*, *op. cit.*, p. 204.

c'est-à-dire cette attitude d'insatisfaction généralisée qui se manifeste par l'« anhédonie », le fait que « *brusquement tout a perdu sens et valeur* »[1]. Halais établit ici un rapprochement intéressant entre la conception tractarienne du monde comme ensemble de faits dépourvus de signification et de valeur intrinsèques, fondée sur l'opposition entre la volonté éthique et le monde empirique dont il est question dans le passage des *Carnets 1914-1916*, et cette expérience de pensée proposée par James dans les *Formes multiples de l'expérience religieuse.*

> Tâchez de vous représenter ce que serait le monde, si vous pouviez le concevoir tel qu'il est en lui-même, indépendamment des sentiments qu'il vous inspire, sympathie ou antipathie, appréhension ou espérance. Il est impossible de s'imaginer rien d'aussi mort et d'aussi purement négatif. Aucune portion de l'univers n'aurait plus d'importance qu'une autre ; ce ne serait plus qu'une collection d'êtres sans caractère, expression ni valeur ; qu'une série d'évènements sans intérêt et sans perspective[2].

Le caractère de l'âme douloureuse comporte d'ailleurs selon James une dimension « stoïcienne », le stoïcisme étant entendu ici moins comme le portrait historique d'une doctrine que comme un moment caractéristique (avec l'épicurisme) dans l'évolution de l'âme douloureuse. La désespérance de l'âme douloureuse serait exprimée à la manière stoïcienne par une certaine insensibilité et une attitude de renoncement à l'égard du monde, synonyme d'acceptation de la volonté du monde, qui laisse la vie sous la forme d'une contradiction non résolue[3]. Difficile de ne pas faire le lien avec l'attitude de l'homme heureux à laquelle nous convie implicitement le *Tractatus*[4] et que Wittgenstein semble rechercher

1. E. Halais, *Wittgenstein et l'énigme de l'existence : La forme et l'expression*, *op. cit.*, p. 218.

2. W. James, *Les formes multiples de l'expérience religieuse. Essai de psychologie descriptive*, *op. cit.*, p. 169 ; *cf.* E. Halais, *Wittgenstein et l'énigme de l'existence : La forme et l'expression*, *op. cit.*, p. 218.

3. *Cf.* W. James, *Les formes multiples de l'expérience religieuse. Essai de psychologie descriptive*, *op. cit.*, p. 79-84, 164-165.

4. T, 6.53.

dans les *Carnets*, cet idéal d'indifférence ou de détachement, l'idée que la liberté et le bonheur passent par le renoncement de la volonté à influer sur les événements du monde. Cette attitude s'acquiert par l'affranchissement à l'égard de celle de l'homme malheureux, marquée par la crainte de la mort[1] et le sentiment d'une impuissance totale face aux événements du monde[2] qui semblent indépendants de notre volonté[3].

Par ailleurs, l'importance accordée par le second Wittgenstein à « démythologiser » le « fatalisme stoïcien » des *Carnets 1914-1916* et du *Tractatus*, c'est-à-dire expliciter la conception idiosyncrasique sur laquelle il reposait, confirme également que, du point de vue même de l'auteur, le type de discours philosophique qu'il tenait à l'époque était l'expression d'un caractère philosophique parmi d'autres. C'est en ce sens que Wittgenstein affirmait, en 1947, que les propositions cherchant à exprimer une croyance envers le Destin découlent d'une attitude et d'une manière de vivre particulières[4]. Un peu plus loin, il ajoute que la tendance à nier le libre arbitre (*free will*) est liée à une attitude fondée sur la croyance non scientifique en la déresponsabilisation face à notre bonheur ou notre malheur[5]. Mais c'est dans les *Recherches philosophiques* que Wittgenstein met au jour la mythologie[6] sur laquelle reposait la thèse de la détermination de la signification par des règles fixes à laquelle il souscrivait dans le *Tractatus* et qui, comme il le montre, est liée à ce qui est vécu comme une certaine forme de déterminisme moral qui ne va pas du tout de soi[7].

> D'où tirons-nous l'idée que le début d'une suite serait la partie visible de rails invisibles allant à l'infini? Eh bien, au lieu de la règle, nous pourrions imaginer des rails. Et à l'application non

1. C, 8.7.16.
2. C, 11.6.16.
3. T, 6.373, 6.374, 6.43.
4. CV, 61.
5. CV, 63.
6. RP, § 221.
7. *Cf.* aussi LLV, 20-21.

> délimitée de la règle correspondraient des rails infiniment longs. [...] « Les passages sont en réalité tous effectués » veut dire que je n'ai plus le choix. Une fois marquée d'une signification déterminée, la règle trace, dans l'espace tout entier, les lignes de son suivi[1].

Dans les *Remarques sur la philosophie de la psychologie*, Wittgenstein ajoute que la conscience aiguë de la dépendance envers le monde, « cette volonté étrangère dont je parais dépendre »[2], cette forme d'impuissance qui tourmente Wittgenstein dans les *Carnets 1914-1916* et dont il est aussi question dans le *Tractatus*, ne serait, selon ses propres mots, que l'imagination vive de l'échec de la normalité, la conscience agacée que ce n'est pas ce qui se passe ordinairement et non la manifestation d'un déterminisme qui contraint notre volonté à chaque instant[3]. La conception de la volonté du premier Wittgenstein aurait donc commis ici l'erreur de généraliser à partir d'une exception, c'est-à-dire de réduire le concept de volonté à un contexte spécial de signification, un contexte qui aurait en quelque sorte « impressionné » le philosophe en fonction de son caractère[4]. En ce sens, nous pourrions dire que le « déterminisme logique » (la détermination de la signification par des règles fixes) et le « déterminisme moral » (l'incapacité de la volonté à influer sur les événements du monde), liés à une ontologie qui conçoit le monde comme un ensemble de faits indifférents, se fonde sur une mythologie particulière illustrée par l'image des rails, qui consiste en réalité à généraliser un sentiment ponctuel de dépendance et d'impuissance à l'ensemble du monde empirique en vertu de valeurs propres à un certain caractère philosophique. Cette tendance envers le déterminisme peut bien sûr être partagée par d'autres, mais il est important de voir qu'elle s'enracine dans une attitude et une manière de voir le monde très particulières.

1. RP, § 218-219.
2. C, 8.7.16.
3. *Cf.* RPP, I, § 221.
4. *Cf.* P. M. S. Hacker, *Wittgenstein Mind and Will. Part I: Essays*, Oxford-Cambridge, Blackwell, 2000, p. 211.

En somme, nous avons tenté de montrer que le type de discours philosophique privilégié par le premier Wittgenstein est subordonné à l'*êthos* au sens où il est l'expression du caractère du philosophe. En effet, non seulement la prise de position personnelle en faveur d'une éthique comme manière de vivre est indissociable de la théorie logique, mais elle la précède en tant que présupposé silencieux. C'est ainsi que les remarques logiques et éthiques peuvent être conçues comme l'expression du caractère philosophique de l'âme malade, propre à Wittgenstein, et qui dénote une tendance envers une certaine forme de « fatalisme stoïcien » qu'il reconnaîtra par la suite tel qu'il est, c'est-à-dire comme une attitude parmi d'autres fondée sur une mythologie. La volonté est donc une prise de position préalable à l'égard du monde, se traduisant ici par le choix personnel d'une éthique comme manière de vivre, et qui s'exprime par un caractère particulier qui oriente dès le départ le discours philosophique.

Le discours philosophique comme expression d'un vouloir-voir chez le second Wittgenstein

À partir des années 1930, Wittgenstein abandonne la conception transcendantale, transcendante et dualiste de la volonté des *Carnets 1914-1916* et du *Tractatus*. Cependant, il continue tout de même, et ce, jusqu'à la fin de sa vie, à nous faire réfléchir sur la possibilité du discours philosophique d'être l'expression d'un certain vouloir. En effet, il en parle désormais parfois comme l'expression de ce que nous pourrions appeler avec Antonia Soulez un « vouloir-voir »[1] qui détermine à la source la conception du monde véhiculée par le discours philosophique. Examinons cette possibilité en nous concentrant principalement sur certaines remarques qui datent de l'époque intermédiaire de la réflexion de Wittgenstein, et celles plus tardives des *Leçons sur la liberté de la volonté*.

1. A. Soulez (éd.), *Leçons sur la liberté de la volonté*, suivi de : *Essai sur le libre jeu de la pensée*, Paris, P. U. F, 1998, p. 313.

D'abord, essayons de saisir en quel sens Wittgenstein affirme que la compréhension et, par le fait même le langage qui en est l'expression, est liée à un vouloir-voir.

> Ce qui rend un objet difficilement compréhensible, ce n'est pas lorsqu'il est significatif, important – que l'on aurait besoin pour le comprendre de je ne sais quelle instruction particulière concernant les choses abstruses, mais c'est l'opposition entre la compréhension de l'objet et ce que la plupart des hommes *veulent* voir. [...] Ce n'est pas une difficulté qui tient à l'entendement, mais une difficulté qui tient à la volonté, qu'il s'agit de surmonter. [1]

Bref, la compréhension a tendance à être difficile quand elle entre en conflit avec la volonté – Wittgenstein parle aussi d'une difficulté d'attitude (*Umstellung*) ou sur le plan des sentiments (*Gefühl*) – et non simplement lorsqu'il y a une difficulté au niveau des connaissances intellectuelles (*Wissenschaft*)[2]. Il s'agit au fond de dire que nous comprenons les choses d'une certaine façon *parce que nous voulons les comprendre ainsi*, ce qui n'est parfois pas en accord avec les choses (ou plutôt avec l'usage effectif du langage à propos de ces choses dans un contexte particulier). Par conséquent, cela implique qu'à travers le discours philosophique, la compréhension est l'expression d'un vouloir-voir.

Wittgenstein précise qu'il faut « dépasser les résistances du vouloir »[3]. Le vouloir-voir implique donc, comme le dit Antonia Soulez, un « contre-vouloir » (l'expression est, à l'origine, de Freud), c'est-à-dire une force qui exerce à la base une pression sur le vouloir-voir, une tendance qui oriente implicitement le vouloir-voir en le contraignant d'une certaine manière. En effet, comme Soulez le souligne avec justesse, « dépasser les résistances » signifie ici *s'affranchir* de ces dernières dans le cadre d'un processus de conversion.

1. CV, 17 ; RM, 17 ; BT, 406-407.
2. BT, 406.
3. BT, 406.

> Qu'elle suppose au départ une forme de surmontement préalable signale que, pour Wittgenstein, cette conversion qui est aussi l'activité de philosopher par excellence, ne se conçoit pas sans l'effort d'avoir à « vaincre les résistances du vouloir ». [...] Il faut alors reconnaître qu'il n'y a pas de vouloir à l'état naissant mais un vouloir qui s'édifie à partir d'une inhibition vaincue, celle de l'intellect peut-être. Cela voudrait dire qu'au départ il y a de la négation, et que le vouloir s'édifie à partir de la négation et contre elle. [...] Le vouloir ne part d'aucun objet. Il a sa source en un contre-vouloir et ne s'affirme qu'en le surmontant[1].

C'est pourquoi Wittgenstein parle de la philosophie comme d'un *travail sur soi*[2] à comprendre, comme le dit Jacques Bouveresse au sens d'un travail *contre* soi-même, c'est-à-dire non pas comme tel contre l'intellect, mais contre une certaine exigence à l'égard des choses, un certain « vouloir-voir », une certaine « conception » ou « manière de voir les choses » qui fixe à l'avance comment les choses *doivent* être.

Cette remarque s'applique en particulier au discours philosophique théorique qui est constamment à la recherche d'explications ultimes, de vérités qui vaudraient universellement au-delà de tout contexte et de toutes circonstances, tandis que la signification du langage qui sert à établir ces vérités varie en réalité, comme le dit Wittgenstein à partir du début des années 1930, en fonction d'une pluralité de systèmes propositionnels ou jeux de langage. Par exemple, nous avons tendance à ne pas vouloir voir le langage et les problèmes de logique comme ayant une « texture glissante et difficile » (instable, insaisissable une fois pour toutes), mais, dit Wittgenstein, nous devons apprendre à travailler sur nous-mêmes, c'est-à-dire contre cette exigence indue, cette fausse croyance qu'« il doit en être ainsi ! »[3].

1. A. Soulez (éd.), *Leçons sur la liberté de la volonté*, suivi de : *Essai sur le libre jeu de la pensée.*, *op. cit.*, p. 315.
2. CV, 16.
3. *Cf.* CV, 30.

En d'autres termes, il faut en quelque sorte accepter que « c'est ainsi que le langage fonctionne » : il n'y a pas une seule manière de voir le langage, mais une pluralité de conceptions étant donné la diversité des usages selon le contexte de signification dans lequel nous nous trouvons. Cela implique de renoncer au désir sécurisant de stabilité que procurent les explications théoriques « une fois pour toutes ». En effet, la tendance d'un certain type de théorisation est selon Wittgenstein de faire violence à ce que nous cherchons à comprendre, compléter ce qui nous apparaît incomplet au lieu de simplement décrire [1].

Dans les *Leçons sur la liberté de la volonté*, Wittgenstein dit clairement que nous sommes parfois *forcés* de voir certaines choses en fonction d'une *image* particulière.

> Ce que je veux vous faire comprendre ici est que, en vertu d'une certaine attitude, vous pouvez pour des raisons inconnues, vous trouver forcés de regarder la chose de cette façon. Une certaine image peut imprimer sa force sur vous. Imaginez par exemple que vous ne soyez pas libres; ou que vous soyez forcés. *Devez*-vous regarder le fait de chercher quelque chose de cette façon? Mais c'est l'un des faits les plus importants de la vie humaine que de telles impressions exercent sur vous une telle force [2].

Même après le *Tractatus*, le langage conserve chez Wittgenstein une dimension picturale. Or, l'image (*Bild*) n'est désormais plus un tableau des faits du monde, mais quelque chose comme une « peinture allégorique prenant la place des mots ».

> Car si nous regardons en nous-mêmes pendant que nous philosophons, nous arrivons souvent à voir pareille image. À voir littéralement une représentation imagée de notre grammaire. Nous ne voyons pas des faits, mais en quelque sorte des tours de langage illustrés [3].

1. RPP, I, § 723.
2. LLV, 35-37.
3. RP, § 295.

Comme le dit Gordon Baker, l'image est en quelque sorte la cristallisation d'une conception, d'une manière de voir les choses, une norme de représentation qui oriente la réflexion intellectuelle (et la manière de vivre sur laquelle elle repose) et qui fonctionne comme étalon, comme modèle, bref comme « objet de comparaison »[1]. Or, ainsi que nous le voyons dans le passage ci-dessus, une des caractéristiques principales de l'image est de s'imposer à nous[2]; elle est intrusive[3], elle nous captive, nous rend captifs[4], nous impressionne[5], elle constitue une exigence à l'égard des choses[6]. En un mot, elle est la forme que prend le contre-vouloir.

Mais puisque ces images s'imposent à nous, elles ne semblent pas à la base liées à un « *vouloir*-voir ». Si nous sommes contraints de vouloir voir quelque chose d'une manière particulière, est-ce à dire que ce vouloir-voir est *involontaire*? Cette question est intéressante parce qu'elle repose elle-même sur une image qui nous contraint de voir la volonté d'une certaine manière, à partir de l'opposition traditionnelle entre la liberté de la volonté et le déterminisme, c'est-à-dire ici la force contraignante qu'exerce implicitement une certaine tendance sur nos décisions. La tendance *doit* impliquer la contrainte tandis que le vouloir-voir *doit* l'exclure. La tâche de l'analyse grammaticale opérée dans les *Leçons sur la liberté de la volonté* est de mettre en lumière des images alternatives à cette opposition qui peuvent nous aider à comprendre le sens des remarques métaphilosophiques du passage cité ci-dessus[7].

D'une part, si nous agissons conformément à une tendance implicite (celle qui consiste à vouloir voir quelque chose d'une certaine manière), nous ne sommes pas nécessairement *déterminés* par cette tendance. Vouloir voir la tendance, c'est-à-dire une certaine orientation régulière de la volonté préalable à la décision, comme

1. RP, § 131 ; G. Baker, *Wittgenstein's Method. Neglected Aspects*, Oxford, Blackwell, 2006, p. 264, 267-268.
2. RP, § 103.
3. CV, 50.
4. RP, § 112, 115.
5. RP, § 103-104.
6. RP, § 112.
7. LLV, 35-37.

une *contrainte* repose sur une conception particulière de la régularité comme « produite par des rails »[1]. En fait, pour Wittgenstein, dire qu'il y a une tendance dans l'esprit humain à vouloir voir les choses d'une certaine manière revient simplement à dire que nous voulons voir les choses d'une certaine manière[2]. La tendance n'est pas un principe caché, encore moins un objet de quelque nature que ce soit qui s'ajouterait à la volonté et exercerait une pression causale sur nos décisions. D'autre part, le vouloir-voir peut bel et bien être contraint (mais pas déterminé), en un sens particulier, par certaines images. Si nous n'acceptons pas que le contre-vouloir puisse être une certaine forme de vouloir étant donné qu'il implique la contrainte, c'est parce que nous sommes peut-être trop impressionnés par la responsabilité de l'humain envers ses actes ; nous croyons que la liberté de la volonté *doit* exclure la contrainte[3].

En quel sens alors peut-on dire de façon non problématique que le vouloir-voir à la base du discours philosophique est contraint par certaines images ? La notion de contre-vouloir implique qu'à la différence de la conception moderne de la volonté[4], il n'y a pas ici chez Wittgenstein une opposition entre la volonté d'un côté et la raison, les désirs ou la tendance de l'autre comme facultés distinctes. Le contre-vouloir est ici constitutif de la volonté elle-même ; il est la force de résistance – se manifestant à travers les désirs, les tendances et les sentiments – que le vouloir-voir doit surmonter pour se déployer librement. Comme le dit Soulez : « Il y a seulement [...] une façon inhibée ou non qu'a l'esprit (le *sujet*) d'être disposé vis-à-vis des choses. [...] La "résistance" est déjà là comme une disposition contre-volontaire dont un acte de volonté ne fait que lever l'inhibition... »[5].

1. LLV, 20-21.
2. LLV, 13.
3. *Cf.* LLV, 28-29.
4. *Cf.* B. Cassin, *Vocabulaire européen des philosophies. Dictionnaire des intraduisibles*, *op. cit.*, p. 1374-1379.
5. A. Soulez (éd.), *Leçons sur la liberté de la volonté*, suivi de : *Essai sur le libre jeu de la pensée*, *op. cit.*, p. 316-317.

Selon Wittgenstein, même quand nous subissons la pression d'une image particulière, la volonté demeure libre de choisir puisqu'il y a toujours la possibilité de « résister à la tentation »[1]. Même quand nous succombons à la force d'une image particulière, la volonté demeure responsable d'avoir succombé. Il n'y a donc pas *nécessairement* d'opposition entre le fait de succomber à la tentation et la liberté de la volonté. Par conséquent, pour toutes les raisons énumérées ci-dessus, il n'est pas contradictoire que le vouloir-voir soit indissociable d'un contre-vouloir, c'est-à-dire que la volonté soit, en elle-même, contraignante.

D'ailleurs, si Wittgenstein dit que nous pouvons « en vertu d'une certaine attitude » et « pour des raisons inconnues » être forcés de voir les choses d'une certaine manière, est-ce à dire que nous voulons parfois, *à notre insu*, voir les choses d'une certaine manière ? Le contre-vouloir relève-t-il d'une « volonté *inconsciente* »[2] ? Nous savons que Wittgenstein a entretenu un rapport conflictuel avec la psychanalyse de Freud. Bien qu'il estimât que Freud avait « quelque chose à dire », qu'il était un des rares auteurs dignes d'être lus[3], il fut très critique justement en ce qui a trait à la théorie de l'inconscient. Néanmoins, il est effectivement possible de parler ici, en un certain sens non freudien, d'une volonté « inconsciente ».

Le problème de la théorie de l'inconscient de Freud selon Wittgenstein est surtout de confondre la *raison*, qui implique l'accord donné par le sujet, avec la *cause*, c'est-à-dire une hypothèse vérifiable expérimentalement.

> Lorsque nous rions sans le savoir pourquoi, Freud prétend qu'il peut trouver la réponse par la psychanalyse. Je vois ici une confusion entre une cause et une raison. [...] Bien entendu, la personne qui est d'accord avec la raison n'était pas consciente sur le moment du fait que c'était sa raison. Mais c'est une façon de parler que de dire que la raison était inconsciente. Cela peut être commode de parler de

1. *Cf.* LLV, p. 41.
2. *Cf.* BT, 410.
3. LC, 87-88.

> cette façon, mais l'inconscient est une entité hypothétique qui tire sa signification de la vérification que les propositions ont[1].

Or, dans le registre de la raison (à la différence du registre de la cause), il ne semble pas y avoir de problème chez Wittgenstein à parler de « raisons inconscientes » si, comme le dit Jacques Bouveresse, nous entendons par là « des raisons qui 1) n'étaient pas conscientes au moment considéré et 2) peuvent être reconnues néanmoins par la personne concernée comme ayant été ses raisons au terme d'un processus du genre de celui que Freud décrit »[2]. En somme, il y a peut-être effectivement une dimension « inconsciente » ou implicite au contre-vouloir à la base du vouloir-voir chez Wittgenstein dans la mesure où nous ne comprenons pas la tendance comme une cause inconsciente du discours philosophique, mais comme une raison que l'auteur de ce discours peut expliciter *après coup*.

Par ailleurs, comme le dit également Bouveresse, le problème n'est pas de parler de « volonté inconsciente » (vouloir à mon insu), mais de substantiver le caractère inconscient que peut parfois avoir ma volonté (« mon inconscient veut… »).

> Ce qui risque de devenir proprement mythologique dans notre idée de l'inconscient est la représentation d'un agent occulte qui a ses propres désirs, volontés, motifs, intentions, finalités, ruses et stratégies, qui est en mesure d'atteindre ses objectifs avec une intelligence, une habileté et une sûreté souvent très supérieures à celles de la personne dont il est l'inconscient et qui, tout en ignorant en principe la logique et ses règles, se révèle néanmoins capable d'effectuer des raisonnements d'une grande subtilité[3].

En un sens particulier, il est donc légitime de dire que nous voulons, parfois « inconsciemment », voir les choses d'une certaine manière. Il s'agit au fond d'un fait à propos du rôle de la volonté dans l'activité philosophique : le discours philosophique est l'expression

1. WLC, 39-40 (trad. fr. tirée de J. Bouveresse, *Philosophie, mythologie et pseudo-science. Wittgenstein lecteur de Freud*, Paris, L'Éclat, 1991, p. 51).

2. J. Bouveresse, *Philosophie, mythologie et pseudo-science. Wittgenstein lecteur de Freud*, Paris, L'Éclat, 1991, p. 52-53.

3. *Ibid.*, p. 62.

d'un vouloir-voir figé qui configure implicitement notre manière de voir les choses. Ou plutôt, pour ne pas justement réifier la volonté, nous pouvons dire qu'à travers le discours philosophique, nous avons tendance, à notre insu, à vouloir voir les choses en nous limitant à certaines images qui nous impressionnent.

Au fond, l'image est ici la cristallisation d'une *préconception* qui serait à la base de la compréhension, c'est-à-dire d'un présupposé implicite et, au sens péjoratif, un « préjugé » ou un « dogme », qui repose sur une analogie trompeuse[1]. Or, comme l'a montré Baker, le problème de ces images qui contraignent le vouloir-voir n'est pas leur contenu informatif, mais justement le fait que leur caractère inconscient ou implicite amène le philosophe, à son insu, à croire que certaines choses ou certains concepts *doivent* être compris à partir d'un modèle particulier qui n'est pas en accord avec la grammaire profonde du langage quotidien, ce qui sème la confusion[2].

Conclusion

À partir de certaines remarques de Wittgenstein à propos du thème de la volonté, nous nous sommes interrogés sur un des aspects de la subordination du discours philosophique au versant subjectif du mode de vie éthique. C'est dans ce cadre que nous avons tenté d'expliciter la possibilité pour le discours philosophique d'être l'expression d'un certain vouloir. C'est la notion de choix de vie philosophique, élaborée par Hadot, qui nous a servi ici de point de départ, mais dont nous avons complété l'analyse par l'interprétation de la conception stoïcienne du vouloir d'A. J. Vœlke.

À ce stade, nous pouvons dégager un certain modèle conceptuel qui jette un éclairage sur une possibilité de signification du versant subjectif de la fonction éthique du discours philosophique : les valeurs fondamentales, en relation avec un contre-vouloir à la base de préconceptions cristallisées dans des images captivantes, forment un caractère philosophique particulier et orientent implicitement les

1. BT, 408.
2. G. Baker, *Wittgenstein's Method. Neglected Aspects*, *op. cit.*, p. 265.

différentes conceptions que le philosophe, par l'usage de sa volonté, fait le choix d'exprimer par le biais du discours philosophique.

LA FONCTION ÉTHOPOÉTIQUE DU DISCOURS PHILOSOPHIQUE

Après avoir abordé le versant subjectif de la relation de subordination du discours philosophique au mode de vie, nous allons maintenant examiner son versant objectif en puisant dans les remarques de Wittgenstein sur l'éthique et en nous limitant à la possibilité du discours philosophique de rejaillir sur le mode de vie en orientant ce dernier au moyen d'un certain arrangement conceptuel pouvant prendre la forme de théories philosophiques. Il s'agit donc de la subordination du discours philosophique à l'*ethos* au sens de l'extériorité de l'action (habitudes de vie, coutumes, usage), mais pas au sens fort de la fonction éthopoétique du discours philosophique visant à opérer une conversion philosophique, dont nous traiterons plus en détail dans le chapitre suivant.

Wittgenstein semble avoir maintenu jusqu'à la fin de sa vie une opposition entre ce que nous pourrions appeler « l'éthique théorique » et « l'éthique vécue », c'est-à-dire entre le discours philosophique théorique sur les normes qui régissent les conduites humaines et l'éthique telle qu'elle est vécue dans nos pratiques effectives [1]. Or, en nous inspirant du modèle stoïcien de Hadot, il est possible de dépasser cette opposition en puisant dans les ressources mêmes de la pensée de Wittgenstein et de mettre en lumière la fonction éthopoétique du discours éthique dont le propre est de « produire de l'*ethos* », c'est-à-dire ici d'opérationnaliser les valeurs morales et de guider les actions habituelles en vue du bonheur. Il s'agit d'interpréter cette opposition non pas comme une incompatibilité de principe entre le discours philosophique et l'éthique vécue, mais de faire la distinction entre un discours *inadéquat* et un discours *adéquat* à l'éthique vécue.

1. Nous parlons des « pratiques effectives » pour désigner ce que Wittgenstein entend lorsqu'il dit que « C'est *ainsi* que nous pensons ; que nous agissons ; que nous en parlons » (F, § 309, notre traduction).

Dans un premier temps, nous examinerons les raisons principales qui expliquent la présence d'une telle opposition dans la pensée de Wittgenstein à partir de l'interprétation du discours philosophique théorique sur l'éthique comme discours inadéquat à l'éthique vécue. Nous verrons que ce discours est inadéquat non pas simplement parce qu'il est « théorique » ou parce qu'il relève du registre des faits (tandis que l'éthique relève du registre de la valeur), mais surtout parce qu'il cherche à adopter une perspective extérieure au langage signifiant. Dans un deuxième temps, nous tenterons de démontrer qu'il y a chez Wittgenstein des ressources permettant de dépasser cette opposition au profit d'un discours en accord avec l'éthique vécue, un discours éthique à la première personne dont la fonction est éthopoétique. Finalement, nous constaterons que malgré la présence dans la pensée de Wittgenstein d'un discours en accord avec l'éthique vécue, il demeure une certaine résistance à l'idée que ce discours soit « théorique » et donc « philosophique » au sens traditionnel du terme. Nous compléterons aussi les réflexions de Wittgenstein sur l'éthique en revenant sur ce que le modèle stoïcien peut apporter à la question de la fonction éthique du discours philosophique du point de vue de la subordination du discours philosophique à l'éthique vécue.

Déjà en 1916, dans ses *Carnets*, Wittgenstein disait que pour vivre heureux, « il faut que je sois en accord avec le monde »[1]. Plusieurs années plus tard, en 1937, il reprend une idée semblable dans le passage ci-dessous, tiré des *Remarques mêlées*, même s'il ne s'agit plus d'une adéquation au Destin ou à la volonté de Dieu, « cette volonté étrangère dont je parais dépendre »[2], mais de la concordance avec ce qu'il appelle désormais « la forme de vie »[3].

« La solution du problème que tu vois dans la vie, c'est une manière de vivre qui fasse disparaître le problème. Que la vie soit problématique, cela veut dire que ta vie ne s'accorde pas à la forme

1. C, 8.7.16.
2. C, 8.7.16.
3. *Cf.* RP, § 19, 23, 241.

du vivre. Il faut alors que tu changes ta vie, et si elle s'accorde à une telle forme, ce qui fait problème disparaîtra. »[1]

À partir de ce passage, nous aimerions faire ressortir deux idées importantes. D'une part, pour être heureux, il faut que la manière de vivre soit en accord avec la forme de vie (au singulier), c'est-à-dire le cadre relativement stable qui circonscrit la manière d'agir commune aux êtres humains et qui sert de précondition pour l'application des concepts, de fondement d'une représentation commune[2]. Wittgenstein parle parfois aussi de *formes* de vie (au pluriel)[3] en laissant entendre que les conceptions et les comportements partagés par les êtres humains peuvent prendre une pluralité de formes différentes notamment à travers le véhicule des jeux de langage[4] et donc en fonction du rôle que joue le langage dans nos pratiques effectives. La notion de forme de vie semble employée chez Wittgenstein comme une image « unificatrice » visant à rendre intelligible la pluralité et la diversité *des* formes de vie et par le fait même des jeux de langage et des conceptions qui en sont les expressions. Mais quel est le sens général de cette image de l'adéquation utilisée par Wittgenstein ?

En un premier sens, nous pourrions dire que les jeux de langage sont en quelque sorte toujours en accord avec la forme de vie dans la mesure où ils sont l'expression de la manière d'agir commune aux êtres humains, si ce n'est qu'en tant que prolongements sophistiqués de nos comportements primitifs[5]. C'est ainsi que les locuteurs se comprennent entre eux malgré la pluralité et la diversité des jeux de langage, c'est-à-dire parce qu'ils s'accordent déjà sur un ensemble de présupposés implicites constitutifs de la forme de vie humaine[6]. Par exemple, c'est grâce à cette manière d'agir commune que nous

1. RM, 27.
2. *Cf.* P. M. S. Hacker *et al.*, *Wittgenstein, Rules, Grammar and Necessity*, Oxford, Basil Blackwell, 1985, p. 229, 234.
3. *Cf.* RP, II, XI, 316.
4. *Cf.* RP, § 7.
5. CV, 31 ; RP, § 224.
6. RP, § 241.

pouvons comprendre les jeux de langage très différents de certaines tribus n'ayant pas reçu la même éducation que nous[1].

En un deuxième sens (et c'est celui qui nous intéressera tout au long de cette section), certains jeux de langage peuvent être *inadéquats* à la forme de vie humaine s'ils se fondent sur une représentation trop étroite de la grammaire d'un jeu de langage particulier découlant de l'ensorcellement du vouloir-voir par une image particulière de l'ordre du « ça doit être ainsi ! ». Puisque les formes de vie exprimées par les jeux de langage sont « données », doivent être traitées comme des « phénomènes originaires »[2], ce ne sont pas comme tels les jeux de langage qui ont la possibilité d'être inadéquats à la forme de vie, c'est-à-dire ici à la manière de vivre commune aux êtres humains, mais bien *la manière de concevoir* la grammaire de ces jeux de langage et, ultimement, le *vouloir-voir implicite* qui motive cette conception.

Dans la *Conférence sur l'éthique*, ce vouloir-voir prend la forme du désir d'utiliser le langage pour parler d'un point de vue extérieur au langage ordinaire, c'est-à-dire au-delà de tout contexte particulier de signification[3]. Or, une des leçons de la philosophie de Wittgenstein est qu'il n'y a pas dans la forme de vie humaine la possibilité d'un point de vue extérieur au langage. Comme le dit Jacques Bouveresse, il n'y a pas en réalité de « point de vue du langage »[4]. En d'autres termes, le langage n'est pas un point de vue partiel sur le monde (par opposition au monde tel qu'il est *en soi*, indépendamment du langage), mais plutôt la manière dont le monde se donne toujours déjà à nous, le type de rapport que l'être humain entretient à la base avec le monde. Pour le dire encore autrement, la vie n'a un sens qu'à travers le langage signifiant. Au-delà du langage signifiant, il n'y a pas de vie : il n'y a rien, c'est-à-dire du non-sens pur et simple[5].

1. *Cf.* F, § 104 ; RP, § 206.
2. *Cf.* RP, § 654-656.
3. LC, 154-155.
4. J. Bouveresse, *Wittgenstein : la rime et la raison...*, *op. cit.*, p. 60.
5. *Cf.* T, Préface.

La manière de vivre est donc indissociable du langage. Lorsque nous changeons notre manière de vivre, nous tendons par le fait même à changer le langage qui est l'expression de cette manière de vivre. Le type de discours motivé par ce désir de « donner du front contre les bornes du langage », d'adopter un point de vue au-delà de tout contexte et de toutes circonstances, n'est donc pas en accord avec la forme de vie humaine au sens où il cherche à transgresser les limites de la manière de vivre qui est commune aux êtres humains, dont les différentes formes s'expriment à travers une pluralité de jeux de langage qui rendent la signification dépendante des contextes particuliers de l'usage effectif.

Inversement, un discours est en accord avec la forme de vie humaine s'il demeure dans les limites du cadre propre à notre usage effectif du langage, s'il ne cherche pas par exemple à transgresser ces limites en vertu d'une conception du monde exprimant un désir métaphysique qui consisterait à ne pas accepter la vie humaine telle qu'elle est, c'est-à-dire à la fois indépassable et essentiellement langagière. L'enjeu est donc un vouloir-voir *éthique* (par opposition à un vouloir-voir discordant) dans la mesure où il est question ici de l'acceptation des limites de notre forme de vie humaine ; une éthique de la finitude donc, mais seulement si « finitude » ne signifie pas « faille » ou « défaut » (ce serait le langage du vouloir-voir métaphysique qu'il s'agit de convertir). Au contraire, comme le dit Hadot à propos des maximes delphiques, « la plus grande sagesse de l'homme consiste dans la reconnaissance de ses propres limites » [1].

La portée éthique de cette image de l'adéquation à la forme de vie est confirmée par le passage cité en début de section où « le problème de la vie », dont Wittgenstein avait surtout parlé à l'époque des *Carnets 1914-1916* et du *Tractatus*, est associé à une manière de vivre qui ne s'accorde pas à la forme de vie. Si la solution au problème de la vie ne passe plus ici, comme c'était le cas dans ses premiers écrits, par une conception transcendantale, transcendante

1. P. Hadot, *Discours et mode de vie philosophique*, *op. cit.*, p. 535.

et dualiste de la volonté, comme l'a relevé James Peterman[1], c'est, dans les deux cas, le caractère « inchangeable » de la vie qui pose problème et la solution passe par l'acceptation de ce qui est problématique, à savoir ici les limites de notre forme de vie. De plus, encore ici, face au problème de la vie, il y a la possibilité d'adopter une attitude malheureuse, l'impuissance, qui rend justement la vie problématique, ou l'attitude heureuse qui est celle de l'acceptation[2]. En somme, le bonheur, c'est-à-dire l'enjeu éthique par excellence, passe par un langage (une manière langagière de vivre) *en accord* avec les pratiques effectives circonscrites par notre forme de vie humaine.

D'autre part, ce passage fait également ressortir l'idée que, comme nous l'avons vu, le bonheur relève d'une manière de vivre et donc que l'éthique est ultimement une éthique « vécue » qui s'oppose à une éthique théorique (*cf.* section I de ce chapitre). Dans sa *Conférence sur l'éthique*, c'est en ce sens que Wittgenstein se distancie de la définition proposée par Moore – « L'éthique est l'investigation générale de ce qui est bien » – pour parler plutôt de « ce qui a une valeur, ce qui compte réellement », « l'investigation du sens de la vie, ou de ce qui rend la vie digne d'être vécue, ou de la façon correcte de vivre »[3].

Cependant, si cette éthique comme manière de vivre a bien ici une certaine tonalité existentielle, le fait de parler d'un discours « en accord avec l'éthique vécue » ne doit pas être assimilé à une position ineffabiliste, c'est-à-dire à l'idée d'un quasi-discours qui, en quête d'une immédiateté illusoire, chercherait à parler le langage du vécu pur sans y parvenir totalement, le vécu étant fondamentalement trop riche et donc ultimement indicible. De plus, l'idée d'un discours en accord avec l'éthique vécue ne présuppose pas nécessairement la possibilité d'un langage privé qui ne pourrait être compris que du point de vue du sujet individuel qui, lui seul, aurait un accès

1. J. F. Peterman, *Philosophy as Therapy*, Albany, Suny Press, 1992, p. 103-104.
2. *Cf.* RM, 27.
3. L. Wittgenstein, *Leçons et conversation*, Paris, trad. fr. J. Fauve, Gallimard, 1945, p. 143-144.

privilégié à ce qu'il vit « de l'intérieur ». Au contraire, inspiré par le second Wittgenstein, nous utilisons l'expression « éthique vécue » pour désigner l'éthique telle qu'elle s'exprime dans notre manière habituelle d'agir en tant qu'humains et dont le sens est attesté publiquement à travers les comportements liés à l'usage d'un langage parlé et construit par la communauté.

Il semble que cette éthique vécue, bien qu'indissociable d'un certain type de jeu de langage, se définisse chez Wittgenstein par opposition à une éthique théorique, un discours inadéquat aux pratiques effectives de notre forme de vie humaine. Nous retrouvons donc ici, du moins sur le plan formel, une distinction semblable à celle que Hadot a mise en relief à travers son interprétation du modèle stoïcien. En effet, au-delà des différences manifestes entre les réflexions de Wittgenstein sur l'éthique et le modèle stoïcien vu à travers le prisme de Hadot (dont nous parlerons un peu plus loin), il semble y avoir un intérêt commun pour l'idée que le discours philosophique théorique sur l'éthique ne puisse pas être en accord avec l'éthique comme manière de vivre. Dans le cas du modèle stoïcien, comme le rapporte Diogène Laërce[1], il y a, nous dit Hadot, une distinction à faire entre le discours philosophique et la philosophie elle-même, c'est-à-dire le mode de vie philosophique. Le mode de vie philosophique intègre le discours philosophique, mais, du moins d'un point de vue épistémologique, les deux sont ultimement incommensurables, c'est-à-dire irréductibles[2].

Dans le cadre de la pensée de Wittgenstein, dans un premier temps, tentons de décortiquer plus précisément les raisons principales qui expliquent pourquoi il y a une telle opposition entre l'éthique théorique et l'éthique vécue, et ce, afin de faire plutôt ressortir la distinction entre un discours inadéquat et un discours adéquat à l'éthique vécue. Mais si nos pratiques langagières effectives sont toujours circonscrites d'une certaine manière par la forme de vie humaine, si elles prennent toujours, pour ainsi dire, « une forme

1. Diogène Laërce, *Vies et opinions des philosophes*, VII, I, 39-43.

2. P. Hadot, « Philosophie, discours philosophique et divisions de la philosophie chez les stoïciens », *Revue internationale de philosophie* 45, 1991, p. 205-206.

humaine », y a-t-il un sens à parler d'un discours *inadéquat* à l'éthique vécue ? Nous utilisons l'idée wittgensteinienne d'adéquation comme une image de plus pour nous aider à comprendre la relation entre le discours et le mode de vie dans ce qu'ils ont de distinct sur le plan épistémologique, et ce, afin de rendre compte de la possibilité de la confusion linguistique pouvant mener le langage humain à ne plus se concevoir comme un langage *humain*, c'est-à-dire à refuser les limites de la forme de vie dans lequel il s'inscrit. Nous entrevoyons donc déjà que l'opposition entre l'éthique théorique et l'éthique vécue est moins une opposition entre deux langages, entre deux structures grammaticales, qu'une opposition entre deux *manières de concevoir* (et donc de vouloir voir) le langage de l'éthique.

L'éthique théorique selon Wittgenstein : un discours philosophique inadéquat à l'éthique vécue

Dès le début de la réflexion de Wittgenstein dans les *Carnets 1914-1916*, nous retrouvons l'idée que le discours philosophique théorique n'est pas en accord avec l'éthique vécue parce qu'il cherche à justifier la vie heureuse alors que la vie heureuse s'autojustifie : « Et si *maintenant* je me demande *pourquoi* je devrais être heureux, la question m'apparaît de soi-même être tautologique ; il semble que la vie heureuse se justifie par elle-même, qu'elle *est* l'unique vie correcte »[1]. Autrement dit, tout ce que nous pouvons dire en définitive sur l'éthique est que nous devons rechercher la vie heureuse. Pour utiliser la terminologie du second Wittgenstein : la règle du jeu de langage de la justification qui consiste à répondre à la question « pourquoi ? » en donnant des explications n'est pas compatible avec le jeu de langage auquel nous participons lorsque nous cherchons la solution à un problème existentiel[2].

Or, plusieurs années plus tard, lors d'une conversation avec Friedrich Waismann datant de 1930, il semble désormais clair que la critique s'adresse particulièrement à un certain type de justification,

1. C, 30.7.16 ; T, 6.42.
2. *Cf.* LC, 156.

c'est-à-dire non pas, de manière générale, à un discours explicatif qui donne des raisons au moyen d'arguments, mais surtout à un discours philosophique qui le fait à travers une *théorie explicative.*

> La valeur est-elle un état d'esprit déterminé? Ou une forme qui adhère à n'importe quel fait de conscience? Ma réponse serait : quoi que l'on puisse me dire, je l'écarterais, et cela non parce que l'explication est fausse, mais parce que c'est une *explication.* Quoi que l'on me dise qui soit *Théorie*, je dirais : non, non, cela ne m'intéresse pas. [...] Si je ne pouvais expliquer à autrui l'essence de ce qui est éthique que par le biais d'une théorie, ce qui est éthique n'aurait pas de valeur du tout. [...] *Pour moi*, la théorie n'a pas de valeur [1].

En d'autres termes, selon Wittgenstein, les ouvrages de philosophie morale ne sont pas en accord avec l'éthique vécue au sens où *ils ne parlent pas* de l'éthique vécue. Comme l'a bien résumé Jacques Bouveresse : ou bien ils contiennent du non-sens pur et simple, ou bien ils énoncent des propositions douées de sens, mais ne portent pas véritablement sur l'éthique, c'est-à-dire sur des valeurs absolues, mais plutôt sur des valeurs relatives aux faits; ou bien, comme le *Tractatus*, ils ne disent rien sur l'éthique, mais cherchent à « montrer du doigt » le mystique [2], c'est-à-dire ce qui ne peut être dit, mais montré [3], et auquel se rapporte une éthique vécue qui, selon la lettre à Ludwig Von Ficker, serait, comme nous l'avons vu, la motivation la plus importante du *Tractatus*. Ainsi, s'il y a un sens à parler d'une « conception wittgensteinienne de l'éthique », c'est uniquement au sens d'une éthique vécue s'opposant à une éthique théorique : la vie heureuse qui s'autojustifie et non une philosophie morale qui justifie la vie heureuse au moyen d'explications et surtout de théories explicatives. Wittgenstein est ici assez loin du modèle stoïcien qui intègre le discours philosophique théorique à l'éthique comme manière de vivre justement étant donné son pouvoir de

1. LC, 157-158.
2. J. Bouveresse, *Wittgenstein : la rime et la raison...*, *op. cit.*, p. 142.
3. T, 6.522.

justifier rationnellement, par sa force logique, le choix de vie. Nous y reviendrons plus loin.

L'éthique théorique s'oppose à l'éthique vécue également parce que la tendance de la philosophie morale à justifier l'expérience éthique à partir d'un discours théorique explicatif est motivée selon Wittgenstein par un idéal d'objectivité morale qui n'est pas en accord avec nos pratiques effectives : « Quelle est la marque objective de la vie heureuse, harmonieuse ? Il est de nouveau clair qu'il ne peut y avoir de telle marque qui se *laisse décrire* »[1]. La recherche de la vie heureuse n'a rien à voir avec la recherche d'un critère objectif, d'une explication ultime de la nature du bonheur, bref avec le genre de recherche qui motive les théories explicatives. L'expérience vécue nous révèle que le bonheur, c'est-à-dire la solution au problème de la vie, ne passe pas par un nouveau savoir à propos du bonheur, mais par la *disparition* du problème[2].

Or, si dans les *Carnets 1914-1916* et le *Tractatus* Wittgenstein s'en prenait déjà à l'idéal d'objectivité morale, comme l'a souligné Christiane Chauviré, étant donné la conception moniste du langage qu'il défendait à l'époque, la possibilité d'un unique système de référence morale dont les règles vaudraient universellement n'était pas complètement exclue : « … le "sois heureux" des *Carnets* ou du *Tractatus*, à défaut d'être la forme de tout acte moral, exprimait du moins la coloration que l'homme moral peut donner à chacun de ses actes, quoi qu'il puisse lui arriver »[3]. Après le *Tractatus*, Wittgenstein opère progressivement un passage vers l'idée d'une multiplicité de systèmes éthiques ce qui, au lieu de relativiser le non-sens des propositions éthiques de la philosophie morale à certains contextes particuliers où ces dernières seraient inadéquates à l'éthique vécue, vient miner encore plus l'idéal d'objectivité morale qui motive le discours philosophique théorique sur l'éthique[4]. En effet, l'idée d'une multiplicité de systèmes éthiques est incompatible avec la

1. C, 30.7.16.
2. T, 6.521.
3. L. Wittgenstein, *Leçons et conversation*, *op. cit.*, L.
4. *Ibid.*, XLVIII, L.

nature même du discours philosophique théorique sur l'éthique (du moins au sens où Wittgenstein l'entend), c'est-à-dire avec la tâche de fonder un unique système éthique qui vaudrait universellement au-delà de tous les contextes et de toutes les circonstances.

Wittgenstein semble être resté fidèle à ce point de vue jusqu'à la fin de sa vie. En 1945, lors d'une discussion avec Rush Rhees, il aurait réitéré cette idée que le discours philosophique théorique sur l'éthique est motivé par l'idéal d'objectivité morale [1] et critiqué l'idée d'un système de référence unique en éthique au profit d'une pluralité de systèmes éthiques. Wittgenstein souligne alors que, dans chaque système éthique, nous pouvons décrire les raisons qui poussent à formuler tels ou tels jugements de valeur, mais ces derniers n'expriment rien de plus ultime qui pourrait transcender nos pratiques effectives [2].

L'idée que le discours philosophique théorique n'est pas en accord avec l'éthique vécue implique que le discours philosophique théorique sur l'éthique est dénué de sens. C'est l'opposition entre les jugements de faits et les jugements de valeur liée à une conception particulière du langage (moniste dans les *Carnets 1914-1916* et le *Tractatus*, et progressivement pluraliste par la suite) qui permet ici de comprendre l'opposition entre l'éthique théorique et l'éthique vécue. Dans les *Carnets 1914-1916* et le *Tractatus*, cette opposition prend la forme d'une dichotomie qui repose sur l'idée que la valeur éthique est extérieure aux faits en tant que présupposé transcendantal du monde. En effet, dans le monde indifférent de l'atomisme logique [3], le caractère transcendantal de la valeur éthique permet de rendre compte de l'expérience vécue de la valeur éthique, c'est-à-dire que certains faits semblent avoir dans nos vies une valeur éthique. Si les faits n'ont pas de valeur intrinsèque, il faut que la valeur qu'ils semblent avoir leur soit donnée « de l'extérieur ».

De plus, pour rendre compte de la nécessité absolue des impératifs moraux, c'est-à-dire que les impératifs moraux sont vécus comme

1. LC, 171.
2. LC, 172-173.
3. *Cf.* T, 6.41.

étant absolument nécessaires, il faut selon Wittgenstein que la valeur éthique réside à l'extérieur du monde puisque les faits du monde sont toujours contingents, accidentels et relatifs [1]. La conséquence de cette dichotomie fait-valeur liée à une conception picturale du langage est que le discours philosophique théorique ne peut pas parler de l'éthique sans énoncer du non-sens parce que le langage a la fonction essentielle de représenter des faits possibles du monde [2] tandis que l'éthique vécue est l'« expérience » d'une valeur qui est « supérieure » au monde en tant que présupposé transcendantal; une valeur extérieure au registre des faits [3].

Encore sous l'emprise, à certains égards, de la conception tractarienne du langage, l'opposition entre les jugements de fait et les jugements de valeur qui maintient l'opposition entre l'éthique théorique et l'éthique vécue dans la pensée de Wittgenstein ne disparaît pas avec la *Conférence sur l'éthique* (1929), mais change de forme, tel qu'en témoigne la distinction entre le sens trivial et le sens absolu des expressions éthiques. En effet, si le sens trivial est celui d'un jugement exprimant un bien relatif à des faits ou, pour le dire autrement, celui d'un jugement de fait déguisé en jugement de valeur éthique, le sens absolu serait celui d'un jugement de valeur exprimant une valeur intrinsèque, c'est-à-dire qui n'est pas relative à des faits [4]. Pour illustrer cette distinction, Wittgenstein donne l'exemple suivant :

> Supposons que, si je savais jouer au tennis, l'un d'entre vous, me voyant jouer, me dise : « Vous jouez bien mal » et que je lui réponde : « Je sais que je joue mal, mais je ne veux pas jouer mieux », tout ce que mon interlocuteur pourrait dire serait : « Ah bon, dans ce cas, tout va bien ». [...] Mais supposez que j'aie raconté à l'un d'entre vous un mensonge extravagant, qu'il vienne me dire : « Vous vous conduisez en goujat » et que je réponde : « Je sais que je me conduis mal, mais de toute façon, je ne veux

1. T, 6.41.
2. T, 2.1, 4.01.
3. T, 6.42.
4. LC, 144-145.

aucunement mieux me conduire », pourrait-il dire alors : « Ah bon, dans ce cas tout va bien » ? Certainement pas ; il dirait : « Eh bien, vous *devez* vouloir mieux vous conduire ». Là, vous avez un jugement de valeur absolu, alors que celui de l'exemple antérieur était un jugement relatif[1].

Dans le premier cas, le bien est relatif à « ce que je veux » comme fait tandis que dans le deuxième, le bien est vécu comme ayant une valeur intrinsèque et semble référer à un type absolu de volonté ou de devoir. Cette opposition fait-valeur se retrouve aussi dans l'exemple d'un gros livre écrit par un esprit omniscient. Celui-ci ne contiendrait qu'une description de tous les faits, mais aucune proposition éthique, c'est-à-dire aucune proposition ayant une valeur absolue[2].

On pourrait croire que l'opposition fait-valeur qui maintient l'opposition entre l'éthique théorique et l'éthique vécue disparaît à partir de ce qu'on a appelé « le tournant grammatical » de la pensée de Wittgenstein, c'est-à-dire à partir du moment où Wittgenstein délaisse la conception moniste et métaphysique du langage du *Tractatus* pour se diriger progressivement vers ce que nous pourrions appeler une conception pluraliste et conventionnaliste[3]. Or, ce n'est pas le cas. En fait, après le *Tractatus* et la *Conférence sur l'éthique*, il faut d'abord mentionner que Wittgenstein ne parle plus d'éthique en tant que telle (du moins pas en tant que philosophe). Par contre, une certaine version de l'opposition fait-valeur n'est pas

1. LC, 144-145.

2. LC, 145-147.

3. Des notes rédigées entre 1930 et 1933 (la *Conférence sur l'éthique* aurait été prononcée entre septembre 1929 et décembre 1930) ont été rassemblées dans un ouvrage intitulé *Grammaire philosophique* dans lequel Wittgenstein s'éloigne à plusieurs égards de l'atomisme logique du *Tractatus* pour parler désormais du langage comme des jeux (GP, § 10-13, § 26, § 68) et des systèmes propositionnels (GP, § 13, § 60, § 81, § 84, § 86) et fait ressortir leur caractère pluriel (GP, § 34, § 122, § 129) et conventionnel (GP, § 133, § 138, § 140). *Cf.* aussi Rush Rhees *in* L. Wittgenstein, *Leçons et conversations*, *op. cit.*, p. 163-164. Cependant, au cours de cette période intermédiaire de sa pensée, il est peut-être plus juste de parler d'une conception holiste du langage qui deviendra résolument pluraliste à partir du *Cahier bleu* et du *Cahier brun*.

incompatible avec la conception du langage défendue, par exemple, dans les *Recherches philosophiques*.

Comme le dit Rush Rhees, la question du non-sens des propositions éthiques renvoie désormais à une autre question : « en vertu de quelle logique ? »[1]. L'opposition fait-valeur, prenant dans la *Conférence sur l'éthique* la forme de la distinction entre le sens trivial et le sens absolu, pourrait donc être interprétée ici comme une remarque grammaticale faisant la différence entre les systèmes de règles conventionnelles de deux jeux de langage parmi une pluralité, c'est-à-dire le jeu de langage de l'explication des faits (des objets ou des phénomènes à la manière scientifique), dans lequel s'inscrit l'éthique théorique, et celui des jugements éthiques (au sens de l'éthique vécue), au sein duquel l'éthique est vécue dans nos pratiques effectives comme ayant une valeur absolue, c'est-à-dire qui n'est pas relative à des faits[2]. Ainsi, on comprend mal la phrase « Tu dois te conduire mieux » si on répond par « Et si je ne le fais pas ? » parce que ce type d'énoncé éthique exprime une nécessité qui n'est pas relative à des faits contingents[3].

D'ailleurs, cette interprétation n'est peut-être pas si éloignée du cadre propre à la *Conférence sur l'éthique* puisque même si cette dernière reste en réalité encore dépendante de la perspective du *Tractatus* (Wittgenstein ne semble pas avoir rompu avec l'idée que le langage sert essentiellement à décrire des faits), l'opposition fait-valeur est également articulée à partir d'une méthode « thérapeutique » qui anticipe à certains égards celle des *Recherches philosophiques*. En effet, l'intention explicite de la *Conférence sur l'éthique* est de mettre en lumière, à travers l'examen d'une série d'exemples significatifs d'expériences, une confusion grammaticale à l'origine d'un « emploi abusif du langage qui se retrouve à travers *toutes* nos expressions religieuses et éthiques »[4], confusion qui traduit encore une fois une certaine incompatibilité entre le système

1. LC, 162.
2. LC, 164.
3. LC, 162 ; T, 6.422.
4. LC, 151.

propositionnel de l'explication des faits, dans lequel s'inscrit l'éthique théorique, et celui de la valeur absolue.

La conséquence de cette interprétation de l'opposition fait-valeur que la méthode de la *Conférence sur l'éthique* met en quelque sorte en lumière est que le jeu de langage du discours philosophique théorique ne peut pas parler de l'éthique vécue sans énoncer du non-sens parce que sa fonction est d'expliquer des faits tandis que l'éthique est vécue dans nos pratiques effectives comme ayant une valeur absolue, c'est-à-dire « supérieure », « sublime », « surnaturelle »[1]. Ce qui semble exprimer une incapacité du discours philosophique théorique à parler de la valeur absolue se manifeste à travers la nécessité, pour parler de la valeur absolue, de partir d'une *expérience* de la valeur absolue dont nous nous servons comme exemple pour illustrer ce qu'est la valeur absolue, ce qui rend l'éthique vécue dépendante des faits[2].

Ici, de manière semblable à l'idée du *Tractatus* selon laquelle la valeur, pour être absolue, doit résider à l'extérieur du domaine des faits, Wittgenstein ajoute que la valeur absolue qui semble se révéler dans l'éthique vécue n'est pas un fait susceptible d'explication parce qu'aucun fait n'a « le pouvoir coercitif d'un juge absolu » (l'idée d'un fait absolu est absurde)[3]. En effet, en parlant de la valeur absolue au moyen du discours philosophique théorique, nous parlons en quelque sorte sans le savoir de la valeur absolue comme un fait (un objet ou un phénomène à expliquer) qui existerait au-delà des faits (puisqu'il est absolu), ce qui est dénué de sens.

Si l'éthique vécue est encore liée ici à l'idée d'une valeur absolue s'opposant au registre des faits, il est cependant possible de la comprendre d'un point de vue conventionnaliste qui n'endosse pas le caractère transcendant et transcendantal de la valeur éthique du *Tractatus*. Cette dernière n'est alors plus *extérieure* au monde, mais *dans* le monde, pour ainsi dire, au sens où elle désigne ce qui est vécu comme valeur absolue dans nos pratiques effectives. Comme

1. LC, 147, 152.
2. LC, 152.
3. LC, 148.

le précise Rush Rhees : « je le ressens profondément en moi ». Mais cette « expérience vécue » de l'éthique n'est pas privée. Elle est attestée publiquement dans la mesure où elle se manifeste dans l'attitude et le comportement que nous adoptons dans les différents contextes dans lesquels s'inscrivent les jugements cherchant à exprimer une valeur absolue. Rhees souligne d'ailleurs que « se comporter ainsi en toute autre occasion serait ridicule et importun » [1], ce qui signifie que l'éthique dont il est ici question s'enracine dans une manière de vivre avec les autres. Ainsi, Wittgenstein montre que les propositions éthiques sur la valeur absolue sont dénuées de sens tout en rendant justice au fait qu'« elles sont vécues » dans nos pratiques effectives comme ayant une valeur absolue. Au fond, nous pourrions résumer sa position ainsi : l'éthique est vécue comme quelque chose d'absolu, mais il n'y a pas de système éthique absolu. Chaque système éthique auquel se rapportent les actions d'un individu est « vécu comme absolu », mais ne l'est pas d'un point de vue « théorique ». Il n'y a pas de système éthique meilleur que les autres *a priori*.

Mais alors est-ce qu'un certain type de discours allégorique ou analogique, pourrait être une alternative au discours philosophique théorique sur l'éthique ? Wittgenstein répond par la négative. Ce type de discours est lui aussi relatif aux faits et donc ne parvient pas non plus à parler de l'éthique vécue sans énoncer du non-sens. En effet, nous dit Wittgenstein, par définition, une comparaison (*simile*) est une comparaison avec *quelque chose* – nous devons être en mesure de décrire ce « quelque chose », c'est-à-dire ce fait, sans passer par la comparaison – ce qui signifie que nous demeurerions ici encore dans le registre des faits [2]. Au contraire, la méthode de la *Conférence sur l'éthique* met en lumière que cette caractéristique des expressions éthiques et religieuses d'avoir l'apparence de simples comparaisons (*similes*) [3] a un rôle central à jouer pour le diagnostic de la confusion linguistique qui serait à l'origine du discours éthique. En effet, la

1. LC, 167.
2. LC, 152.
3. LC, 151.

signification des expressions éthiques et religieuses a tendance à être comprise par analogie avec la signification des expressions relatives à des faits étant donné les similitudes de leurs grammaires de surface (vouloir mal jouer au tennis et vouloir se conduire mal à l'égard de quelqu'un). Or, s'il semble s'agir d'une simple analogie, si la comparaison ne semble pas en apparence rendre le discours éthique dépendant des faits, c'est pourtant le cas puisqu'une comparaison est au fond la description imagée d'un fait que nous pouvons décrire littéralement sans recourir à la comparaison. C'est ainsi que nous sommes amenés à confondre le registre de la valeur absolue avec celui de la description des faits, ce qui donne lieu par exemple à l'idée absurde de « fait absolu ».

Si une partie du diagnostic porte sur l'apparence superficielle de ces expressions – comme le dit Wittgenstein, elles *semblent* être de simples comparaisons – et donc en quelque sorte sur une caractéristique « séduisante » du langage lui-même, la méthode de la *Conférence sur l'éthique* révèle également que l'incompatibilité entre le jeu de langage de l'explication des faits et celui de la valeur absolue qui maintient l'opposition entre l'éthique théorique et l'éthique vécue repose non pas sur la difficulté à trouver la bonne expression, mais de manière plus profonde sur le *désir* d'exprimer l'inexprimable, d'utiliser le langage pour parler d'une valeur absolue qui relèverait de l'illusion d'une perspective transgressant les frontières du langage signifiant et, par le fait même, du monde[1]. Autrement dit, le type de discours motivé par ce désir d'adopter un point de vue au-delà de tout contexte particulier de signification n'est pas en accord avec la forme de vie humaine parce qu'il cherche à dépasser les limites de la manière langagière de penser et d'agir qui *de facto* est la nôtre, dont les différentes formes s'expriment à travers une pluralité de jeux de langage qui puisent leur signification seulement dans des contextes particuliers.

La *Conférence sur l'éthique* marque ici l'apparition d'une perspective « anthropologique » sur l'éthique. En effet, nous dit

1. LC, 154.

Wittgenstein, l'éthique ne peut pas être un discours philosophique théorique, mais « nous documente sur une tendance qui existe dans l'esprit de l'homme », la tendance à « donner du front contre les murs de notre cage »[1]. Au moyen d'une méthode « grammaticale », cette conception anthropologique de l'éthique consiste plutôt à décrire cette tendance de l'esprit humain dans la mesure où elle s'exprime dans une pluralité de systèmes éthiques, gouvernés par des règles conventionnelles circonscrites par la forme de vie humaine, en vue de mettre en lumière les confusions linguistiques sur lesquelles repose l'usage de certains concepts éthiques.

Devons-nous voir en cette conception anthropologique de l'éthique un discours en accord avec l'éthique vécue? En fait, il semble que le type de discours philosophique préconisé par Wittgenstein n'est ni un discours philosophique théorique ni un discours cherchant explicitement à s'accorder à l'éthique vécue. Il s'agit plutôt d'un discours dont la fonction découle de l'acceptation que nous ne puissions pas parler en philosophie de choses comme l'éthique vécue et qu'il faille alors faire autre chose. C'est en ce sens que Wittgenstein, du *Tractatus* aux *Recherches philosophiques*, a plutôt conçu la philosophie comme une activité de clarification conceptuelle. La conception anthropologique ne passe donc pas par un discours qui *parle* de l'éthique comme une tendance de l'esprit humain, mais qui *traite* cette tendance au moyen d'une méthode « thérapeutique ». En effet, les concepts éthiques sont des matériaux parmi d'autres pour le travail de clarification conceptuelle[2]. De toute façon, le discours « anthropologique » ne peut pas être en accord avec l'éthique vécue puisqu'il s'exprime à la troisième personne; il cherche à *décrire* une tendance de l'esprit humain, tandis que l'éthique vécue s'exprime selon Wittgenstein à travers un discours à la première personne.

Au terme de notre analyse des raisons qui justifient l'opposition entre l'éthique théorique et l'éthique vécue dans la pensée de

1. LC, 155.
2. *Cf.* RP, § 77.

Wittgenstein, il ne semble donc y avoir aucune place en philosophie pour un discours en accord avec l'éthique vécue que ce soit par le biais d'une théorie explicative, prisonnière du registre des faits et motivée par un idéal d'objectivité, ou encore à travers une conception anthropologique de l'éthique. Autrement dit, l'opposition entre l'éthique théorique et l'éthique vécue semble s'être aggravée puisqu'elle semble avoir mené à l'élimination de l'éthique théorique et le cantonnement de l'éthique vécue à une manière de vivre « athéorique » et « non philosophique ».

Un discours en accord avec l'éthique vécue : la fonction éthopoétique du langage de l'éthique

Même si Wittgenstein semble avoir maintenu jusqu'à la fin de sa vie une opposition entre l'éthique théorique et l'éthique vécue, il est possible, suivant le modèle stoïcien, de dépasser cette opposition en puisant dans les ressources mêmes de sa pensée et de mettre en lumière la possibilité d'un discours en accord avec l'éthique vécue ; nous tenterons d'en expliciter quelques caractéristiques considérant que le fil conducteur est l'idée d'un langage éthopoétique qui opérationnalise les valeurs éthiques et qui guide les actions en vue du bonheur.

Premièrement, on voit bien que, de l'opposition entre l'éthique théorique et l'éthique vécue, surgit chez Wittgenstein la distinction entre une position éthique théorique et une position éthique personnelle. En effet, s'il ne semble pas y avoir de place en philosophie pour un discours en accord avec l'éthique vécue, il semble y en avoir une dans ce que nous pourrions appeler « la vie ordinaire », c'est-à-dire à travers le discours éthique à la première personne. Comme nous l'avons vu dans la première section de ce chapitre, la réflexion de Wittgenstein sur l'éthique passait déjà dans les *Carnets 1914-1916* par l'expérience solipsiste de la mienneté du monde. C'est ainsi que ce dernier a été amené à conclure que « le bien et le mal n'apparaissent que par le sujet »[1]. Mais, comme nous

1. C, 2.8.16.

l'avons vu, c'est à la suite de la *Conférence sur l'éthique*, lors d'une discussion avec Friedrich Waismann, que Wittgenstein thématise explicitement l'idée d'un discours éthique à la première personne [1].

Ici, il est intéressant de souligner que l'idée d'un discours éthique à la première personne se définit par opposition à un discours théorique décrivant un état de fait à la troisième personne et donc semble raviver l'opposition entre l'éthique théorique et l'éthique vécue : « A ce niveau rien ne peut plus faire l'objet d'un constat, je ne puis qu'entrer en scène comme une personne et dire je ». Or, Wittgenstein nous dit que l'idée d'un discours éthique à la première personne doit *elle-même* être traitée comme l'expression d'un discours à la première personne. En d'autres termes, l'idée d'une opposition entre l'éthique théorique et l'éthique vécue ne doit pas être traitée comme la thèse d'une théorie éthique, mais comme une position personnelle défendue par un individu en vertu d'un tout autre jeu de langage, c'est-à-dire celui de l'expression de valeurs personnelles (« *Pour moi*, la théorie n'a pas de valeur »).

Nous avons également vu (*cf.* la première section) que, selon le second Wittgenstein, les problèmes éthiques authentiques (qui ne nous concernent pas directement) sont ceux que l'on peut imaginer ce que ce serait de les vivre à la première personne [2]. De plus, disait-il, la solution à un problème éthique authentique relève d'un choix personnel et non d'une réflexion théorique. Par exemple, face au dilemme entre abandonner sa femme ou son travail sur le cancer, il n'y a pas de réponse prédéterminée ; la solution à ce problème relève d'un choix individuel qui aura des conséquences qu'il faudra assumer personnellement [3].

Ainsi, il n'y a pas de sens selon lui à nous demander quel est *a priori* le meilleur code éthique pour résoudre ce type de problème parce qu'il n'y a pas de critère objectif de correction nous permettant de trancher [4]. En d'autres termes, dans nos pratiques

1. *Cf.* LC, 158.
2. LC, 168.
3. LC, 168-170.
4. LC, 170.

effectives, le discours éthique ne s'inscrit pas dans le jeu de langage d'une théorie explicative visant un idéal d'objectivité. L'éthique vécue passe par un *choix personnel*. Il faut se lancer ! Ultimement, c'est toujours moi qui choisis et vis avec les conséquences, c'est toujours moi qui me lance. De la même manière, dire que tel système éthique est correct équivaut au fond simplement à adopter ce système éthique à la première personne. En somme, le discours éthique en accord avec la manière dont nous parlons habituellement d'éthique dans la vie ordinaire est un discours qui parle en faveur d'un choix existentiel, d'une prise de position personnelle (pouvant être partagée par un groupe d'appartenance) en fonction d'un certain caractère lié à des valeurs particulières.

Mais si l'éthique est un discours à la première personne et qu'il y a une multiplicité de systèmes éthiques, est-ce à dire que le discours en accord avec l'éthique vécue est un discours relativiste (tous les systèmes éthiques sont également corrects) ou ethnocentriste (chacun a raison de son propre point de vue) ? D'emblée, cette question n'est pas totalement pertinente parce qu'elle se situe dans le paradigme du discours philosophique théorique que Wittgenstein veut dépasser, c'est-à-dire celui qui oppose le relativisme et l'objectivisme comme les deux pôles d'un débat doctrinal. En effet, le relativisme est une posture théorique tandis que le discours éthique à la première personne exprime plutôt une position personnelle. De plus, l'idée d'une multiplicité des systèmes éthiques n'est pas relativiste ou ethnocentriste puisque du point de vue de la conception anthropologique de l'éthique de Wittgenstein, le relativisme et l'ethnocentrisme ne sont pas des positions substantielles. Elles attirent simplement l'attention sur le fait que chaque système éthique juge comme il le fait [1]. En réalité, la position de Wittgenstein n'est pas un relativisme moral, mais comme le dit Christiane Chauviré, une certaine forme de casuistique [2]. En effet, Wittgenstein soutient que l'éthique relève du cas par cas,

1. LC, 172. Ce paragraphe est inspiré de l'interprétation de Christiane Chauviré *in* L. Wittgenstein, *Leçons et conversations*, *op. cit.*, XLVIII-IL.

2. L. Wittgenstein, *Leçons et conversations*, *op. cit.*, LI.

c'est-à-dire que la solution à un problème éthique découle d'un choix personnel en fonction du système éthique qu'on adopte dans un contexte donné. Il est impossible de fonder un système éthique universel qui déterminerait *a priori* ce qui est bien et ce qui est mal en fonction d'un idéal d'objectivité.

Du reste, contrairement à ce que l'on pourrait croire, l'idée d'un discours éthique à la première personne liée à une conception pluraliste et conventionnaliste du langage ne rend pas la discussion, la justification et la certitude impossibles en éthique. Cela signifie simplement que la justification éthique consiste à donner des raisons en fonction d'un système éthique particulier – un système éthique parmi d'autres, mais quand même celui que *j*'adopte parfois avec très grande conviction – et non à défendre une position qui aurait la prétention d'être correcte en soi, *a priori*, indépendamment de tout contexte et de toutes circonstances. Au fond, Wittgenstein nous dit que la vérité en éthique relève des pratiques effectives (de notre manière concrète et « faillible » de justifier la vérité) et non d'un idéal d'objectivité qui existerait au-delà des communautés humaines. Il s'agit d'arriver à voir que, sans objectivité (au sens métaphysique du terme), l'éthique est quand même possible. Nous ne sombrons pas dans un relativisme moral où tout est indifférencié. Nous sommes simplement contraints à accepter le caractère imparfait de la délibération éthique, à affronter les dangers auxquels nous croyons faire face lorsque nous acceptons qu'il n'y ait pas d'idéal d'objectivité et, comme le précise Halais, à nous fier à nos propres ressources[1].

Deuxièmement, l'éthique, telle qu'elle est vécue dans nos pratiques effectives, passe par un discours dont la fonction est éthopoétique. En effet, au-delà de l'opposition entre l'éthique théorique et l'éthique vécue, c'est la subordination du discours à l'extériorité du mode de vie éthique qui importe, c'est-à-dire que le discours éthique à la première personne est un type d'arrangement

1. E. Halais, *Wittgenstein et l'énigme de l'existence : La forme et l'expression*, *op. cit.*, p. 134.

conceptuel qui vise à produire de l'*ethos* dans la mesure où il guide les actions en vue du bonheur et donc produit un effet pratique sur la manière de vivre habituelle.

Emmanuel Halais défend que l'interprétation éthique du *Tractatus* (*cf.* la lettre à Ludwig von Ficker), dans la mesure où elle s'oppose à l'interprétation métaphysique « traditionnelle », doit nous amener à traiter les propositions de l'ouvrage non pas comme des propositions théoriques, mais comme un discours du même type que la maxime morale [1]. Si pour diverses raisons que nous ne pouvons pas élaborer ici il n'est pas clair que nous soyons autorisés à généraliser cette interprétation à la totalité du contenu du livre, il est éclairant d'appliquer cette remarque aux propositions éthiques de l'ouvrage. En ce sens, le discours en accord avec l'éthique vécue pourrait être de l'ordre de la maxime morale, un discours dont la fonction est éthopoétique, comme nous pouvons le voir à partir du modèle stoïcien. En effet, comme l'a bien montré Hadot [2], les *Pensées* de Marc Aurèle, par exemple, consistent à méditer sur de courtes maximes frappantes en vue d'opérationnaliser les valeurs et les principes de base du choix de vie stoïcien.

Ce qu'il y a d'intéressant dans ce que propose Halais est que la perspective de la maxime morale dépasse l'opposition entre l'éthique théorique et l'éthique vécue étant donné qu'elle se distingue de la perspective théorique dans laquelle s'inscrit la distinction entre ce qui peut être dit (les jugements de faits) et ce qui ne peut pas être dit (les jugements de valeur) [3]. En effet, la perspective dans laquelle s'inscrit la maxime morale ne s'exprime pas à travers un discours qui a l'impression de devoir choisir entre l'éthique théorique et l'éthique vécue comme dans un débat doctrinal, mais cherche à produire un effet, c'est-à-dire « *une forme d'éducation par un*

1. *Ibid.*, p. 34.

2. P. Hadot, *Introduction aux « Pensées » de Marc Aurèle : La citadelle intérieure*, Paris, Fayard, 1997.

3. E. Halais, *Wittgenstein et l'énigme de l'existence : La forme et l'expression*, *op. cit.*, p. 35.

agencement particulier des concepts dans notre vie »[1]. Halais ajoute que les termes éthiques ont ici un sens, mais pas dans la perspective théorique qui cherche à expliquer, à justifier ou à fonder. Ils ont un sens spécial qui leur est propre, un sens « éthique », un sens qui oriente. Dans la perspective de la maxime morale, l'important est le rôle concret que jouent ces termes éthiques dans nos vies[2].

C'est ainsi que nous pouvons interpréter les remarques de Wittgenstein sur la question des récompenses et des punitions en éthique[3] de même que sur la mort[4], c'est-à-dire non pas comme les thèses d'une théorie morale, mais, un peu comme les maximes morales, comme des remarques qui nous aident à comprendre *intellectuellement* comment passer *effectivement* du monde de l'homme malheureux au monde de l'homme heureux[5]. Nous pouvons donc parler ici d'un jeu de langage éthique qui n'est pas théorique, qui ne cherche pas nécessairement à élaborer des théories éthiques, mais qui est quand même un jeu de langage, un certain arrangement conceptuel qui opérationnalise les valeurs et les principes moraux et oriente le mode de vie.

Le modèle de la maxime morale proposé par Halais se rapproche ici du code éthique dont a parlé cette fois-ci explicitement Wittgenstein et qui pourrait également constituer un modèle d'arrangement conceptuel ayant une fonction éthopoétique. Ce discours rejaillit sur le mode de vie, nous dit Wittgenstein en 1942, dans la mesure où il peut servir de solution aux problèmes éthiques authentiques. En effet, lorsque nous avons un code éthique, le dilemme éthique s'évanouit.

1. E. Halais, *Wittgenstein et l'énigme de l'existence : La forme et l'expression*, *op. cit.*, p. 178.

2. *Ibid.*, p. 168.

3. « Il doit y avoir, en vérité, une espèce de châtiment et une espèce de récompense éthiques, mais ils doivent se trouver dans l'acte lui-même. » (T, 6.422).

4. « La mort n'est pas un événement de la vie. On ne vit pas la mort. » (T, 6.4311).

5. E. Halais, *Wittgenstein et l'énigme de l'existence : La forme et l'expression*, *op. cit.*, p. 164-165.

> Je dirai que c'est là la solution d'un problème éthique. Ou plutôt : il en est ainsi en ce qui concerne l'homme qui n'a pas de code éthique. S'il a par exemple le code moral chrétien, il lui est loisible de dire que c'est absolument clair : il doit rester avec elle, advienne que pourra [1].

En somme, comme Wittgenstein le laisse entendre à propos de la religion, nous pourrions dire que le propre d'un jeu de langage éthique en accord avec l'éthique vécue est d'être « un élément constituant de l'action » et non un discours théorique sur la nature de l'expérience éthique par exemple. Dans cette perspective éthopoétique qui est celle de la maxime morale et du code éthique, nous nous situons donc au-delà de l'opposition entre l'éthique théorique et l'éthique vécue, indissociable de l'opposition fait-valeur et de la question du non-sens [2]. L'important est que le langage soit au service de l'éthique comme manière de vivre dans la mesure où il en fait partie intégrante : « Pourquoi ne rendrait-il pas le *même* service que la doctrine exprimée ? Et c'est le service rendu qui importe » [3].

Troisièmement, le discours en accord avec l'éthique vécue s'inscrit dans une « perspective » éthopoétique qui donne une certaine forme, un certain statut, accorde une certaine fonction au langage. Par exemple, selon la perspective adoptée à l'égard du langage, les remarques éthiques du *Tractatus* peuvent être interprétées comme les thèses d'une théorie éthique ou comme un certain arrangement conceptuel qui oriente le mode de vie. D'une certaine façon, c'est donc la manière de concevoir et de traiter le discours et non le discours lui-même qui détermine s'il est en accord avec l'éthique vécue. En effet, puisque les jeux de langage sont « donnés » [4], puisqu'ils sont des « phénomènes originaires » [5], le discours est toujours en un certain sens en accord avec la forme de vie ; c'est plutôt la conception du langage, et surtout le vouloir-voir

1. LC, 170.
2. *Cf.* LC, 158.
3. RP, II, xiv, 324.
4. RP, II, xi, 316.
5. RP, § 654-656.

implicite qui motive cette conception, qui peuvent donner lieu à une discordance entre le langage éthique privilégié en philosophie morale, par exemple, et notre usage effectif du langage éthique dans la vie ordinaire. Dans la *Conférence sur l'éthique*, comme nous l'avons vu, ce vouloir-voir prend la forme du désir d'utiliser le langage pour parler d'un point de vue extérieur au langage ordinaire, c'est-à-dire au-delà de tout contexte particulier de signification[1].

Dans le même ordre d'idées, Cora Diamond, inspirée par Wittgenstein, parle de l'éthique comme une attitude pouvant pénétrer toute sorte de discours. Sa conception de l'éthique se définit par opposition à la philosophie morale. La philosophie morale, dit-elle, c'est l'éthique comme objet de discours, comme branche de la philosophie, un discours sur l'éthique, un thème de discussion à propos, par exemple, de la nature des actions bonnes et mauvaises. En revanche, poursuit-elle, l'éthique du *Tractatus* n'a pas d'objet particulier. C'est un esprit éthique, une attitude à l'égard du monde et de la vie qui pénètre toute sorte de parole ou de pensée et qui est liée au sens de la vie[2].

Or, si l'éthique vécue passe par une attitude pouvant pénétrer toute sorte de discours, il s'ensuit que le discours philosophique théorique n'est pas intrinsèquement inadéquat à l'éthique vécue (inversement, un discours en accord avec l'éthique vécue ne doit pas nécessairement être à la première personne). Il apparaît alors que ce n'est pas la *forme* d'un discours qui détermine s'il est en accord avec l'éthique vécue, mais sa *fonction*, c'est-à-dire ici l'usage que nous en faisons dans un contexte particulier. Un discours écrit à la troisième personne peut exprimer des valeurs et ainsi être traité comme un discours à la première personne (le *Tractatus* en est un bon exemple). Un discours qui développe un ensemble de thèses philosophiques appuyées par des arguments et formant un système théorique ne sert pas forcément à expliquer des faits à la manière des sciences empiriques; il peut avoir la fonction éthopoétique

1. LC, 154-155.

2. C. Diamond, *The Realistic Spirit. Wittgenstein, Philosophy and the Mind*, Cambridge (Mass.), The MIT Press, 1991, p. 9-10.

de transformer notre manière de vivre habituelle (la philosophie stoïcienne en est un bon exemple). Au fond, le problème n'est peut-être pas d'élaborer des théories explicatives sur l'éthique, mais d'adopter une certaine attitude théorique qui a coupé les ponts avec la manière dont nous vivons les problèmes éthiques dans nos vies. Non pas condamner un certain discours, c'est-à-dire un certain arrangement conceptuel, celui qui est propre au discours philosophique théorique, mais oublier la fonction pratique de la théorie, oublier que la théorie éthique peut servir à opérationnaliser nos principes et nos valeurs éthiques et guider nos actions en vue du bonheur.

En somme, dans cette section, nous avons tenté de faire ressortir la possibilité d'un discours en accord avec l'éthique vécue à partir de certaines ressources de la réflexion de Wittgenstein sur l'éthique. Il s'agit d'un discours dont la fonction est éthopoétique dans la mesure où il est question ici d'un certain type d'arrangement conceptuel qui vise à orienter le versant objectif du mode de vie éthique. Ce discours relève d'une attitude pouvant pénétrer toute forme de discours et donc également, en principe, le discours philosophique théorique.

Le modèle stoïcien : l'intégration du discours philosophique théorique

Malgré la possibilité de puiser dans la pensée de Wittgenstein pour mettre en lumière les caractéristiques d'un discours en accord avec l'éthique vécue, selon ce dernier, le discours philosophique théorique sur l'éthique ne peut pas, par définition, être en accord avec l'éthique telle qu'elle est vécue dans nos pratiques effectives. Il y a peut-être un jeu de langage en accord avec l'éthique, mais il n'est ni théorique ni philosophique. Or, selon le modèle stoïcien vu à travers le prisme de l'interprétation de Hadot, bien que le discours philosophique théorique et l'éthique comme manière de vivre soient incommensurables, du moins sur le plan épistémologique, le discours philosophique théorique fait partie intégrante du mode de vie philosophique en tant que moyen au service de l'éthique comme manière de vivre. En effet, comme le rapporte Diogène Laërce, le stoïcien Zénon de Tarse (successeur de Chrysippe) disait que les trois parties du discours philosophique (*logos kata philosophian*) – la logique, la physique et l'éthique – faisaient également partie de « la philosophie elle-même », c'est-à-dire de la philosophie vécue, centrée autour d'une éthique comme manière de vivre[1].

L'intégration du discours philosophique théorique à l'éthique comme manière de vivre se voit notamment à travers son pouvoir de produire un effet pratique et bénéfique sur le mode de vie comme l'illustre bien ce passage d'une œuvre de Plutarque :

> Le discours philosophique ne sculpte pas des statues immobiles, mais, tout ce qu'il touche, il veut le rendre actif, efficace et vivant, il inspire des élans moteurs, des jugements générateurs d'actes utiles, des choix en faveur du bien […][2].

Ainsi, le discours philosophique théorique peut lui aussi avoir une fonction éthopoétique : il a le pouvoir d'orienter le mode de vie, d'amener le philosophe à poser les bonnes actions en vue du bonheur. C'est d'ailleurs pourquoi, comme le dit Cicéron, les trois parties du discours philosophique peuvent être conçues comme des vertus[3]. Dans le même sens, selon Épictète, le discours prend toute sa valeur quand il devient un exercice, ce qui implique que la valeur éthique du discours vient de ce que nous en faisons.

> « Prends me dis-tu, ce traité sur la volonté, et vois comment je l'ai lu ». Esclave, ce n'est pas cela que je te demande ; je te demande de quelle manière tu veux ou ne veux pas, quels sont tes désirs et tes aversions, à quoi tu t'appliques, que sont tes projets, tes dispositions, si, en tout cela, tu te conformes ou non à la nature[4].

1. Diogène Laërce, *Vies et opinions des philosophes*, VII, I, 39-43 ; *cf.* P. Hadot, « Philosophie, discours philosophique et divisions de la philosophie chez les stoïciens », art. cit., p. 205-206.

2. Plutarque, *Le philosophe doit surtout s'entretenir avec les grands*, 776c-d (trad. fr. tirée de P. Hadot, *Qu'est-ce que la philosophie antique ?*, *op. cit.*, p. 271.

3. Cicéron, *Des fins des biens et des maux*, III, XXI, 72, dans P.-M. Schuhl (éd.), *Les Stoïciens*, *op. cit.*

4. Épictète, *Entretiens*, I, IV, 13-15, *op. cit.*

À la lumière de cette manière de voir les choses, demandons-nous comment nous pourrions compléter la réflexion de Wittgenstein sur la place du discours philosophique théorique au sein de l'éthique comme manière de vivre.

Premièrement, comme nous l'avons vu, selon Wittgenstein, le discours philosophique théorique n'est pas en accord avec l'éthique vécue parce qu'il fonctionne sur le mode de la justification. Or, l'interprétation du modèle stoïcien par Hadot montre la possibilité de traiter la justification, étant donné son pouvoir d'orientation, comme un moyen au service de l'éthique vécue grâce à la fonction éthopoétique du discours philosophique théorique. En effet, comme le dit Hadot, le choix de vie stoïcien s'enracine dans une expérience de base : « la prise de conscience aiguë de la situation tragique de l'homme conditionné par le destin »[1]. Si tout semble prédéterminé par la nature, se demande-t-on, où se trouve la liberté, c'est-à-dire le pouvoir d'être heureux ? Il n'est donc pas surprenant, en réaction à cette expérience de base, qui illustre d'ailleurs un certain type de caractère philosophique, que la valeur suprême du stoïcisme ait été la vertu morale, c'est-à-dire cette idée qu'il n'y a de bien que le bien moral, que la seule chose qui dépende totalement de nous – la seule chose qui importe – est la volonté de faire le bien exigé par la raison. En ce sens, le discours philosophique théorique sert avant tout à justifier rationnellement, par sa force logique, les valeurs liées au choix de vie stoïcien enraciné dans l'expérience de base.

Comme le dit Plutarque en citant Chrysippe, « la théorie physique n'est enseignée que pour s'étendre sur les biens et les maux », c'est-à-dire, par exemple, pour pouvoir reconnaître ce qui ne dépend pas de nous, mais des causes extérieures de la nécessité naturelle[2]. La théorie logique justifie également le choix de vie et la valeur suprême du stoïcisme en fondant la liberté sur l'assentiment que le discours intérieur donne aux représentations objectives causées par le Destin[3]. Finalement, la théorie éthique sert

1. P. Hadot, *Qu'est-ce que la philosophie antique ?*, *op. cit.*, p 198.

2. Plutarque, *Des contradictions des stoïciens*, IX, dans P.-M. Schuhl (éd.), *Les Stoïciens*, *op. cit.*

3. *Cf.* Cicéron, *Traité du destin*, XIX, 43, dans *ibid.*

à expliciter la distinction entre ce qui dépend de nous et ce qui ne dépend pas de nous, qu'elle tire partiellement de la théorie physique. Ainsi, la maxime morale qui oriente le mode de vie stoïcien est cette idée que pour être heureux il faut vouloir ce qui ne dépend pas de nous *de manière indifférente* (vouloir de manière égale, sans faire de différences sur le plan des valeurs) et non, comme le dit Épictète dans le *Manuel*[1], vouloir que ce qui ne dépend pas de nous soit tel que nous le désirons.

En somme, s'il ressort des remarques de Wittgenstein que le discours philosophique théorique et le langage de l'éthique sont deux jeux de langage régis par différents systèmes de normes, le premier cherche à justifier et à fonder une théorie tandis que le deuxième exprime des valeurs éthiques personnelles et est un élément constitutif de l'action, l'exemple du modèle stoïcien montre qu'ils ne sont pas, comme Wittgenstein le laisse parfois entendre, irréconciliables « par définition ». Cela s'explique par le fait que le langage de l'éthique repose moins sur la forme d'un discours particulier que sur une attitude pouvant pénétrer toute forme de discours incluant le discours philosophique théorique, à condition qu'il soit traité comme moyen au service de l'éthique vécue.

Deuxièmement, selon Wittgenstein, le discours philosophique théorique n'est pas en accord avec l'éthique vécue parce qu'il vise un idéal d'objectivité, ce qui implique la fausse croyance qu'il pourrait y avoir un système éthique meilleur que les autres *a priori*, c'est-à-dire indépendamment de tout contexte et de toutes circonstances. Or, le modèle stoïcien de Hadot montre qu'il est possible d'intégrer le discours philosophique théorique à l'éthique comme manière de vivre en plus de satisfaire l'exigence d'un certain « contextualisme » propre à l'expérience vécue de l'éthique. Par exemple, si le modèle stoïcien repose sur le principe de base que seul ce qui dépend de nous, à savoir le bien moral, n'a de valeur absolue et que tout le reste est indifférent, pour que la théorie éthique soit plus adéquate à l'expérience quotidienne, les stoïciens ont ajouté la thèse

1. Épictète, *Manuel*, VIII, dans P.-M. Schuhl (éd.), *Les Stoïciens*, *op. cit.*

des préférables qui consiste, pour des raisons pratiques, à accorder une valeur relative aux biens conformes à la nature[1]. Il est donc possible, à partir des ressources mêmes du discours philosophique théorique, d'inclure une « clause de réserve » (*hupexairesis* en grec, *exceptio* en latin)[2] qui apporte un amendement à la théorie éthique et qui vise à ajuster le jugement aux différents contextes de la vie quotidienne. En effet, dans le modèle stoïcien, le bien moral est le seul bien suprême. Mais si pour des raisons pratiques, je dois choisir entre un bien conforme à la nature et un bien qui ne l'est pas – deux biens qui, il faut le souligner, ne sont pas constitutifs de mon bonheur – je dois préférer le bien conforme à la nature. Il y a donc ici une certaine forme de « contextualisme » : dans le type de situation où ce choix se présente, je peux invoquer la clause de réserve.

Par contre, le modèle stoïcien demeure tout de même plus rigide que la casuistique que semble privilégier Wittgenstein étant donné que la théorie éthique, même avec cette clause de réserve, tient compte seulement de deux types de contextes : le bien moral et le bien conforme à la nature. De plus, la clause de réserve est justifiée et donc en quelque sorte « réassimilée » par la théorie qui cherche (idéalement) à être applicable dans tous les contextes et toutes les circonstances. Il n'est donc pas question d'une pluralité de systèmes éthiques à adopter selon le contexte, mais d'un système éthique unique qui prétend en quelque sorte pouvoir anticiper tous les cas possibles. D'ailleurs, les stoïciens ont cherché ici à justifier cet amendement, qui pouvait apparaître comme une concession malheureuse, au moyen de la théorie physico-éthique : si certaines actions comme l'amour de la vie, l'amour des enfants, l'amour des concitoyens, se marier, avoir une activité politique, servir sa patrie, etc., ont une valeur relative, c'est parce qu'elles sont en accord avec

1. Diogène Laërce, *Vies et opinions des philosophes*, VII, I, 104-105; *cf.* J. Brunschwig, « Stoïcisme ancien », dans M. Canto-Sperber, *Dictionnaire d'éthique et de philosophie morale*, *op. cit.*, p. 1861.

2. *Cf.* Épictète, *Entretiens*, II, VI, 9-10, *op. cit.*

la tendance de la nature à s'autoconserver[1]. En effet, il est cohérent avec le système stoïcien de préférer le bien conforme à la nature parce que le bien suprême découle justement de l'accord de la volonté avec l'exigence de la nature rationnelle de l'être humain qui est une partie de la nature cosmique. Au fond, le bien « préférable » est relatif surtout parce qu'il ne dépend pas totalement de nous, comme l'exige la théorie éthique. Il apparaît bien dans un contexte où il faut faire un choix (il dépend donc partiellement de nous, ce qui nous autorise au nom de la théorie à parler d'un bien relatif), mais il se peut que le Destin décide autrement du résultat et, en ce sens, nous n'avons pas ultimement un plein pouvoir[2].

Troisièmement, il n'est pas possible pour Wittgenstein d'intégrer l'éthique théorique à l'éthique vécue parce qu'elle s'exprime à travers un discours dénué de sens. En d'autres termes, il est vain d'accorder de l'importance à *ce que dit* ce genre de discours parce qu'en réalité il ne dit rien. C'est un discours qui « tourne à vide ». Ainsi, le discours philosophique théorique n'est pas selon lui un quasi-discours sur l'éthique vécue, c'est-à-dire un discours qui coïnciderait partiellement avec l'expérience vécue de l'éthique : ce n'est pas un discours du tout ou, du moins, c'est un pseudo-discours dénué de sens parce qu'il est fondé sur une confusion entre le jeu de langage de l'explication des faits et le jeu de langage de l'expression de valeurs éthiques personnelles. Or, la question du non-sens du discours philosophique théorique n'a de l'importance que si nous adoptons un point de vue épistémologique. Dans la perspective éthopoétique de l'éthique comme manière de vivre, le discours philosophique théorique peut être intégré au mode de vie comme moyen en vue du bonheur. Comme l'écrit Wittgenstein, dans cette perspective pragmatique : « Il n'importe en rien que les paroles soient vraies, fausses, ou ne fassent pas de sens »[3].

1. *Cf.* P. Hadot, *Qu'est-ce que la philosophie antique ?*, *op. cit.*, p. 208-209.

2. *Cf.* J. Brunschwig, « Stoïcisme ancien », dans M. Canto-Sperber, *Dictionnaire d'éthique et de philosophie morale*, *op. cit.*, p. 1861-1862.

3. LC, 158.

Quatrièmement, nous avons dû conclure que, chez Wittgenstein, l'éthique théorique et l'éthique vécue ne peuvent pas être *philosophiques*. Le discours philosophique théorique sur l'éthique est un pseudo-discours dénué de sens et l'éthique vécue ne peut pas faire partie de la philosophie parce que cette dernière est traditionnellement un discours théorique. Il est vrai que Wittgenstein propose une autre conception de la philosophie, c'est-à-dire comme activité de clarification conceptuelle, mais, tel que mentionné, cette dernière ne « parle pas » non plus d'éthique : elle traite les concepts éthiques, qui sont des concepts parmi d'autres, au moyen d'une méthode « thérapeutique ». Or, comme l'explique Michael Hymers en reprenant un concept des *Recherches philosophiques*[1], la philosophie n'a pas d'essence fixe : elle est un concept de ressemblance de famille[2]. Il y a donc plusieurs conceptions de la philosophie. Le modèle stoïcien, par exemple, nous montre qu'il est possible de concevoir une éthique comme une manière de vivre qui intégrerait le discours philosophique théorique et qui, étant donné sa ressemblance de famille avec les autres conceptions de la philosophie, peut être subsumée sous le concept de philosophie. En effet, comme en témoigne le passage de Diogène Laërce cité ci-dessus[3], dans le modèle stoïcien, la philosophie ne se réduit pas à un discours théorique ; c'est aussi une éthique comme manière de vivre qui intègre le discours philosophique théorique comme moyen en vue du bonheur. Bref, le modèle stoïcien complète la réflexion de Wittgenstein en nous montrant que l'éthique théorique et l'éthique vécue peuvent faire partie de la philosophie.

Limites de l'interprétation ineffabiliste de Hadot

Il semble donc y avoir un terrain commun de réflexion entre les remarques de Wittgenstein sur l'éthique et le modèle stoïcien

1. RP, § 66.

2. M. Hymers, *Wittgenstein and the Practice of Philosophy*, Peterborough, Broadview Press, 2010, p. XIX.

3. Diogène Laërce, *Vies et opinions des philosophes*, VII, I, 39-43, dans P.-M. Schuhl (éd.), *Les Stoïciens*, *op. cit.*

de Hadot autour de la difficulté pour le discours philosophique théorique d'être en accord avec l'expérience vécue de l'éthique. Nous avons vu comment le modèle stoïcien pouvait compléter les idées de Wittgenstein sur la question en faisant ressortir la possibilité d'intégrer le discours philosophique théorique à l'éthique vécue. Or, la pensée de Wittgenstein nous est d'un plus grand secours que le modèle stoïcien lorsque vient le temps de préciser la nature de la relation entre le discours et le mode de vie philosophiques. En effet, contrairement à ce que défend Hadot, il n'est pas clair que l'expérience vécue de l'éthique soit ultimement indicible, c'est-à-dire au-delà du discours.

> Ce qui fait l'essentiel de la vie philosophique, le choix existentiel d'un certain mode de vie, l'expérience de certains états, de certaines dispositions intérieures, échappe totalement à l'expression du discours philosophique. Ceci apparaît le plus clairement dans l'expérience platonicienne de l'amour, peut-être même dans l'intuition aristotélicienne des substances simples, et surtout dans l'expérience unitive plotinienne, totalement indicible dans sa spécificité, puisque celui qui en parle, lorsque l'expérience est terminée, ne se situe plus au même niveau psychique que lorsqu'il vivait l'expérience. [...] Ces expériences ne sont pas de l'ordre du discours et des propositions[1].

Ainsi, d'une part, d'après ce que dit Hadot, le discours philosophique sur l'éthique serait ici d'un autre ordre que l'éthique vécue ; il s'agirait non pas de deux jeux de langage différents, mais ils correspondraient plutôt à deux niveaux psychiques différents. L'éthique théorique relèverait du langage, mais pas l'éthique vécue. D'autre part, cela signifierait qu'au moyen du discours philosophique, il serait possible de parler de l'éthique vécue sans totalement être capable de la saisir *en elle-même*, c'est-à-dire à partir d'un point de vue *extérieur* au discours philosophique. Mais que peut bien signifier ici un discours qui décrirait l'expérience vécue « de l'extérieur » ? Inspirés par Wittgenstein, nous dirions

1. P. Hadot, *Qu'est-ce que la philosophie antique ?*, *op. cit.*, p. 267.

plutôt qu'au sein du modèle de l'éthique comme manière de vivre, le langage est l'*expression* du mode de vie. Quand le mode de vie change, le langage qui en est l'expression tend lui aussi à changer et vice-versa.

Prenons l'exemple de l'expérience unitive plotinienne qui semble être, selon Hadot, une des expériences éthiques par excellence. Si nous parvenions à passer du niveau psychique du discours philosophique à celui de l'expérience d'unité avec le *kosmos*, rien ne permet d'affirmer que le langage, c'est-à-dire l'expression signifiante de l'expérience vécue, se détacherait soudainement de la pensée et que ne subsisterait alors qu'une « expérience pure ». En réalité, il fait plus de sens de croire que le langage se transformerait. Il est vrai que le mode d'expression de cette expérience ne se réduit pas au discours, c'est-à-dire au langage propositionnel de la raison discursive, mais même dans ce contexte spécial, l'expérience vécue de l'éthique ne fait sens qu'à travers un langage qui l'exprime, et qui peut d'ailleurs prendre plusieurs formes étant donné les nombreux aspects de l'expérience elle-même, *dont celle du discours philosophique*. Le discours philosophique *peut* parler de l'expérience unitive plotinienne, « après coup » peut-être, c'est-à-dire d'un point de vue que l'on dirait « intellectuel », bien qu'il soit probablement limité lorsque vient le temps de mettre des mots sur ce qui a semblé le plus frappant au cours de l'expérience, par exemple ce qu'on pourrait appeler un « sentiment mystique », et qu'il faille alors recourir à d'autres jeux de langage complémentaires.

La leçon de Wittgenstein sur cette question est qu'il n'y a pas de point de vue extérieur au langage signifiant. Il se peut donc effectivement, dans le cas de l'expérience unitive, que le langage perde l'apparence du discours, mais il est dénué de sens de dire qu'il est séparable de la pensée comme il est dit dans ce passage de J. Ruffié que Hadot fait sien : « En fait, l'on peut parfaitement penser et connaître sans langage et peut-être, à certains égards, connaître mieux. [...] Les grandes découvertes semblent se faire indépendamment du langage, à partir de schémas (*patterns*) élaborés dans le cerveau »[1]. Dans cette optique, comment sait-on que l'expérience vécue de l'éthique est indicible, mais peut quand même être pensée sans langage ? Quel est le critère nous permettant de l'établir puisque c'est indicible ? On dira sûrement que ce critère est donné au moyen d'une pensée pouvant conceptualiser sans langage. Mais quel sens peut bien avoir une pensée privée ou incommunicable ? Si nous pouvons conceptualiser l'expérience unitive, au moment où nous la vivons, par exemple, si elle fait sens pour nous et qu'elle mérite alors le nom d'« expérience », pourquoi ne pourrions-nous pas l'exprimer par le langage ? Et si nous parvenions de quelque manière que ce soit à mettre des mots sur cette expérience, pourquoi ces mots *devraient*-ils *toujours* être limités ? D'où vient cette exigence ? Se pourrait-il, une fois que nous avons trouvé le jeu de langage qui convienne pour parler de cette expérience, le jeu de langage qui correspond à notre usage effectif du langage dans le contexte de ce type d'expérience, qu'il soit le seul jeu de langage dont nous disposons ? Qu'il n'y ait pas une réalité extérieure plus riche que ce que le langage, dans toute sa pluralité et sa diversité, peut exprimer ?

On dira peut-être que le fait de parler « du seul jeu de langage dont nous disposons » implique justement que le langage est limité. Or, il n'est pas limité par son incapacité de parler de l'expérience vécue de l'éthique (qui relèverait d'un domaine extérieur au langage) ; au contraire, il est limité par son incapacité, étant donné la forme de vie dans lequel il s'inscrit, de penser et de parler de ce qui serait extérieur au langage. Cette extériorité est incompatible avec notre manière de vivre langagière ; elle est l'expression d'un désir métaphysique en discordance avec la grammaire profonde de l'usage effectif que nous faisons du langage dans ce type de contexte. En ce sens, le discours et le mode de vie philosophiques ne se situent pas à deux niveaux psychiques différents, l'un intégrant le langage et l'autre non. Il n'y a pas en réalité d'opposition entre le discours et le mode de vie. Il faudrait plutôt dire que nous exprimons différents

1. P. Hadot, *Qu'est-ce que la philosophie antique ?*, *op. cit.*, p. 21.

aspects de notre mode de vie à travers différents jeux de langage, notamment au moyen du discours philosophique.

L'interprétation du modèle stoïcien par Hadot échappe-t-elle à l'ineffabilisme grâce à la distinction entre les dimensions épistémologique et existentielle de la vie philosophique? En fait, la thèse de l'incommensurabilité du discours et du mode de vie philosophiques repose selon cette interprétation sur une certaine forme de réalisme métaphysique: le fait de parler de deux niveaux psychiques implique un dualisme du langage (discours philosophique) et de l'expérience vécue (mode de vie philosophique). Hadot nous dit que cette dichotomie entre le discours et le mode de vie philosophiques n'apparaît que sur le plan épistémologique, c'est-à-dire au niveau de l'organisation du savoir et à des fins pédagogiques, et non sur le plan existentiel. En effet, dit-il, dans la vie philosophique, le discours fait partie intégrante du mode de vie [1]. Le discours peut tenter de rendre justice à cette unité qu'il a de fait avec le mode de vie, il peut même avoir une fonction éthopoétique, mais sur le plan épistémologique, il ne parvient pas, ultimement, à exprimer l'expérience vécue de l'éthique dans toute sa richesse. Par conséquent, on peut voir que la distinction entre les dimensions épistémologique et existentielle de la vie philosophique ne relativise pas l'interprétation ineffabiliste de Hadot; elle la précise.

Nous avons accordé une place centrale à l'image de l'adéquation du langage à l'expérience vécue. Comment pouvons-nous adopter la critique wittgensteinienne de l'ineffabilisme tout en conservant cette image qui, du moins en apparence, est propre à une certaine forme de réalisme métaphysique qui présuppose un point de vue à l'extérieur du langage signifiant? Dans une perspective wittgensteinienne, un langage en accord avec l'éthique vécue ne se fonde pas sur la correspondance à une réalité métaphysique, mais sur l'adéquation aux pratiques langagières effectives, qui s'inscrivent dans différents contextes de signification, structurés par des conventions sociales

1. P. Hadot, « Philosophie, discours philosophique et divisions de la philosophie chez les stoïciens », art. cit., p. 208.

instituées par la communauté et ultimement circonscrites par la forme de vie humaine. En ce sens, l'inadéquation à ces pratiques relève moins de l'erreur, au sens épistémologique du terme, qu'elle ne se reflète à travers des manières de vivre langagières dysfonctionnelles.

Ainsi, il est possible de parler de l'expérience vécue, et par le fait même de rendre justice à une certaine dimension existentielle, sans sombrer dans l'ineffabilisme. Nous pouvons faire la distinction entre les dimensions épistémologique et existentielle de la vie philosophique non pas au sens d'une dichotomie entre la pensée discursive exprimée par le langage et l'expérience vécue qui est pensable, quoiqu'ultimement inexprimable, mais au sens de deux jeux de langage différents. D'ailleurs, en accord avec cette tendance beaucoup plus intéressante de l'interprétation de Hadot qui l'amène plutôt à parler de la vie philosophique comme une manière de vivre dont le discours est partie intégrante, la dimension existentielle ne devrait pas désigner un mode de vie ineffable, mais être entendue en un sens holistique : l'existence humaine dont le langage est l'expression cognitive, mais également émotionnelle, corporelle et même intuitive dans le cas des expériences « mystiques » qui intéressent particulièrement Hadot et qui ne font sens qu'à travers les jeux de langage qui leur sont propres.

Conclusion : le sens éthopoétique de la fonction éthique du discours philosophique

En nous inspirant des remarques de Wittgenstein sur l'éthique, nous avons tenté d'expliciter certains aspects de la relation de subordination du discours philosophique au mode de vie sur le plan de l'extériorité de l'action. Pour ce faire, nous avons dégagé quelques caractéristiques d'un discours en accord avec l'éthique vécue par opposition à un discours inadéquat. C'est ainsi que nous sommes parvenus à mettre en lumière la possibilité d'une fonction éthique du discours philosophique au sens éthopoétique du terme, conçue par analogie avec le modèle de la maxime morale et du code éthique, dont le propre est de produire un effet positif sur les habitudes de vie dans la mesure où il jette un éclairage sur le versant objectif du mode de vie et, par le fait même, oriente les choix et les actions en vue du bonheur.

La dimension esthétique du discours philosophique éthopoétique

De cette réflexion, il ressort que le discours philosophique éthopoétique a une dimension esthétique à comprendre à partir d'une analogie visuelle. En effet, dans la perspective éthopoétique, les propositions éthiques, par exemple, n'ont pas une fonction représentative ; elles ne servent pas avant tout à représenter des faits. Elles sont plutôt les éléments constitutifs d'un arrangement conceptuel au sens esthétique, c'est-à-dire une configuration, une forme, une construction de l'esprit, dont la fonction éthopoétique consiste à jeter un éclairage sur le mode de vie, lui donnant ainsi un sens, et par le fait même à orienter les choix et les actions. Même si le second Wittgenstein, qui nous sert ici d'inspiration, parle du langage comme une « peinture allégorique prenant la place des mots »[1], il ne s'agit pas en réalité d'une fonction *picturale* – ces arrangements ne sont pas les images *de quelque chose* – mais bien de la dimension esthétique propre à la fonction éthopoétique du discours éthique.

Cette dimension esthétique peut être saisie par analogie avec la notion de « voir-comme » examinée par Wittgenstein notamment dans les *Recherches philosophiques*. Cette dernière désigne entre autres l'expression du changement d'aspect perçu dans un objet que nous ne percevons pas comme ayant changé en lui-même[2]. L'exemple classique de ce phénomène est le canard-lapin de Jastrow[3]. Appliquons cette notion de voir-comme à la dimension esthétique de la fonction éthopoétique du discours philosophique. D'une

1. RP, § 295.
2. RP, II, XI, 278.
3. RP, II, XI, 275.

part, *le discours philosophique* lui-même peut être « vu comme » représentatif ou éthopoétique, c'est-à-dire conçu sous l'aspect de sa fonction représentative ou de sa fonction éthopoétique, et ce, en conservant sa forme « intrinsèque ». C'est ainsi, par exemple, qu'un discours ayant une forme théorique (qui défend des thèses appuyées par des arguments et formant un système) peut être conçu du point de vue de l'effet pratique qu'il vise à produire sur le lecteur. Cette conception du discours philosophique met alors en lumière une fonction possible *du* discours philosophique tout comme le canard et le lapin sont deux aspects *du* canard-lapin [1].

D'autre part, le discours philosophique produit des arrangements conceptuels (théoriques ou non) qui peuvent nous amener à voir non pas seulement le langage, mais *le monde*, *les autres et nous-mêmes* dans une perspective éthopoétique alternative à la perspective représentative. Le discours philosophique attire alors l'attention sur les aspects de notre mode de vie qui reflètent nos valeurs et nos visées éthiques préalablement explicitées au sein d'un arrangement conceptuel que nous avons construit (*cf.* section I de ce chapitre). Par exemple, d'après l'interprétation de Hadot, comme nous l'avons vu, la théorie physique est enseignée chez les stoïciens notamment pour pouvoir reconnaître dans la vie ce qui ne dépend pas de nous, mais des causes extérieures de la nécessité naturelle. De plus, la distinction entre ce qui dépend et ne dépend pas de nous, articulée par la théorie éthique, découle du choix de vie stoïcien qui est à son tour fondé sur la vertu morale comme valeur suprême.

Ce type de discours ne cherche donc pas à produire un modèle qui prétendrait être une image purement objective du monde, un modèle correspondant exactement aux faits extérieurs (et qui s'opposerait au registre de la valeur), mais un modèle qui jette un certain éclairage sur notre manière de vivre au sens où il cherche en quelque sorte à nous dire : « Regardez ce qui importe en fonction de vos valeurs ! » (ce qui présuppose l'enchevêtrement du registre des faits et de la valeur). Autrement dit, il s'agit d'un arrangement

1. *Cf.* D. Aidun, « Wittgenstein, Philosophical Method and Aspect-Seeing », *Philosophical Investigations* 5, n° 2, p. 110.

conceptuel que nous nous construisons pour clarifier ce que nous voulons et orienter nos choix et nos actions en ce sens. Comme disait Épictète : « … l'homme libre, c'est celui à qui tout advient selon sa volonté… »[1], ce qui implique de *voir* le monde comme je veux pour *vivre* comme je veux.

La dimension signifiante du discours philosophique éthopoétique

Le discours philosophique éthopoétique a également une dimension « signifiante » : jeter un éclairage sur le mode de vie, c'est lui donner un sens particulier. Or, cette fonction cognitive a ici une visée pratique, c'est-à-dire que la compréhension est un savoir-faire (*cf.* les modèles de la maxime morale et du code éthique). En effet, le sens des énoncés du discours éthopoétique est lié au pouvoir de ce dernier de nous faire voir l'existence à la lumière d'un modèle éthique particulier et, par le fait même, d'orienter notre vie en conséquence. En un mot, le sens éthopoétique est un sens qui oriente.

Ainsi, faire l'expérience du non-sens, c'est en quelque sorte « être perdu ». Comme le dit Wittgenstein de manière analogue, « Un problème philosophique est de la forme : "Je ne m'y retrouve pas" »[2]. D'une part, dans le *Tractatus*, le discours est dénué de sens lorsque nous tentons d'adopter un point de vue extérieur au langage dont la fonction essentielle est de représenter des faits possibles. En cherchant à justifier l'éthique vécue en vue d'un idéal d'objectivité qui ne se reconnaît pas comme mythologie, l'attitude théorique de la philosophie morale bute contre les bornes du langage (contre les frontières du sens) et prend ainsi la forme d'un discours inadéquat à l'éthique vécue, un discours qui ne donne pas de sens à l'éthique vécue, qui ne jette aucun éclairage sur l'éthique vécue en tant que telle (puisqu'en réalité, il *ne* parle *pas* de l'éthique vécue). D'autre part, dans la seconde philosophie de Wittgenstein, le non-sens surgit lorsqu'une confusion linguistique s'immisce dans le discours,

1. Épictète, *Entretiens*, I, XII, 9, *op. cit.*
2. RP, § 123.

lorsque par exemple nous confondons le jeu de langage du discours éthique à la première personne, au sein duquel la valeur morale est vécue comme absolue, avec celui de l'explication des faits. Motivée par le désir d'exprimer l'inexprimable, d'utiliser le langage pour parler d'un au-delà du langage, notre manière de vivre, traversée par un discours dénué de sens, devient alors inadéquate à la forme de vie humaine. Nous sommes perdus. Dans les deux cas, le problème du discours inadéquat est semblable au problème qui surgirait si nous cherchions à nous orienter dans un pays avec la mauvaise carte.

Inversement, le discours éthique en accord avec l'éthique vécue est un arrangement conceptuel éthopoétique dont la dimension signifiante consiste à jeter un éclairage sur le mode de vie et ainsi orienter les choix et les actions dans une visée éthique fondée sur nos valeurs personnelles. Cette fonction éthopoétique est en accord avec l'éthique vécue parce qu'elle reflète notre manière effective de parler d'éthique dans la vie ordinaire (versus la manière spéciale dont nous en parlons en philosophie). Confronté à un problème éthique authentique, par exemple face au dilemme existentiel entre abandonner sa femme ou ses recherches sur le cancer, il est pour ainsi dire « déplacé » de tenir un discours théorique, c'est-à-dire ici de chercher une explication ultime au problème d'un point de vue empirique. *Ce n'est pas ce que ce contexte de vie requiert* (que ce soit en raison de conventions sociales ou d'un besoin plus profondément ancré dans la forme de vie humaine). Bref, il y a ici un décalage entre le discours et le mode de vie. Si nous observons, en quelque sorte d'un point de vue « anthropologique », comment les êtres humains parlent d'éthique dans les contextes où surgit un problème éthique authentique, nous pouvons voir que le langage est normalement utilisé pour exprimer une prise de position personnelle en fonction de valeurs morales, et ce, dans la mesure où le langage est un élément constitutif de l'action. En effet, devant un dilemme existentiel, nous nous en remettons par exemple (implicitement ou explicitement) à un code éthique qui guide l'action à poser dans ce genre de contexte et que nous adoptons non pas ultimement parce qu'il repose sur une vérité objective, mais parce qu'il correspond à ce que nous valorisons.

Mais d'où vient le décalage entre le discours et le mode de vie ? La réponse à cette question qui se trouvait en quelque sorte en trame de fond de cette section a permis non pas seulement de mettre en lumière le sens éthopoétique d'un discours éthique en accord avec l'éthique vécue, mais également une dimension éthique du discours philosophique en général. D'une part, comme nous l'avons vu, c'est la conception de la grammaire de certains jeux de langage, motivée par un certain vouloir-voir, qui peut créer un décalage entre un jeu de langage et la forme de vie humaine. D'autre part, le vouloir-voir à l'origine de ce décalage consiste à ne pas accepter la vie telle qu'elle est, c'est-à-dire comme indépassable et essentiellement langagière.

Le vouloir-voir qui accepte la vie humaine telle qu'elle est est donc un vouloir-voir *éthique* au sens d'une éthique de la finitude. Les limites de la forme de vie humaine cessent de nous sembler problématiques lorsque nous les concevons non pas comme une faille constitutive de l'existence humaine (ce qui semble inchangeable n'a pas à être vécu comme une contrainte écrasante), mais comme la seule réalité que nous avons et donc que « nous devons vouloir » *telle qu'elle est.* Voir la vie comme je veux pour vivre comme je veux doit donc coïncider avec la volonté de voir la vie telle qu'elle est (ce qui est très stoïcien). C'est l'acceptation, *par* la volonté, de cette limite *de* la volonté qui rend possible une attitude heureuse face à la vie. Le bonheur passe donc par une manière langagière individuelle de vivre en accord avec la manière langagière de vivre commune aux êtres humains. C'est dans cette optique que nous pouvons dire qu'un discours philosophique en accord avec la forme de vie humaine a une portée éthique. Toute la difficulté est de parvenir à passer d'un discours motivé par un vouloir-voir inadéquat à un vouloir-voir éthique qui accepte la vie telle qu'elle est. En ce sens, l'enjeu éthique de la philosophie est d'opérer une conversion du regard et de la volonté.

CHAPITRE III

LA CONVERSION PHILOSOPHIQUE

La deuxième composante du modèle conceptuel que nous avons dégagé dans le premier chapitre est le modèle de la conversion philosophique. Ce dernier illustre l'idée d'une subordination du discours philosophique au mode de vie dans la mesure où le discours philosophique, par sa fonction éthopoétique (entendue cette fois-ci au sens fort) rejaillit sur le mode de vie en opérant une transformation existentielle, c'est-à-dire globale de la personne, qui se caractérise par le passage d'un mode de vie inauthentique à un mode de vie authentique à travers un bouleversement ou une rupture (*metanoia*) qui nous ramène à notre nature originelle (*epistrophè*) et, ainsi, nous dirige vers la sagesse et le bonheur. À partir de ce modèle de la conversion, qui nous sert ici de guide, il est possible de trouver dans l'œuvre de Wittgenstein des ressources nous permettant de préciser davantage la nature d'une fonction éthique du discours philosophique.

Entre la pensée de Wittgenstein et le modèle stoïcien, il y a une communauté d'esprit autour de l'idée que le discours philosophique peut avoir la fonction d'opérer une conversion de la volonté (ou du moins d'un certain vouloir). Dans ce chapitre, nous nous concentrerons sur la nature spécifique de cette conversion en laissant de côté la question de la méthode qui permet d'opérationnaliser cette transformation. Nous tenterons d'abord de montrer que le discours philosophique du *Tractatus* cherche à produire une conversion de la volonté empirique à la volonté éthique. Puis, nous verrons comment le type de discours préconisé dans les *Recherches philosophiques* vise plutôt à opérer une conversion de l'usage métaphysique à l'usage quotidien du langage. Enfin, nous nous pencherons sur la visée éthique de la conversion dans le *Tractatus* et les *Recherches philosophiques*, à savoir sur la manière dont nous pouvons définir ce qui se trouve, pour ainsi dire, « de l'autre côté » de la transformation que le discours cherche à opérer, et ce, à partir du modèle stoïcien de la sagesse.

LE MODÈLE TRACTARIEN DE LA CONVERSION

Le *Tractatus* de Wittgenstein met en lumière la possibilité pour le discours philosophique d'opérer une transformation éthique du lecteur qui est par ailleurs indissociable d'une transformation de la pensée et du langage qui en est l'expression. En ce sens, Hadot défend qu'il faille aborder cet ouvrage comme un « exercice spirituel »[1]. En effet, comme nous l'avons vu dans le chapitre II, il croit que la motivation du *Tractatus* est de conduire le lecteur à adopter un mode de vie comparable aux options existentielles de la philosophie antique[2].

Sandra Laugier appuie les propos de Hadot en incluant aussi les *Recherches philosophiques* à cette interprétation.

> Le but de l'œuvre, chez Wittgenstein, n'est pas de produire une théorie du monde et un discours systématique, il est d'agir sur son lecteur (l'interlocuteur des *Recherches*, qui ont la forme du dialogue), de le changer (c'est ce que suggère la conclusion du *Tractatus*). En ce sens, la lecture de Wittgenstein sera aussi, comme le dit Hadot dans sa préface aux *Exercices spirituels* à propos du *Tractatus*, une forme d'exercice[3].

Emmanuel Halais va dans le même sens en soutenant que ce qui motive les propositions du *Tractatus* est ce qu'il appelle « une éthique de la transformation individuelle »[4].

1. P. Hadot, *Exercices spirituels et philosophie antique*, *op. cit.*, p. 16.
2. P. Hadot, *Qu'est-ce que la philosophie antique ?*, *op. cit.*, p. 411.
3. S. Laugier, « Langage ordinaire et exercice spirituel », dans A. I. Davidson and F. Worms (ed.), *Pierre Hadot, l'enseignement des antiques, l'enseignement des modernes*, *op. cit.*, p. 71.
4. E. Halais, *Wittgenstein et l'énigme de l'existence : La forme et l'expression*, *op. cit.*, p. 29.

> Le but du livre est d'opérer une transformation morale chez le lecteur – et une transformation intellectuelle, mais celle-ci est inséparable d'une transformation morale ; c'est-à-dire précisément une transformation dans la manière de voir le monde : arriver à « voir le monde de manière correcte » suppose un état antérieur où on ne le voyait *pas* de manière correcte [1].

De son côté, James Peterman parle volontiers de « conversion » [2] et souscrit également à ce type de lecture.

> La dernière proposition (Sur ce dont on ne peut parler, il faut garder le silence) indique en partie que le but de ses clarifications est de provoquer un changement dans sa vie après avoir utilisé les clarifications. Elles ont à être transcendées après qu'on ait changé sa vie en accord avec elles. C'est le but de sa métaphore de l'échelle (Tractatus 6.54) [3].

Suivant ces interprétations, nous tenterons de montrer en quel sens le *Tractatus* vise à opérer une transformation éthique chez le lecteur, et ce, à partir du modèle de la conversion philosophique élaboré par Hadot dont un des traits essentiels est l'idée du passage d'une attitude empirique à une attitude métaphysique [4]. En effet, il s'agit ici aussi d'utiliser le discours philosophique pour favoriser le passage d'une attitude empirique, tourmentée par le problème de la vie, à une attitude métaphysique grâce à laquelle le problème de la vie s'évanouit pour céder la place à une perspective « sous l'angle de l'éternité ».

De manière générale, la présence dans le *Tractatus* d'une telle transformation éthique, et plus précisément d'un certain type de conversion philosophique, se manifeste effectivement à travers quelques passages où Wittgenstein dit, par exemple, que la solution au problème de la vie passe par la *disparition* du problème [5] et donc en quelque sorte par un changement radical de pensée et de

1. *Ibid.*, p. 208.
2. J. F. Peterman, *Philosophy as Therapy*, *op. cit.*, p. 16.
3. *Ibid.*, p. 22 (notre traduction).
4. P. Hadot, *Wittgenstein et les limites du langage*, *op. cit.*, p. 70.
5. C, 6.7.16 ; T, 6.52-6.521.

rapport au monde (une *metanoia*). De plus, avec cette idée que « les faits appartiennent tous au problème à résoudre non pas à sa solution »[1], nous retrouvons ici une autre caractéristique propre au modèle de la conversion, c'est-à-dire l'idée d'un « détournement », d'un changement d'orientation qui s'exprime plus précisément par l'arrachement à l'égard de la perspective empirique. La métaphore de l'échelle illustre probablement le mieux le type de *metanoia* dont il est question.

> Mes propositions sont des éclaircissements en ceci que celui qui me comprend les reconnaît à la fin comme dépourvues de sens, lorsque par leur moyen – en passant sur elles – il les a surmontées. (Il doit pour ainsi dire jeter l'échelle après y être monté.) Il lui faut dépasser ces propositions pour voir correctement le monde[2].

Nous voyons que la transformation éthique est liée à une transformation de la pensée et du langage puisqu'il s'agit d'opérer une conversion du regard qui consiste à dépasser les propositions du *Tractatus* (à travers ce que nous pourrions appeler avec Hadot « une autoélimination du discours philosophique ») au profit d'une vision correcte du monde (les métaphores visuelles évoquent ici la dimension épistémologique de la conversion). À l'image du modèle de la conversion philosophique proposé par Hadot, le changement de paradigme à opérer consiste à passer d'une perspective empirique spatiotemporelle à une perspective métaphysique extérieure à l'espace et au temps, c'est-à-dire à la vision sous l'angle de l'éternité qui est celle de l'éthique comme manière de vivre silencieuse.

> La solution de l'énigme de la vie dans le temps et dans l'espace se trouve *en dehors* de l'espace et du temps. (Ce n'est pas la solution des problèmes de la science de la nature qui est ici requise.) »[3] « La saisie du monde *sub specie aeterni* est sa saisie comme totalité bornée. Le sentiment du monde comme totalité bornée est le Mystique[4].

1. T, 6.4321.
2. T, 6.54.
3. T, 6.4312.
4. T, 6.45.

Si cette conversion opérée par le discours philosophique se présente de manière générale comme un changement radical de paradigme, un arrachement à l'égard de la perspective empirique et un dépassement vers une perspective métaphysique, elle se définit plus spécifiquement en tant que *conversion de la volonté* (ce qui montre qu'il s'agit bien avant tout d'une transformation *éthique*). En effet, d'une part, cette transformation passe par le renoncement de la volonté à influer sur les événements et les agréments du monde déterminés par le Destin au profit d'une attitude éthique d'indépendance et de contrôle fondée sur une conception de la liberté compatible avec une certaine forme de déterminisme[1]. D'autre part, la conversion du *Tractatus* se manifeste à travers une volonté éthique au sens transcendantal, une certaine attitude volitive ou orientation du vouloir, qui a le pouvoir de changer non pas les faits du monde, mais les frontières du monde, c'est-à-dire le rapport au monde qui fait de ce monde un monde heureux ou malheureux (par exemple, un monde marqué ou non par la crainte de la mort).

> Si le bon ou le mauvais vouloir changent le monde, ils ne peuvent changer que les frontières du monde, non les faits; non ce qui peut être exprimé par le langage. En bref, le monde doit alors devenir par là totalement autre. Il doit pouvoir, pour ainsi dire, diminuer ou croître dans son ensemble. Le monde de l'homme heureux est un autre monde que celui de l'homme malheureux[2]. [...] Ainsi dans la mort, le monde n'a pas changé, il cesse. [...] La mort n'est pas un événement de la vie. On ne vit pas la mort[3].

En somme, le modèle de la conversion du *Tractatus* passe bien par une transformation de la pensée et du langage, mais c'est ultimement la volonté et non la pensée qui est en cause. Plus précisément, cette conversion de la volonté se caractérise par le renoncement de la volonté à se concevoir à partir d'une perspective empirique (*metanoia*), et ce, afin de se dévoiler elle-même telle qu'elle est, c'est-à-dire en tant que « volonté éthique » (*epistrophè*).

1. *Cf.* C, 11.6.16; 8.7.16; 13.8.16.
2. T, 6.43.
3. T, 6.431-6.4311; *cf.* C, 5.7.16.

Le récit de la conversion :
de la volonté empirique à la volonté éthique

Nous pourrions décrire le processus de conversion de la volonté à partir du récit suivant. Si le point de départ théorique du *Tractatus* est une ontologie (« Le monde est tout ce qui a lieu »), tel qu'en témoignent les *Carnets 1914-1916*, nous pourrions dire que le point de départ éthique de la réflexion de Wittgenstein est plutôt le problème ou l'énigme de la vie, c'est-à-dire le sentiment que le sens de la vie est problématique. L'ontologie du *Tractatus* prend une autre signification lorsque nous l'abordons dans le contexte de cette réflexion éthique[1].

Le *Tractatus* adopte d'entrée de jeu une perspective empirique à connotation humienne : le monde est un ensemble de faits simplement juxtaposés les uns aux autres : « les états de choses sont mutuellement indépendants »[2]. Nous apprenons plus loin que « la croyance en un lien causal est un préjugé »[3] et que la relation de causalité que nous croyons percevoir entre les faits ne repose en réalité sur aucune nécessité[4]. Tout ce qui arrive est donc accidentel, contingent et relatif. Les faits qui composent le monde n'ont pas non plus de valeur intrinsèque : « … tout ce qui arrive, que ce soit par le fait d'une pierre ou de mon propre corps, n'est ni bon ni mauvais »[5]. Il n'y a donc aucune place dans ce monde pour une valeur éthique, c'est-à-dire pour une valeur absolue qui donne un sens à notre vie et rend possible la vie heureuse[6]. Nous faisons pourtant l'expérience vécue de cette valeur éthique. D'où vient-elle alors ? Puisque les faits du monde sont relatifs, la valeur absolue de l'éthique ne peut venir que de l'extérieur du monde – sans quoi cette valeur n'aurait pas de valeur[7] – en tant que condition de possibilité

1. *Cf.* C, 11.6.16.
2. T, 2.061.
3. T, 5.1361.
4. C, 5.7.16 ; T, 6.37.
5. C, 12.10.16.
6. LC, 143-144.
7. T, 6.4-6.41.

de ce qui est vécu comme une « expérience éthique »[1]. Elle est donc transcendante et transcendantale.

Il y a selon Wittgenstein deux sources possibles, deux « divinités » : d'une part, « Le monde », « cette volonté étrangère dont je parais dépendre » (Wittgenstein parle aussi de « Dieu » comme sens du monde ou encore du « Destin ») et, d'autre part, « ma volonté », c'est-à-dire la volonté éthique au sens transcendantal (Wittgenstein parle aussi du « Je indépendant », du « sujet du vouloir » et du « sujet métaphysique »)[2]. Il y a donc une tension entre ma volonté et le monde. Ma volonté « pénètre le monde »[3], donne de la valeur et un sens aux faits du monde (qui n'en ont pas intrinsèquement)[4], mais en même temps le monde m'impose sa volonté[5].

Même si le sujet du vouloir est donateur de sens et de valeur, comment peut-il véritablement être libre, comment peut-il véritablement devenir heureux s'il ne peut influer sur les événements du monde ? Cette tension est problématique seulement si la liberté et le bonheur sont abordés dans une perspective empirique, c'est-à-dire s'ils semblent devoir passer par le pouvoir de la volonté de changer les faits du monde (qui relèvent pourtant du Destin). Le sujet se conçoit ici à tort comme un fait parmi d'autres, ce qui l'amène à figer son attention sur l'absence de nécessité entre l'exercice de sa volonté (les choix qu'il fait, ses désirs, les actions qu'il pose) et ce qui arrive[6]. La conversion de la volonté de la perspective empirique à la perspective éthique s'opère lorsque le sujet arrive à voir qu'il ne peut se « rendre indépendant du monde – et donc, en un certain sens le dominer – qu'en renonçant à influer sur les événements »[7];

1. C, 21.7.16; 24.7.16; 30.7.16; T, 6.421.
2. C, 8.7.16.
3. C, 11.6.16.
4. C, 2.9.16; 15.10.16.
5. C, 11.6.16; T, 6.373-6.375; *cf.* E. Halais, *Wittgenstein et l'énigme de l'existence : La forme et l'expression*, *op. cit.*, p. 60-61.
6. *Cf.* J. Bouveresse, *Wittgenstein : la rime et la raison...*, *op. cit.*, p. 117-118, 120; T, 6.374.
7. C, 11.6.16.

lorsqu'il découvre que le pouvoir de sa volonté réside non pas dans la transformation des faits du monde, mais des frontières du monde[1], c'est-à-dire du rapport au monde ou de l'attitude à l'égard du monde qui lui donne un sens et une valeur. L'impuissance de la volonté face aux événements du monde est donc compensée par le pouvoir de changer globalement la manière dont les faits du monde se donnent à nous, c'est-à-dire de manière heureuse ou malheureuse.

À travers cette conversion de la volonté, le rapport du sujet envers lui-même se métamorphose complètement puisqu'il ne se conçoit justement plus comme un fait parmi d'autres. Dans le monde empirique, le sujet ne se trouve nulle part. Il n'y a pas de sujet psychophysique[2]. Comme le dit Bouveresse : il n'y a que « certaines corrélations empiriques entre des événements psychologiques et d'autres événements, par exemple des mouvements corporels »[3]. Ainsi, la conversion amène le sujet à découvrir soudainement qu'il ne fait pas partie du monde empirique, mais constitue sa frontière ; il prend conscience qu'il n'appartient pas au monde empirique, mais que c'est plutôt le monde empirique qui lui appartient, ou du moins lui est coordonné comme à un point sans extension : « Le je philosophique n'est ni l'être humain, ni le corps humain, ni l'âme humaine dont s'occupe la psychologie, mais c'est le sujet métaphysique, qui est frontière – et non partie – du monde »[4].

Le sujet ne se conçoit donc plus comme un sujet psychophysique, mais comme un sujet métaphysique. Cette nouvelle perspective lui permet alors de contempler le monde, c'est-à-dire l'ensemble des faits, « de l'extérieur » comme totalité bornée. Le caractère énigmatique ou problématique du sens de la vie cède alors la place au sentiment mystique de l'émerveillement devant l'existence du monde en tant que telle. Le sujet métaphysique voit désormais les choses « sous l'angle de l'éternité »[5], une perspective qui peut

1. C, 5.7.16 ; T, 6.43.
2. T, 5.631.
3. J. Bouveresse, *Wittgenstein : la rime et la raison...*, *op. cit.*, p. 118-119.
4. T, 5.641.
5. T, 6.45.

d'ailleurs s'apparenter à certains aspects de la physique vécue et de la vue d'en haut des stoïciens[1]. C'est le moment « esthétique » de la conversion[2]. Au sein de cette perspective surplombante, la temporalité du monde empirique cède la place à un présent éternel au regard duquel, comme chez Épicure[3], la mort devient un non-événement et n'est alors plus perçue comme angoissante[4].

L'abandon de la volonté empirique au profit de la volonté éthique marque donc le passage d'une perspective au sein de laquelle nous nous sentons impuissants face à notre bonheur à une perspective où la liberté de la volonté s'exprime à travers le pouvoir que nous avons de donner un sens et une valeur aux faits, de modifier les frontières du monde qui est le nôtre et ainsi d'avoir la possibilité de passer du monde de « l'homme malheureux » au monde de « l'homme heureux », d'une manière de vivre tourmentée par le problème de la vie à une manière de vivre où le problème de la vie ne se pose simplement pas[5]. L'attitude de l'homme heureux, nous dit Wittgenstein, est une attitude qui est « en accord avec le monde ». La conversion de la volonté qui rend possible la liberté et le bonheur passe donc par une attitude éthique qui accepte la volonté de Dieu, qui acquiesce à la volonté du monde, bref, qui choisit de vouloir ce qui arrive (ce qui implique préalablement le renoncement de la volonté à influer sur les événements du monde dans une perspective empirique)[6]. Ainsi, cette conversion met en lumière la possibilité d'être heureux peu importe ce qui arrive dans le monde, c'est-à-dire en vertu d'une attitude qui ratifie le monde au lieu de le récuser[7] : une attitude qui dit « oui » à la vie.

En somme, chez le premier Wittgenstein, nous pourrions résumer le modèle de la conversion en trois étapes principales. Premier moment : le problème de l'impuissance de la volonté face

1. *Cf.* P. Hadot, *Wittgenstein et les limites du langage*, *op. cit.*, p. 18.
2. *Cf.* C, 7.10.16 ; 20.10.16.
3. *Cf.* P. Hadot, *Qu'est-ce que la philosophie antique ?*, *op. cit.*, p. 301-302.
4. C, 5.7.16 ; T, 6.431-6.4311.
5. C, 5.7.16 ; T, 6.43.
6. C, 8.7.16.
7. *Cf.* Bouveresse, *Wittgenstein : la rime et la raison…*, *op. cit.*, p. 123.

aux événements du monde. Dans la perspective empirique, je pense que ma volonté est un fait parmi d'autres. Deuxième moment : la résolution de la tension entre ma volonté et la volonté du monde à travers l'abandon de ma volonté à la volonté du monde, c'est-à-dire le renoncement de la volonté empirique à influer sur les événements du monde. J'abandonne la perspective empirique au profit d'une perspective métaphysique ; je découvre que la volonté est éthique au sens transcendant et transcendantal, qu'elle donne un sens et une valeur aux faits du monde « de l'extérieur ». Troisième moment : je prends conscience que la liberté de devenir heureux passe par le pouvoir de changer les frontières du monde (changer le sens et la valeur du monde dans sa globalité) et non les faits du monde. Ayant acquis une vision adéquate de la volonté dans son rapport au monde, il est désormais possible de quitter l'attitude malheureuse marquée, par exemple, par la crainte de la mort et d'adopter une attitude heureuse à l'égard du monde.

Analyse comparative ciblée : le premier Wittgenstein face au modèle stoïcien d'Épictète

Maintenant que nous avons montré sur le plan formel qu'il est possible d'interpréter les thèmes éthiques du *Tractatus* à la lumière du modèle de la conversion philosophique de Hadot, attardons-nous désormais à quelques points de comparaison et de contraste plus précis entre le modèle stoïcien de la conversion, en particulier chez Épictète, et le modèle de la conversion qu'il semble possible de tirer de la première philosophie de Wittgenstein[1].

Le choix de soi comme sujet éthique

Dans les deux modèles de conversion évoqués, la volonté est conçue comme l'acte de conversion du sujet, c'est-à-dire le choix de soi comme sujet éthique. Cette idée en implique deux autres,

1. Pour quelques parallèles entre Wittgenstein et Épictète, *cf.* M. Dragona-Monachou, « Epictetus on Freedom : Parallels between Epictetus and Wittgenstein », art. cit., p. 135-137.

également communes aux deux modèles de conversion : la volonté est comprise à la fois comme le sujet éthique et comme un choix primordial ou prise de position préalable à l'égard du monde. Commençons par expliquer ces deux sous-idées avant de nous pencher sur le thème du choix de soi comme sujet éthique.

D'une part, la volonté désigne dans les deux cas le sujet éthique comme support du bien et du mal. En effet, Épictète s'identifie constamment à sa propre volonté [1], qu'il conçoit en tant que support éthique dans la mesure où le bien et le mal correspondent essentiellement, selon lui, à une volonté bonne ou mauvaise [2]. Wittgenstein parle à son tour de la volonté comme du « centre du monde [qu'il nomme] le Je et qui est le support de l'éthique » [3], ou encore « le support du bien et du mal » [4].

Il est à noter que la volonté comme sujet éthique s'oppose dans les deux cas à une même chose qu'elle n'est pas, à savoir le corps. En effet, Épictète oppose ce qu'il est, une volonté que même Zeus ne peut dominer, à sa jambe qu'on menace d'enchaîner, c'est-à-dire à une partie de son corps à laquelle il ne s'identifie pas [5]. On retrouve cette même opposition chez Wittgenstein, bien que le sujet éthique ait ici un sens métaphysique et qu'il s'oppose cette fois-ci à un sujet psychophysique, tel que mentionné ci-dessus [6].

Le sujet métaphysique du *Tractatus* se distingue donc de la *prohairésis* d'Épictète justement parce qu'il n'est pas une partie du monde ; il est *transcendant* au monde empirique et son corps lui est coordonné « de l'extérieur » comme un fait parmi d'autres auquel il ne s'identifie pas. Nous pourrions dire qu'il *est* un sujet métaphysique et qu'il *a* un corps. Pour ce qui est du rapport du sujet éthique envers lui-même, il est vrai que, chez Épictète, la *prohairésis* s'oppose aux choses extérieures et ne s'identifie pas, elle non plus, à un corps, mais elle n'est pas pour autant séparée du

1. Épictète, *Entretiens*, I, I, 23, *op. cit.*
2. *Ibid.*, I, XXIX, 1.
3. C, 5.8.16.
4. C, 21.7.16.
5. *Cf.* Épictète, *Entretiens*, I, XVIII, 17 ; IV, V, 12 ; *Manuel*, XLIV, *op. cit.*
6. *Cf.* T, 5.641.

corps parce que l'âme à laquelle elle appartient est un corps matériel dont toutes les parties, incluant les cinq sens, sont indissociables[1].

Concernant le sujet éthique dans son rapport au monde, la *prohairésis* n'est pas transcendante, c'est-à-dire extérieure au monde. Elle fait partie de la nature. En effet, l'éthique stoïcienne dit que nous devons agir sur ce qui dépend de nous (qui est le domaine de l'éthique) et être indifférent à ce qui ne dépend pas de nous (les choses extérieures dont les choses naturelles non humaines, bien qu'elles soient parfois préférables aux indifférents non conformes à la nature). Or, même si la volonté humaine est impuissante face aux choses extérieures, elle fait partie de la nature cosmique à laquelle appartiennent aussi les autres êtres vivants. De plus, l'éthique est en accord avec la nature cosmique parce qu'elle repose sur la vertu, l'excellence propre à la nature humaine rationnelle, dont la recherche est l'expression de la tendance naturelle à l'appropriation (*oikeiôsis*) qui est commune à tous les êtres vivants. Nous reviendrons plus en détail sur ce point.

D'autre part, la volonté est décrite dans les deux cas comme un « choix primordial », pour reprendre l'expression de Vœlke[2], c'est-à-dire une prise de position préalable à l'égard du monde. Chez Épictète, cela est vrai dans la mesure où il a tendance à identifier la *prohairésis* à « l'usage des représentations » qui, rappelons-le, est la maîtrise de l'assentiment accordé par un certain vouloir à un ensemble de jugements portant sur les représentations par lesquelles nous saisissons la réalité.

Vœlke précise que ces jugements ont un double caractère : ils servent à faire des distinctions au sein de la réalité et à évaluer les représentations[3]. De son côté, comme nous l'avons vu, Wittgenstein dit explicitement que la volonté est une prise de position à l'égard du monde[4]. Dans les deux cas, la volonté est un choix primordial

1. *Cf.* Diogène Laërce, *Vies et opinions des philosophes*, VII, I, 155-159 ; A. J. Vœlke, *L'idée de volonté dans le stoïcisme*, *op. cit.*, p. 20.

2. A. J. Vœlke, *L'idée de volonté dans le stoïcisme*, *op. cit.*, p. 142 *sq*.

3. Cf. *Ibid.*, p. 144-146.

4. C, 4.11.16.

dans la mesure où elle donne un sens et une valeur aux choses extérieures. Chez Épictète, par exemple, les facultés de voir et d'entendre sont les esclaves ou les servantes de la *prohairésis* au sens où c'est cette dernière qui confère préalablement une certaine qualité aux représentations sensibles par lesquelles nous saisissons la réalité[1]. De façon analogue, comme nous l'avons vu, la volonté est chez le premier Wittgenstein la condition de possibilité de la signification et de la valeur des faits du monde dans leur globalité[2]. La différence avec le modèle stoïcien réside encore une fois ici dans le caractère métaphysique ou transcendant de cette volonté.

Les modèles stoïcien et tractarien de la conversion partagent un troisième sens du concept de volonté qui unit les deux premiers. En effet, la volonté peut être interprétée dans les deux cas comme un acte qui consiste à « se choisir soi-même comme sujet éthique ». Ce passage des *Entretiens* illustre bien chez Épictète la possibilité et l'importance de nous définir en tant que sujet voulant.

> L'être vivant penche nécessairement du côté où se trouvent le moi et le mien; si c'est dans le corps, c'est le corps qui domine; si c'est dans la volonté, c'est la volonté; si c'est dans les choses extérieures, ce sont les choses extérieures. Si donc le moi se trouve là où est la volonté, alors et alors seulement, je serai l'ami, le fils, le père que je dois être[3].

La *prohairésis* comme choix primordial et comme sujet éthique forment un tout articulé : il s'agit du choix de soi comme agent libre[4]. Les deux fonctions de l'usage des représentations sont ici à l'œuvre dans la mesure où, d'une part, le choix de soi implique la distinction entre ce qui est mien et n'est pas mien, c'est-à-dire la délimitation du domaine qui est propre à la *prohairésis* et, d'autre part, il implique une évaluation de la représentation de soi qui établit que la volonté « a plus de valeur » que le corps (la volonté

1. *Cf.* Épictète, *Entretiens*, XXIII, II, 5 *sq.*, *op. cit.*
2. C, 21.7.16; 24.7.16; 5.8.16; 2.9.16; 5.10.16.
3. Épictète, *Entretiens*, II, XXII, 19, *op. cit.*
4. A. J. Vœlke, *L'idée de volonté dans le stoïcisme*, *op. cit.*, p. 155.

s'autoévalue comme « propre à elle-même »). Ce trait du modèle stoïcien de la conversion coïncide en un certain sens avec l'analyse foucaldienne du modèle hellénistique de la conversion (*epistrophè*) qui misait principalement sur l'idée de « conversion à soi », « d'autofinalisation de soi »[1] que la maxime de Pindare, « deviens ce que tu es », résume à elle seule. En effet, se détourner des choses extérieures pour se tourner vers soi-même, c'est également faire le choix de se concevoir non pas comme un objet, une chose ou un fait parmi d'autres dans une perspective empirique, mais en fonction de notre nature propre, c'est-à-dire en tant que sujet voulant[2]. Ainsi, la volonté est chez Épictète à la fois le principe et l'agent réalisateur du bonheur et du malheur (si on la dirige bien, on devient honnête homme et si on la dirige mal, on devient méchant) et le bonheur et le malheur une fois réalisés (le bien est une volonté bonne et le mal une volonté mauvaise)[3].

Il y a ici un parallèle à faire avec le modèle de la conversion philosophique du *Tractatus*. Comme nous l'avons vu, la liberté du sujet tractarien se conquiert à travers le passage d'une perspective empirique à une perspective éthique au sens métaphysique : il s'agit de renoncer à changer les faits[4] pour plutôt changer les frontières du monde[5]. Ce changement de perspective qui modifie par le fait même le rapport au monde se répercute encore une fois sur le rapport du sujet envers lui-même. Il ne se conçoit plus comme un sujet empirique, c'est-à-dire psychophysique, mais comme un sujet voulant. Or, même si le sujet n'en était pas conscient au départ, prisonnier de la perspective empirique dans laquelle il se trouvait, cette conversion est, ici aussi, l'œuvre d'une volonté éthique (au sens transcendantal).

1. M. Foucault, *Histoire de la sexualité III. Le souci de soi*, *op. cit.*, p. 89 ; *L'herméneutique du sujet* , *op. cit.*, p. 246-247.

2. *Cf.* Épictète, *Entretiens*, I, IV, 18 ; III, XVI, 15 ; III, XXII, 38-39 ; III, XXIV, 106, *op. cit.*

3. *Cf. Ibid.*, I, XXIX, 1 ; II, XXIII, 29 ; A. J. Vœlke, *L'idée de volonté dans le stoïcisme*, *op. cit.*, p. 156.

4. C, 11.6.16.

5. C, 5.7.16 ; T, 6.43.

Le choix de soi comme sujet éthique est donc à comprendre ici non pas comme une *décision* ou une *action* au sens empirique du terme, mais comme un changement global de perspective indissociable d'une transformation existentielle du rapport à soi : le sujet se découvre comme sujet voulant, il prend conscience qu'il a « toujours été » un sujet voulant et non un fait parmi d'autres, ce qui l'amène à adopter une attitude en accord avec sa nature propre. Mais, encore une fois, à la différence de la *prohairésis* d'Épictète, le sujet voulant a ici un sens métaphysique : « Dans la façon de voir ordinaire on considère les objets pour ainsi dire en se plaçant parmi eux ; dans la façon de voir *sub specie aeternitatis*, on les considère de l'extérieur »[1].

La distinction entre ce qui dépend de nous et ce qui ne dépend pas de nous

Il est possible d'interpréter le modèle de la conversion du *Tractatus* à partir du mouvement de ce qui ne dépend pas de nous à ce qui dépend de nous au cœur du modèle de la conversion chez Épictète[2]. Dans les deux cas, ce qui dépend de nous est le domaine d'exercice de la volonté et ce qui ne dépend pas de nous relève du monde extérieur dont il faut être indifférent pour être heureux. Pour être plus précis, selon Épictète, dépendent de nous les opinions, les tendances, les désirs, les aversions, c'est-à-dire « toutes nos œuvres propres »[3], l'usage des représentations[4] ainsi que la volonté et les actes volontaires[5]. Ne dépendent pas de nous, par exemple, le corps, la richesse, les témoignages de considération, les hautes charges[6], les biens, les parents, les frères, les enfants, la patrie et

1. C, 7.10.16.
2. *Cf.* Épictète, *Entretiens*, I, I ; III, VIII, *op. cit.*
3. Épictète, *Manuel*, I, 1, *op. cit.*
4. Épictète, *Entretiens*, I, I, 7, *op. cit.*
5. *Ibid.*, I, XXII, 10 ; II, V, 4.
6. Épictète, *Manuel*, I, 1, *op. cit.*

tous les membres de la communauté [1], c'est-à-dire toutes les choses extérieures au domaine de la volonté.

Pour être heureux, on doit selon Épictète se libérer de ces dernières et se « convertir à soi » (*epistrophê eis heauton*) [2]. Comme nous l'avons vu, tel qu'en témoigne l'idée de clause de réserve [3], il y a toutefois selon Épictète certaines choses extérieures qui sont préférables à d'autres, à savoir celles qui sont conformes à la nature (le bien d'autrui en fait partie). Le passage suivant du *Manuel* illustre plus précisément cette idée d'une conversion de ce qui ne dépend pas de nous à ce qui dépend de nous.

> Rappelle-toi donc ceci : si tu prends pour libres les choses naturellement serves, pour propres à toi-même les choses naturellement à autrui, tu connaîtras l'entrave, l'affliction, le trouble, tu accuseras dieux et hommes ; mais si tu prends pour tien seulement ce qui est tien, pour propre à autrui ce qui est, de fait propre à autrui, personne ne te contraindra jamais ni ne t'empêchera, tu n'adresseras à personne accusation ni reproche, tu ne feras absolument rien contre ton gré, personne ne te nuira ; tu n'auras pas d'ennemi ; car tu ne souffriras aucun dommage [4].

De son côté, un peu comme Épictète, Wittgenstein défend que pour être heureux, il faut renoncer à vouloir ce qui relève des faits du monde extérieur (ce qui ne dépend pas de nous) et ainsi adopter une attitude de détachement envers la misère et les agréments du monde [5]. À la différence de l'éthique d'Épictète, s'il ne semble pas y avoir « d'indifférents préférables » dans l'éthique des *Carnets 1914-1916* et du *Tractatus*, Wittgenstein semble toutefois avoir vu le problème que pouvait poser une « éthique indifférentiste » même s'il ne propose aucune solution claire.

> Est-il bon, selon les conceptions communes, de ne rien désirer pour son prochain, ni bien ni mal ? Et pourtant, en un certain sens,

1. Épictète, *Entretiens*, I, XXII, 10 ; *cf.* III, VIII, *op. cit.*
2. *Ibid.*, I, IV, 18.
3. *Ibid.*, II, VI, 9-10.
4. Épictète, *Manuel*, I, 3, *op. cit.*
5. C, 13.8.16.

> il semble que le non-désir soit l'unique bien. Je suis en train de commettre encore des erreurs grossières, il n'y a aucun doute ! Cela peut-il être correct ? Ce désir peut-il être plus mauvais que celui du bonheur d'autrui ? Il semble que pour ainsi dire tout dépende de la façon dont on désire [1].

De plus, la renonciation à influer sur les événements doit se faire chez Wittgenstein au profit d'un vouloir en accord avec la volonté du monde [2], c'est-à-dire avec ce qui arrive indépendamment de notre volonté. Ce qui dépend de nous relève donc ici aussi du domaine d'exercice de la volonté puisque si nous ne pouvons pas influer sur les événements du monde, nous pouvons tout de même changer la volonté elle-même (ou plutôt le désir que le monde extérieur se plie à notre volonté) pour qu'elle s'accorde avec la volonté du monde.

Dans les deux cas également, l'exercice de la volonté (*prohairésis*) comme prise de position préalable à l'égard de la réalité implique la division (*dihairésis*) entre ce qui est mien et ce qui n'est pas mien qui circonscrit le domaine d'exercice de la volonté. Chez Épictète, comme nous l'avons vu, c'est l'une des fonctions de l'usage des représentations. Par exemple, dans un contexte où ce dernier explicite la distinction entre ce qui dépend et ce qui ne dépend pas de nous, il s'interroge ainsi : « Que faut-il donc avoir présent à l'esprit en pareilles circonstances difficiles ? Quoi, sinon la distinction entre ce qui est mien et ce qui n'est pas mien, entre ce qui m'est possible et ce qui ne m'est pas possible » [3]. De manière semblable, chez le premier Wittgenstein, l'éthique de la volonté entre en scène avec l'expérience de la mienneté. En effet, comme nous l'avons vu, devant l'incapacité de plier les événements du monde à ma volonté, la liberté de devenir heureux ne réside que dans le pouvoir de changer les frontières du monde qui est le mien [4]. De plus, la tâche tractarienne de délimitation des frontières du langage signifiant coïncide avec la délimitation du domaine

1. C, 29.7.16.
2. C, 8.7.16.
3. Épictète, *Entretiens*, I, I, 21 ; *cf.* aussi I, XXII, 9-10 ; II, VI, 24, *op. cit.*
4. C, 11.6.16.

d'exercice de la volonté dans la mesure où elle circonscrit ce qui est en mon pouvoir et ce qui ne l'est pas pour devenir heureux : « Si la bonne ou la mauvaise volonté ont une action sur le monde, ce ne peut être que sur les frontières du monde, et non sur les faits ; sur ce qui ne peut être représenté par le langage, mais seulement montré dans le langage »[1].

Cette division donne lieu dans les deux cas à deux domaines indépendants situés aux extrêmes l'un par rapport à l'autre : la volonté, qui est invincible ou totalement libre, et les choses extérieures dont la volonté est impuissante. Chez Épictète, la *prohairésis* puise son invincibilité dans le choix de ne se laisser affecter que par ce qui est en son pouvoir.

> « Le sage est invincible » ; c'est qu'il ne se bat que là où il a la supériorité (6). « Si tu veux mon champ, prends-le, prends mes serviteurs, ma magistrature, mon corps. Tu ne feras pas que j'échoue dans mes désirs, ou que je rencontre ce que je veux éviter ». (7) C'est dans ce combat, le combat relatif aux choses dépendantes de sa volonté, qu'il s'engage. Comment ne doit-il pas être invincible ?[2]

En contrepartie, la totale liberté du sage n'est possible que dans la mesure où il accepte sa totale impuissance face aux choses extérieures au domaine de sa volonté.

> — Quand le Zéphyre va-t-il souffler ? — Quand cela lui plaira, mon cher, à lui ou à Eole ; ce n'est pas toi que Dieu a fait répartiteur des vents, c'est Eole. (17) Quoi donc ! Il faut disposer au mieux ce qui dépend de nous, et user des autres choses comme elles sont. — Comment sont-elles ? — A la volonté de Dieu[3].

Dans les *Carnets 1914-1916* et le *Tractatus* de Wittgenstein, nous retrouvons ce même genre de tension entre la volonté éthique et la volonté du monde. D'une part, la division entre ce qui est en mon pouvoir et ce qui n'est pas en mon pouvoir fait ressortir l'impuissance de la volonté devant les faits : « Je ne puis plier

1. C, 11.6.16 ; T, 6.43.
2. Épictète, *Entretiens*, III, VI, 5-7 ; *cf.* aussi IV, V, 34, *op. cit.*
3. *Ibid.*, I, I, 15-17

les événements du monde à ma volonté, mais je suis au contraire totalement impuissant »[1]. D'autre part, cette impuissance est compensée par le pouvoir de la volonté éthique de donner de la valeur et un sens aux faits du monde : « Les choses acquièrent de la “signification” par leur rapport à ma volonté »[2].

Finalement, le domaine d'exercice de la volonté correspond dans les deux cas à ce qui est en mon pouvoir, à savoir, bien qu'en des sens différents, les désirs et les jugements (les stoïciens ajoutent aussi la tendance). En effet, le *Manuel* d'Épictète mentionne que les choses qui dépendent de nous, qui sont en notre pouvoir, sont « toutes nos œuvres propres », c'est-à-dire en gros les désirs, les jugements et les tendances[3]. Par exemple, la volonté a un tel pouvoir sur les désirs qu'elle peut aller jusqu'à les supprimer afin de tuer dans l'œuf la possibilité de désirer ce qui ne dépend pas de nous et par le fait même d'être malheureux[4]. On retrouve chez Wittgenstein une idée semblable : si nous n'avons pas de pouvoir sur les événements, nous en avons un sur notre désir vain de les influencer. En effet, la conversion passe par la renonciation de ce désir « empirique » au profit d'une volonté éthique. Comme nous l'avons vu, dans les *Carnets 1914-1916*, Wittgenstein va même jusqu'à dire que le non-désir est l'unique bien[5].

Il y a aussi dans le modèle stoïcien de la conversion, comme dans le modèle de la conversion du *Tractatus*, l'idée que la transformation éthique opérée par la volonté sur la volonté est indissociable d'une transformation intellectuelle de la pensée exprimée par le langage. Par exemple, Wittgenstein aurait probablement été d'accord avec l'affirmation d'Épictète selon laquelle « ce qui trouble les hommes, ce ne sont pas les choses, mais les jugements relatifs aux choses… »[6]. En effet, il s'agit au fond de dire ici que pour changer ce que nous désirons, nous devons en même temps changer notre manière de

1. C, 11.6.16.
2. C, 15.10.16 ; *cf.* 11.6.16 et 2.9.16.
3. Épictète, *Manuel*, I, 1, *op. cit.*
4. *Ibid.*, II, 2 ; cf. *Entretiens*, III, XII, 4, *op. cit.*
5. C, 29.7.16.
6. Épictète, *Manuel*, V, *op. cit.*

penser et de parler et acquérir une vision correcte du monde[1]. Nous ne désirons plus changer les faits du monde lorsque nous prenons conscience que le monde est ainsi constitué que nous n'avons pas de pouvoir sur ce qui le compose, mais que notre pouvoir se situe plutôt au niveau de la qualité que nous conférons à notre attitude à l'égard du monde.

La spécificité de Wittgenstein réside ici dans la manière dont ce changement radical de la pensée se répercute sur le langage : comme nous ne désirons plus changer les faits du monde, nous ne désirons plus utiliser un langage dont la fonction essentielle est de représenter des faits pour parler d'éthique, c'est-à-dire du sens de la vie, de la liberté de la volonté et du bonheur, un domaine qui relève de la valeur absolue et non des faits, de ce qui ne peut se dire, mais seulement se montrer. De plus, à la différence du modèle stoïcien, il faut souligner que la source ultime des problèmes qui tourmentent le philosophe est, selon le premier Wittgenstein, une erreur préalable à la formation de jugements qui consisterait, par exemple, à confondre un concept formel avec un concept propre, ou la forme logique apparente avec la forme logique profonde[2]. Cela dit, même si elles sont préalables aux jugements, ces confusions engendrent tout de même des jugements dénués de sens qui génèrent un trouble.

Il faut également ajouter qu'à la différence de l'éthique du premier Wittgenstein, le lien entre la pensée exprimée par le langage et le bonheur correspond dans l'éthique stoïcienne à une thérapeutique des passions, cette idée que les troubles engendrés par les passions puisent leur source dans un mauvais usage du discours intérieur. En effet, les passions sont considérées en elles-mêmes comme des erreurs de jugement et de raisonnement, lesquelles reposent, d'une part, sur la fausse croyance que telle chose ou tel événement est un bien ou un mal et, d'autre part, sur le mauvais lien que nous faisons parfois entre la nature d'un fait et l'attitude à adopter à son

1. T, 6.54.
2. *Cf.* T, 4.1274.

égard, c'est-à-dire la croyance erronée que nous devons en être affecté[1]. Au fond, l'usage des représentations consiste ici à donner un assentiment à ce qui est balisé par la théorie éthique, c'est-à-dire à ce qui est considéré comme bien parce que cela dépend de nous (et dans le cas des indifférents préférables, à ce qui est conforme à la nature), ce que nous ne retrouvons évidemment pas chez Wittgenstein.

Conclusion

Résumons ce que nous avons appris jusqu'à présent. Nous avons tenté de montrer que le discours philosophique du *Tractatus* cherchait à produire une conversion de la volonté empirique à la volonté éthique. Si cette conversion opérée par le discours philosophique se présente de manière générale comme un changement radical de paradigme, un arrachement à l'égard de la perspective empirique et un dépassement vers une perspective métaphysique, elle se définit plus spécifiquement en tant que *conversion de la volonté*. En parallèle avec la *prohairésis* d'Épictète, la volonté est ici conçue à la fois comme un choix primordial et comme le sujet éthique lui-même. En ce sens, la transformation que le discours cherche à opérer est l'acte de conversion *du* sujet *par* le sujet, c'est-à-dire le choix de soi comme sujet éthique. Cette conversion consiste plus précisément à nous détourner des choses extérieures (*metanoia*) pour nous tourner vers nous-mêmes (*epistrophè*) ; c'est le choix de nous concevoir non pas comme un sujet psychophysique dans une perspective empirique, mais en fonction de notre nature propre, c'est-à-dire ici en tant que sujet métaphysique, un sujet voulant au sens transcendant et transcendantal.

En nous inspirant d'une distinction au cœur de l'éthique d'Épictète, nous avons également vu que l'éthique du premier Wittgenstein pouvait être interprétée à partir du modèle de la conversion de ce qui ne dépend pas de nous (les événements, les

1. *Cf.* A. J. Vœlke, *La philosophie comme thérapie de l'âme. Études de philosophie hellénistique*, Paris, Cerf, p. 75-76.

faits, ce qui arrive dans le monde empirique), à ce qui dépend de nous, c'est-à-dire le domaine de la volonté éthique comme attitude ou prise de position préalable à l'égard de soi et du monde, bref, comme le dit Wittgenstein, non pas comme partie, mais comme frontière du monde, une volonté qui a le pouvoir de s'affranchir du désir vain d'influer sur les événements au profit d'une perspective métaphysique « sous l'angle de l'éternité » qui révèle que la liberté réside plutôt dans le sens et la valeur que nous donnons au monde dans sa globalité. La conversion que le *Tractatus* cherche à opérer est donc une transformation éthique du sujet, mais également de la pensée exprimée par le langage : le déracinement du désir vain d'influer sur le monde est par le fait même le déracinement du désir vain d'utiliser le langage, dont la fonction essentielle est de représenter des faits, pour parler d'éthique, c'est-à-dire d'une valeur absolue au-delà du monde empirique et qui est donc indicible.

Le modèle de la conversion des Recherches philosophiques

Nous examinerons maintenant en quel sens le type de discours privilégié par Wittgenstein dans les *Recherches philosophiques* consiste à opérer une conversion de l'usage métaphysique à l'usage quotidien du langage. Nous verrons que si le passage du *Tractatus* aux *Recherches philosophiques* est lui-même marqué dans la pensée de Wittgenstein par une certaine forme de conversion, il est possible d'observer une continuité entre ces deux ouvrages à travers l'idée d'une conversion de la volonté qui, dans les *Recherches philosophiques*, prend la forme de l'affranchissement à l'égard d'un contre-vouloir métaphysique au profit d'un vouloir-voir éthique.

Nous avons vu que la transformation que cherchent à opérer les propositions du *Tractatus* peut être conçue à partir du modèle de la conversion philosophique dans la mesure où il s'agit, pour le philosophe, de se libérer de la perspective empirique à la base de l'expérience quotidienne au profit d'une perspective métaphysique. Or, la progression de la pensée de Wittgenstein vers les *Recherches philosophiques* mène à un modèle qui semble inverser ce mouvement. En effet, il s'agit désormais de reconduire le langage de son usage métaphysique à son usage quotidien (qui n'est pas, par ailleurs, *empirique* au sens scientifique du terme).

> Quand les philosophes emploient un mot – « savoir », « être », « objet », « je », « proposition », « nom » – et s'efforcent de saisir l'essence de la chose en question, il faut toujours se demander : Ce mot est-il effectivement employé ainsi dans le langage où il a son lieu d'origine ? Nous reconduisons les mots de leur usage métaphysique à leur usage quotidien [1].

Ce retour à l'origine, cette *epistrophè*, passe par l'arrachement ou la rupture (une *metanoia*) à l'égard de l'usage métaphysique du langage.

Il est vrai que le modèle de la conversion du *Tractatus* anticipait celui des *Recherches philosophiques*, notamment à travers l'idée d'un langage quotidien déjà logiquement en ordre [2]. Wittgenstein ne cherchait-il pas d'ailleurs à défaire le lecteur de l'illusion métaphysique d'une perspective extérieure au langage au profit d'une éthique comme manière de vivre silencieuse ? Certes, mais la solution proposée était elle-même *métaphysique*, et ce, en trois sens : premièrement, elle passait par une conception essentialiste du langage (le langage que nous ne pouvons dépasser se réduit à une fonction essentielle, c'est-à-dire à la représentation de faits possibles) ; deuxièmement, pour se libérer du désir métaphysique de parler de ce qui se trouverait au-delà de la perspective empirique, Wittgenstein utilise des propositions dénuées de sens à comprendre comme des élucidations, mais qui violent tout de même les règles du dicible ; et troisièmement, la visée éthique de la conversion se définit par le renoncement d'une conception empirique de la volonté au profit d'une conception transcendante et transcendantale. Contrairement aux *Recherches philosophiques*, la *metanoia* du *Tractatus* semble donc demeurer un arrachement et une rupture par

1. RP, § 116.
2. T, 5.5563.

rapport à la perspective empirique qui est, à prime abord et le plus souvent, celle de la vie quotidienne.

Étant donné que le thème tractarien d'une éthique « existentielle » comme manière de vivre semble complètement absent des *Recherches philosophiques*, il est toutefois assez difficile de déterminer si la conversion n'est pas ici devenue une expérience purement intellectuelle. Or, dans la foulée de Stanley Cavell[1], Sandra Laugier défend que ces textes renferment tout de même une vérité éthique : vivre en accord avec notre forme de vie signifierait vivre en acceptant les limites infranchissables du langage ordinaire au sein duquel nous nous trouvons toujours déjà. En ce sens, la « thérapeutique » des *Recherches philosophiques* peut être conçue selon elle comme une conversion de la volonté s'apparentant à celle du *Tractatus*, mais qui cherche désormais à « guérir le philosophe » de la tentation d'adopter une perspective extérieure à l'usage quotidien du langage[2].

Suivant ce type d'interprétation, il est effectivement possible de montrer que, comme les modèles tractarien et stoïcien, la conversion que le second Wittgenstein cherche à opérer, qui consiste à reconduire le langage de son usage métaphysique à son usage quotidien, peut elle aussi être conçue comme une conversion de la volonté, c'est-à-dire plus précisément comme le passage d'un « contre-vouloir », d'une certaine exigence métaphysique à l'égard des choses, à un « vouloir-voir éthique » en accord avec l'usage quotidien du langage, c'est-à-dire avec les pratiques effectives exprimées et articulées par les jeux de langage et ultimement circonscrites par la forme de vie humaine. Or, la conception de la volonté du second Wittgenstein passe ici par la démythologisation de la conception de la volonté des *Carnets 1914-1916* et du *Tractatus*, ce qui amène le philosophe à redéfinir le rapport entre la liberté

1. *Cf.* S. Cavell, « The Availability of Wittgenstein's Later Philosophy », *The Philosophical Review* 71, no. 1, 1962, p. 83 ; *Une nouvelle Amérique encore inapprochable*, trad. fr. S. Laugier, Combas, L'Éclat, 1991, p. 117.

2. S. Laugier, « Langage ordinaire et exercice spirituel », dans A. I. Davidson and F. Worms (ed.), *Pierre Hadot, l'enseignement des antiques, l'enseignement des modernes*, *op. cit.*, *op. cit.*, p. 66-67.

de la volonté et une certaine forme de déterminisme, un problème qui le tourmentait déjà dans le *Tractatus*, mais qu'il démythologise également ici.

De l'usage métaphysique à l'usage quotidien du langage

Attardons-nous d'abord à ce que nous pourrions appeler la dimension « intellectuelle » du modèle de la conversion des *Recherches philosophiques*. Dans cette optique, nous aimerions faire ressortir la présence d'une *conversion du regard*, c'est-à-dire de la perspective ou de la conception qui oriente préalablement la compréhension, et préciser en quel sens celle-ci est indissociable d'une *conversion du langage* qui se caractérise par le passage de l'usage métaphysique à l'usage quotidien du langage.

Comme point de départ, demandons-nous ce que Wittgenstein entend par « usage quotidien » et « usage métaphysique ». D'une part, l'usage quotidien est lié au champ sémantique de l'origine. Wittgenstein parle du « lieu d'origine » du langage[1], de l'exigence de voir les faits comme des « phénomènes originaires » (*Urphänomene*)[2] et, sur le plan méthodologique, des « fondements de la recherche »[3]. L'usage quotidien concerne également « les aspects des choses les plus importants », « ce qu'il y a de plus frappant et de plus fort »[4] et donc ce qu'il y a de saillant dans le langage et les choses. Dans cet ordre d'idées, l'usage quotidien relève d'une certaine forme d'évidence ; Wittgenstein parle de « simplicité » ou même de « banalité »[5] et de quelque chose de « manifeste »[6], qui se trouve « sous nos yeux »[7]. La métaphore visuelle est ici centrale. L'usage quotidien du langage est clairement lié à une *vision des choses* : il faut « *voir* les faits comme des phénomènes originaires ».

1. RP, § 116.
2. RP, § 654-655.
3. RP, § 129.
4. RP, § 129.
5. RP, § 129.
6. RP, § 89.
7. RP, § 129, 654-655.

Cette manière de voir est une métaphore visuelle de la connaissance ou de la compréhension et donc une manière de *concevoir*[1].

D'autre part, l'usage métaphysique évoque la contrepartie de cette métaphore visuelle. Celui-ci est donc inversement motivé par une manière de voir qui nous empêche de remarquer certains aspects des choses (originaires, saillants et évidents). Wittgenstein donne ici un sens particulier au caractère « métaphysique » de l'usage du langage exprimant cette conception, à savoir celui d'une perspective idéale qui se caractérise plus spécifiquement par une réflexion essentialiste sur le langage[2]. Le caractère métaphysique de cet essentialisme repose sur l'exigence d'une essence fixe, cachée « sous la surface », une réponse donnée « une fois pour toutes, indépendamment de toute expérience à venir »[3] et sur « le préjugé de la pureté du cristal »[4] qui traverse, selon Wittgenstein lui-même, la conception de la logique et du langage du *Tractatus*[5]. En ce sens, il appert finalement que l'usage métaphysique bouscule l'usage quotidien du langage en cherchant à apprendre quelque chose de nouveau sur le langage, une essence cachée qu'une analyse est censée exhumer, ne comprenant pas que ce qu'il y a à comprendre est déjà manifeste, sous nos yeux[6].

Conversion du regard : de l'idéalisme essentialiste à la perspective quotidienne

À partir de ces précisions terminologiques, il est possible de voir que la conversion de l'usage métaphysique à l'usage quotidien du langage passe par une « conversion du regard », de notre manière de concevoir les choses, c'est-à-dire par l'arrachement à l'égard d'une perspective métaphysique, au sens idéaliste et essentialiste du terme, au profit d'une perspective quotidienne qui reconnaît le caractère

1. *Cf.* RP, § 144.
2. RP, § 65-68, 97, 108.
3. RP, § 92.
4. RP, § 108.
5. RP, § 97; T, 5.5563.
6. RP, § 89.

contingent et concret de la vie ordinaire. La métaphore des lunettes employée par Wittgenstein dans les *Recherches philosophiques* illustre de façon éloquente l'importance d'une telle conversion du regard.

> L'idéal, dans nos pensées, est fixe et inébranlable. Tu ne peux lui échapper. Il te faut toujours revenir à lui. Il n'y a pas de dehors. Dehors, il n'y a pas d'air pour respirer. – À quoi cela tient-il? L'idée est en quelque sorte posée sur notre nez comme des lunettes à travers lesquelles nous verrions ce que nous regardons. Il ne nous vient même pas à l'esprit de les enlever[1].

Autrement dit, cette manière de concevoir les choses, motivée par un désir métaphysique d'idéal (le préjugé de la « pureté du cristal » à la base de l'idéalisme essentialiste) s'impose à nous sans que nous nous en rendions compte[2]. La vision des choses que procure ces lunettes symbolise la conception qui découle de ce désir. La contrainte qui s'exerce implicitement sur nous est symbolisée par le fait qu'il ne nous vient même pas à l'esprit d'enlever les lunettes.

Or, cette vision est trouble. Elle est guidée par une insatisfaction à l'égard de l'expérience quotidienne[3] qui nous amène à nous soucier non pas de ce qu'« il y a de plus frappant et de plus fort », mais de la « vraie » nature des choses, c'est-à-dire une essence cachée qu'il faudrait mettre en lumière. Cette conception est confuse parce qu'elle nous empêche de voir correctement la réalité telle qu'elle est[4]. D'où la nécessité d'une conversion du regard, d'un changement radical de perspective. Après avoir pris conscience de notre tendance à aborder les questions philosophiques d'un point de vue métaphysique, il s'agit ensuite de transformer complètement notre manière de concevoir les choses. La vision alternative dont Wittgenstein favorise l'émergence est celle qui s'exprime à travers l'usage quotidien du langage. Enlever les lunettes, c'est revenir à

1. RP, § 103.
2. *Cf.* LLV, 36-37.
3. *Cf.* RP, § 105.
4. *Cf.* Diamond, *The Realistic Spirit. Wittgenstein, Philosophy and the Mind*, Cambridge, Massachusetts, The MIT Press, 1991, p. 43-44.

la perspective de l'« expérience ordinaire », à ce qui était « déjà manifeste », « sous nos yeux ».

Conversion du langage

La conversion de l'usage métaphysique à l'usage quotidien du langage peut être comprise à partir de la conversion de la conception du langage du *Tractatus* à celle des *Recherches philosophiques*. En effet, le retour à l'usage quotidien du langage, nous dit Wittgenstein dans les *Recherches*, est le retour aux « phénomènes originaires ». Or, les phénomènes originaires que la philosophie a à décrire sont ce qu'il appelle les « jeux de langage », une notion qui s'inscrit dans une conception du langage qui marque une rupture avec celle du *Tractatus*.

> Notre faute est de chercher une explication là où nous devrions voir les faits comme les « phénomènes originaires » ; en d'autres termes, là où nous devrions dire que tel jeu de langage se joue[1].

Le jeu de langage est l'explicitation de la nature du langage par analogie avec le concept de jeu. Toutefois, cette notion revêt différentes significations dans les *Recherches philosophiques* : les jeux de langage sont d'abord les jeux par lesquels les enfants apprennent leur langue maternelle ; ce sont également les formes primitives de langage, c'est-à-dire les formes les plus simples de l'utilisation des mots. Wittgenstein précise enfin que, d'une manière générale, parler un langage, c'est participer à un jeu de langage[2].

Pour clarifier ce qu'il en est de la conversion de l'usage métaphysique à l'usage quotidien du langage que le second Wittgenstein cherche à opérer, nous proposons de faire ressortir quelques caractéristiques spécifiques à la conception du langage des *Recherches philosophiques*, par analogie avec le concept de jeu, et par opposition à la conception tractarienne du langage.

1. RP, § 654.
2. *Cf.* RP, § 7.

Premièrement, comme le jeu, le langage est une pratique gouvernée par des règles d'usage[1] qu'il faut savoir maîtriser, et ce, sans toutefois être nécessairement capable de les formuler explicitement. Pour l'instant, pas de grande différence avec le *Tractatus*. Or, deuxièmement, comme dans les jeux et contrairement à la conception tractarienne du langage, ces règles ne sont pas rigides. C'est la thèse de l'indétermination de la signification : les règles du jeu n'anticipent pas toutes les applications. L'extension d'un concept peut ou non être circonscrite par des limites fixes[2]. En ce sens, on ne peut pas indiquer exactement les limites du concept de jeu, anticiper toutes ses applications, mais cela ne veut pas dire que le jeu n'est pas une pratique gouvernée par des règles. Un jeu avec des règles vagues est quand même un jeu[3]. La preuve : on sait comment utiliser le mot « jeu ». Même chose pour le langage : on ne sait pas à l'avance ce qui peut correctement ou incorrectement être considéré comme un langage. Par contre, tous les langages sont des pratiques gouvernées par des règles[4].

Cette thèse se distingue de la conception du langage du *Tractatus* qui se fondait plutôt sur la détermination de la signification par des règles rigides. En effet, les règles qui régissent le langage dans le *Tractatus* ne sont pas des conventions instituées par les êtres humains, mais les règles fixes d'une logique formelle et transcendantale : « La logique est *antérieure* à toute expérience – que quelque chose est ainsi. Elle est antérieure au Comment, non au Quoi »[5]. Ainsi, puisque les règles de la logique sont transcendantales, étant donné qu'elles sont les conditions générales de possibilité de toute variation contingente du langage usuel, la signification d'une expression anticipe en principe son application à tous les cas particuliers. Qui plus est, en vertu de l'atomisme logique du *Tractatus*, l'analyse du langage montre que la signification se fonde ultimement sur

1. RP, § 31, 54, 108.
2. RP, § 68.
3. RP, § 100.
4. *Cf.* RP, § 68
5. T, 5.552 ; *cf.* aussi RP, § 97.

des propositions élémentaires dont les propositions complexes sont dérivées [1]. La détermination de la signification est donc liée à l'atomisme logique : « Requérir la possibilité des signes simples, c'est requérir la détermination du sens » [2]. En effet, la signification est déterminée étant donné que les propositions élémentaires au fondement du langage signifiant anticipent en principe tous les cas particuliers, la pluralité et la diversité des propositions complexes étant des combinaisons de propositions élémentaires *a priori*.

Troisièmement, comme dans les jeux ordinaires, les règles des jeux de langage sont différentes d'un jeu à l'autre (la signification varie d'un contexte d'usage à l'autre). Il n'y a donc pas de vérité qui vaudrait universellement au-delà de tout contexte et de toute circonstance [3]. Dans le *Tractatus*, à travers la notion de symbole, Wittgenstein disait déjà que la signification était déterminée par l'usage dans un contexte linguistique [4]. Or, suivant Frege, il s'agissait ici du contexte propositionnel de la syntaxe logique [5]. Autrement dit, le contexte tractarien est purement formel ; il fait abstraction des dimensions sociale et biologique de la vie humaine et, par le fait même, de son caractère concret et contingent. Inversement, l'idée de contexte a, dans les *Recherches philosophiques*, un sens « anthropologique » qui consiste à accorder à ces dernières une place centrale. Les différents contextes de signification sont encore conçus comme des contextes propositionnels, mais ceux-ci sont également indissociables de l'usage concret que nous faisons du langage dans une pluralité et une diversité de contextes de vie.

Quatrièmement, en lien avec le point précédent, les jeux de langage font partie d'une activité ou d'une forme de vie, ce qui confère à la connaissance et au langage une dimension anthropologique étrangère à la perspective métaphysique du

1. T, 4.221.
2. T, 3.23.
3. RP, § 92.
4. T, 3.326, 3.3.
5. T, 3.327.

Tractatus[1]. D'une part, sur le plan de la connaissance, la notion de forme de vie est l'instance ultime de justification : « Ce qui doit être accepté, le donné – pourrait-on dire –, ce sont des formes de vie »[2]. Elles constituent le « roc dur de la pensée » en deçà duquel il n'y a plus de justifications possibles : « Dès que j'ai épuisé les justifications, j'ai atteint le roc dur, et ma bêche se tord. Je suis alors tenté de dire : "C'est ainsi justement que j'agis." »[3]. D'autre part, sur le plan linguistique, les formes de vie, dont les jeux de langage sont l'expression, sont les critères ultimes de la signification. Ce n'est plus, comme dans le *Tractatus*[4], la notion de forme logique qui, en dernière analyse, nous permet de déterminer si une proposition a un sens ou non, mais plutôt si cette proposition a un usage dans un jeu de langage[5], c'est-à-dire dans un contexte de signification exprimant une forme de vie, un ensemble de pratiques humaines gouvernées par des règles conventionnelles ultimement circonscrites par le cadre de ce qui est possible pour cette espèce que nous sommes[6].

Cinquièmement, le concept de jeu implique l'idée d'une construction ou d'une création humaine. En d'autres termes, à la différence des règles fixes de la conception idéale du langage et de la logique du *Tractatus*, les règles des jeux de langage sont désormais les conventions d'une institution humaine. La dimension « conventionnaliste » de la pensée du second Wittgenstein est mise en lumière, d'une part, à travers la démythologisation de la conception idéale du langage et de la logique : « Comme si notre logique était en quelque sorte une logique de l'espace vide. – Alors que la logique ne traite pas du langage – ou de la pensée – au sens où une science de la nature traite d'un phénomène naturel, et que dans le meilleur des cas, il est possible de dire que nous *construisons*

1. RP, § 19, 23, 654-656.
2. RP, II, XI, p. 316.
3. RP, § 217.
4. T, 4.5.
5. RP, § 41, 43.
6. *Cf.* RP, § 454.

des langages idéaux »[1]. D'autre part, Wittgenstein dit explicitement que tout langage repose sur la convention[2]. Il parle également de différents types de propositions nécessaires comme des « règles de grammaire » et des « normes de représentation »[3]. Cependant, cela ne signifie pas qu'il n'y ait pas ultimement chez le second Wittgenstein une certaine stabilité (biologique ou culturelle) au fondement de la pensée et du langage liée à la notion de forme de vie. Par exemple, à travers cette idée du « roc dur de la pensée », *De la certitude* propose une réflexion sur l'existence de principes logiques quasi inébranlables, c'est-à-dire, comme le suggère Michael Hymers[4], des normes de description immunisées au doute dans tous les contextes[5], et qui se refléteraient dans le caractère incontestable de certaines vérités mathématiques[6] exprimant « le *profond* besoin de la convention »[7].

Sixièmement, la notion de jeux de langage implique qu'il y a une pluralité de ces langages[8] et ainsi se distingue de la conception moniste du langage du *Tractatus* selon laquelle ne peut être un langage que ce qui a une forme logique, c'est-à-dire la fonction de représenter des faits possibles. Du point de vue des *Recherches*, la conception tractarienne du langage réduit donc la pluralité des jeux de langage à un seul de ces derniers, à savoir l'usage représentatif[9]. La conception du langage des *Recherches* s'oppose donc également à la conception essentialiste du *Tractatus*, c'est-à-dire à cette idée que la vraie forme de la proposition est sa forme logique[10], ce qui implique ici que la fonction essentielle du langage est de représenter

1. RP, § 81.
2. RP, § 355.
3. *Cf.* P. M. S. Hacker *et al.*, *Wittgenstein, Rules, Grammar and Necessity*, *op. cit.*, p. 338.
4. M. Hymers, *Wittgenstein and the Practice of Philosophy*, *op. cit.*, p. 193-201.
5. DC, § 99.
6. DC, § 655-656.
7. RFM, I, § 74.
8. RP, § 23, 108.
9. RP, § 23.
10. T, 4.5 ; RP, § 114.

des faits. En effet, la notion de jeux de langage implique au contraire qu'il n'y a pas d'essence unique du langage, pas de « forme générale de la proposition et du langage »[1], mais un « réseau complexe de ressemblances qui se chevauchent et s'entrecroisent »[2], des « airs de famille »[3]. Comme Wittgenstein le précise lui-même, le langage n'est pas l'unité formelle qu'il avait imaginée[4]. Il n'y a rien d'essentiel au langage, rien qui soit présent dans tous les langages[5], mis à part le fait que les langages sont des pratiques gouvernées par des règles[6]. « L'essence est exprimée dans la grammaire »[7].

En somme, nous pouvons soutenir que la dimension intellectuelle du modèle de la conversion des *Recherches philosophiques* se caractérise par l'arrachement à l'égard d'un usage linguistique exprimant une perspective métaphysique (l'idéalisme essentialiste) au profit d'un usage linguistique exprimant une perspective quotidienne qui valorise ce qui est originaire, saillant et évident dans nos pratiques langagières effectives. Ce modèle est illustré par le passage, dans la pensée de Wittgenstein, de la conception métaphysique du langage du *Tractatus* à la conception quotidienne du langage des *Recherches philosophiques*. Le second Wittgenstein se détourne d'une conception moniste, idéaliste et essentialiste du langage au sein de laquelle la signification est déterminée par des règles rigides pour s'orienter vers une conception pluraliste et conventionnaliste du langage comme activité ou forme de vie humaine gouvernée par des règles pouvant être indéterminées. Les jeux de langage symbolisent ici le lieu d'origine où la conversion nous reconduit puisqu'ils représentent les phénomènes originaires. À travers une mutation linguistique, il s'agit plus précisément de réapprendre à voir comme pour la première fois l'expérience

1. RP, § 65.
2. RP, § 66.
3. RP, § 67.
4. RP, § 108.
5. RP, § 65.
6. RP, § 68.
7. RP, § 371.

humaine – à la fois biologique, sociale et culturelle – que le désir métaphysique nous a fait quitter.

Du contre-vouloir métaphysique au vouloir-voir éthique

Penchons-nous maintenant sur le sens éthique du modèle de la conversion des *Recherches philosophiques*. La conversion de l'usage métaphysique à l'usage quotidien a un sens éthique parce qu'il s'agit, comme dans le *Tractatus*, d'une transformation de la volonté sur la volonté, c'est-à-dire plus précisément d'un arrachement et d'un affranchissement à l'égard d'un contre-vouloir (*metanoia*) en vue de revenir à un vouloir-voir éthique en accord avec le langage et la vie ordinaires (*epistrophè*).

Le lien entre les dimensions intellectuelle et éthique de la conversion est le lien entre la conversion du regard et du langage qui exprime cette vision des choses et l'exigence d'une conversion du contre-vouloir à un vouloir-voir éthique : pour changer notre manière de concevoir le langage et les choses, il faut changer notre volonté, c'est-à-dire dépasser les résistances du vouloir, nous affranchir de ce qui exerce une contrainte sur notre volonté ; ne plus vouloir concevoir le langage et les choses dans une perspective métaphysique, mais vouloir les concevoir dans une perspective quotidienne, celle des jeux de langage de la forme de vie humaine. L'enjeu de cette conversion est donc la conquête d'une certaine liberté de la volonté et de la compréhension exprimée par le langage (d'où sa dimension éthique).

Conversion de la volonté : du besoin inauthentique au besoin authentique

L'idée d'une conversion de la volonté est présente dans les *Recherches philosophiques* à travers le lien qui est établi entre la conversion du regard et du langage, c'est-à-dire le changement radical de notre manière de concevoir et de dire les choses en fonction d'une perspective métaphysique (dimension intellectuelle) et l'exigence de faire tourner les considérations philosophiques autour de l'axe de notre besoin véritable (dimension éthique). En effet, on entre ici dans le domaine du vouloir, et ce, à travers le langage de la conversion, c'est-à-dire l'image d'un retournement de l'ensemble de notre perspective : « Le préjugé de la pureté de cristal ne peut être écarté que si nous faisons tourner toutes nos considérations. (On pourrait dire : Nos considérations doivent tourner, mais autour de l'axe de notre besoin véritable.) »[1]. Cora Diamond commente ce passage d'une façon qui permet de voir clairement en quoi pourrait consister une interprétation éthique de la conversion des *Recherches philosophiques*.

> La perspective doit être retournée, de façon à nous rendre capables de voir ce qui en un sens a toujours été sous nos yeux, mais que la force apparente de la demande philosophique – l'exigence de trouver une forme de réponse qui ne dépende en rien des contingences de nos vies à nous – nous a retenus de voir. Il y a donc une connexion entre ce dont nous avons besoin en philosophie, et ce que nous faisons de notre héritage de la philosophie, notre manière d'en faire quelque chose qui soit véritablement connecté à nos besoins[2].

Selon Diamond, le passage de l'usage métaphysique à l'usage quotidien du langage est le passage des fantasmes « abstrayants » et non questionnés de la tradition philosophique à nos besoins « réels » ou, comme le dit Cavell, l'acte de démasquer la défaite de notre besoin véritable face aux exigences que nous nous imposons et que nous n'évaluons pas[3].

Il ressort alors que la conversion du regard est par le fait même la conversion d'un besoin inauthentique à un besoin authentique. D'une part, le besoin inauthentique est ce besoin de pureté qui motivait la conception de la logique du premier Wittgenstein, le désir métaphysique de saisir l'essence du langage et de la pensée en faisant abstraction du caractère particulier et contingent de nos

1. RP, § 108.

2. C. Diamond, Préface à l'édition française, *in* L. Wittgenstein, *Recherches philosophiques*, trad. fr. F. Dastur *et al.*, Paris, Gallimard, 2004.

3. S. Cavell, « The Availability of Wittgenstein's Later Philosophy », art. cit., p. 93.

pratiques effectives. Ce besoin de pureté est également un préjugé, c'est-à-dire une exigence implicite à l'œuvre dans l'activité philosophique. Il est « inauthentique » parce qu'il n'est pas en accord avec la forme de vie humaine. D'autre part, le besoin authentique est celui qui est exprimé par l'usage quotidien du langage et par ce que Diamond appelle « l'esprit réaliste ». C'est se soucier de « ce qui est manifeste », de « ce qui a toujours été sous nos yeux », les phénomènes originaires que sont les jeux de langage et donc la manière langagière de vivre qui est propre aux êtres humains.

À l'instar de cette idée d'une conversion d'un besoin inauthentique à un besoin authentique, comme nous l'avons vu, Wittgenstein parle dans le *Big Typescript* de l'exigence de « dépasser les résistances du vouloir »[1] qu'il est possible d'interpréter avec Soulez comme une conversion de la volonté. Nous nous situons désormais clairement dans le domaine du vouloir et, comme le dit Soulez, le thème de la conversion est évoqué à travers l'idée d'une attitude (*Umstellung*) « qui indique une façon de se tourner, une orientation », et « qui couronne un dépassement (*Ueberwindung*) »[2].

Le contre-vouloir métaphysique

Nous avons vu au chapitre précédent que le dépassement des résistances du vouloir impliquait l'arrachement ou le renoncement à l'égard d'un « contre-vouloir », une expression qui désigne ce que Wittgenstein appelle parfois indifféremment « besoin », « tendance », « désir » ou « sentiment » au sens où ces derniers opposent une résistance à la volonté. En effet, le second Wittgenstein ne semble pas concevoir la volonté par opposition au domaine des tendances (biologiques ou culturelles) qui serait séparé du domaine du vouloir; les tendances semblent faire partie du domaine du vouloir en tant que contre-vouloir[3].

1. BT, 406.
2. A. Soulez (éd.), *Leçons sur la liberté de la volonté*, suivi de : *Essai sur le libre jeu de la pensée*, *op. cit.*, p. 307, 314.
3. Cf. *Ibid.*, p. 316-317.

Dans les *Recherches philosophiques*, Wittgenstein ne favorise pas l'arrachement et le renoncement à l'égard de n'importe quel contre-vouloir, mais, comme nous l'avons vu, à l'égard d'un contre-vouloir *métaphysique* qui s'exprime à travers une perspective (manière de concevoir) et un usage linguistique (manière de parler) métaphysiques liés à une certaine attitude ou manière de vivre particulière. Ce contre-vouloir métaphysique est inauthentique au sens où il n'est pas en accord avec l'usage quotidien du langage, et ce, parce qu'il consiste en une tendance à adopter l'illusion d'une perspective extérieure au langage et à la vie ordinaires. En effet, le préjugé de la pureté sur lequel il repose l'amène à chercher une essence qui servirait de réponse philosophique donnée « une fois pour toutes, indépendamment de toute expérience à venir »[1], bref une explication ultime qui vaudrait universellement au-delà de tout contexte et de toutes circonstances particulières tandis que, selon le second Wittgenstein, la signification d'un concept est déterminée par les conventions qui régissent l'usage que nous en faisons dans un jeu de langage particulier.

Wittgenstein affirme qu'il est aussi difficile de renoncer au contre-vouloir métaphysique que de retenir ses larmes ou une explosion de colère[2]. Il ne s'agit donc pas simplement d'argumenter intellectuellement en faveur du renoncement de ce contre-vouloir, mais d'opérer une véritable conversion du contre-vouloir au vouloir-voir éthique. Seul un changement radical et global comme la conversion parviendra à nous affranchir d'un désir aussi fortement ancré.

Le vouloir-voir éthique : une éthique de la finitude et de la liberté au sens d'autonomie

L'arrachement ou le renoncement à l'égard du contre-vouloir métaphysique se fait, pour reprendre l'expression de Soulez[3],

1. RP, § 92.
2. BT, 406.
3. A. Soulez (éd.), *Leçons sur la liberté de la volonté*, suivi de : *Essai sur le libre jeu de la pensée*, *op. cit.*, p. 313.

au profit d'un *vouloir-voir éthique*; mais en quoi le modèle de la conversion du second Wittgenstein y mène-t-il? Dans un premier temps, au sens d'une *éthique de la finitude* : renoncer au contre-vouloir métaphysique, c'est accepter qu'on ne peut franchir les limites de notre forme de vie.

La présence de cette éthique de la finitude peut être mise en lumière à travers une interprétation éthique de la méthode des *Recherches philosophiques* telle qu'elle est formulée dans ce passage célèbre : « La philosophie ne doit en aucune manière porter atteinte à l'usage effectif du langage, elle ne peut donc, en fin de compte que le décrire. Car elle ne peut pas non plus le fonder. Elle laisse toutes choses en l'état »[1]. Hadot avait bien vu que « laisser toutes choses en l'état » signifiait accepter les limites infranchissables du langage quotidien et donc qu'il n'y a pas de perspective extérieure à ce langage : « La philosophie ne peut donc chercher à normaliser, codifier, purifier ou expliquer le langage quotidien, pour la bonne raison que le seul langage sensé est précisément ce langage quotidien et qu'il est absolument impossible de le surmonter »[2]. Dans le même ordre d'idées, Cavell affirme que ce passage est à comprendre au sens où la philosophie erre lorsqu'elle cherche à échapper aux formes de vie qui donnent pourtant une cohérence à notre expression[3]. Inspiré par Wittgenstein, Cavell ajoute que la manière de vivre des êtres humains est toujours déjà langagière; que nous ne pouvons pas sortir du langage.

> Pour ces créatures pour lesquelles le langage est notre forme de vie, ceux qu'Emerson appelle victimes de l'expression – des mortels – le langage est partout où nous nous trouvons, ce qui veut dire partout dans la philosophie[4].

Suivant Cavell, Sandra Laugier reconnaît clairement ici la présence d'une éthique de la finitude.

1. RP, § 124.
2. P. Hadot, *Wittgenstein et les limites du langage*, *op. cit.*, p. 71-72.
3. S. Cavell, « The Availability of Wittgenstein's Later Philosophy », art. cit., p. 83.
4. S. Cavell, *Une nouvelle Amérique encore inapprochable*, *op. cit.*, p. 117.

> Les limites du langage sont les limites de mon monde, et de ma vie : reconnaître ma forme de vie dans le langage, c'est reconnaître ma finitude. [...] La volonté, qui selon Hadot est une constante dans l'œuvre de Wittgenstein, est justement de guérir du désir de sortir du langage et même, ce qui est plus difficile, du désir de théoriser l'impossibilité d'en sortir : ce serait cela, la véritable thérapeutique de l'œuvre de Wittgenstein, qui ne vise pas à nous guérir de la philosophie, mais à nous faire comprendre la nature du non-sens [1].

Reconduire le langage de son usage métaphysique à son usage quotidien, c'est renoncer à un usage du langage motivé par la volonté de donner des explications absolues, et favoriser l'émergence d'un usage du langage exprimant la volonté de simplement décrire les phénomènes originaires que sont les jeux de langage de notre forme de vie humaine. L'exigence de « laisser toutes choses en l'état » qui traverse le modèle de la conversion des *Recherches* est donc une exigence *éthique* non seulement parce que la volonté est en cause, mais parce que le renoncement du contre-vouloir métaphysique coïncide avec un retour à une manière de concevoir et de parler qui passe par l'*acceptation* des limites insurmontables du langage et de la vie ordinaires en vue du bonheur. Les jeux de langage et la forme de vie humaine ne sont donc pas seulement les instances ultimes de la justification (sur le plan de la connaissance) et les critères ultimes de la signification (au niveau linguistique), mais également ici les concepts-limites de cette éthique de la finitude. Comme nous l'avons vu, pour être heureux, dit Wittgenstein, la manière de vivre (langagière) doit être en accord avec la forme de vie [2].

Il faut souligner que cette éthique de la finitude est liée à cette idée qu'il y a en germe chez l'être humain le besoin inauthentique d'utiliser le langage pour parler de quelque chose qui relève d'un point de vue soi-disant externe au langage et au monde qui exprime une insatisfaction fondamentale envers la vie humaine telle qu'elle

1. S. Laugier, « Langage ordinaire et exercice spirituel », dans A. I. Davidson and F. Worms (ed.), *Pierre Hadot, l'enseignement des antiques, l'enseignement des modernes*, *op. cit.*, p. 67.

2. RM, 27.

est. C'est cette insatisfaction qui nous pousse à chercher notre bonheur à l'extérieur du langage et du monde, pourtant le seul langage et le seul monde que nous avons. Accepter les limites du langage et de la vie ordinaires, c'est donc également faire tourner le discours philosophique autour de l'axe de notre besoin véritable [1].

Il est aussi important de mentionner que cette éthique de la finitude ne signifie pas nécessairement une résignation passive face à la vie. D'une part, comme le précise Wittgenstein, il est vrai qu'il est aussi difficile de renoncer au contre-vouloir métaphysique que de retenir ses larmes ou une explosion de colère, mais en réalité nous ne renonçons à rien lorsque nous renonçons à l'illusion d'une perspective externe (sauf peut-être à un langage dénué de sens ou à un désir vain) [2]. D'autre part, voir cette éthique de la finitude comme une résignation passive face à la vie relève d'une attitude et d'un caractère particuliers (et non de la nature intrinsèque de cette éthique). Comme le dit Cavell, il y a deux possibilités d'évaluation éthique de l'exigence de « laisser les choses en l'état ». Il peut sembler contraignant pour certains caractères et libérateur pour d'autres. Les premiers le voient comme une résignation passive et les deuxièmes comme une conquête de notre liberté par l'affranchissement à l'égard du contre-vouloir métaphysique [3]. C'est d'ailleurs ce que montre la démythologisation de la conception de la volonté et de la liberté du *Tractatus* par le second Wittgenstein : la prise de conscience d'une certaine forme de déterminisme ne mène pas *nécessairement* au fatalisme. De plus, comme le précise Cavell, la finitude de notre forme de vie dont la conversion des *Recherches philosophiques* cherche à nous faire prendre conscience n'est pas une faille de la condition humaine qui justifierait un sentiment d'impuissance, mais la condition de possibilité de la connaissance

1. RP, § 108.
2. *Cf.* BT, 406.
3. S. Cavell, « The Availability of Wittgenstein's Later Philosophy », art. cit., p. 79.

humaine (ce qui fait de la connaissance humaine une connaissance *humaine*)[1].

Dans un deuxième temps, le modèle de la conversion du second Wittgenstein mène à un vouloir-voir éthique au sens d'une *éthique de la liberté*. Cette dernière est liée à l'éthique de la finitude dans la mesure où pour vouloir accepter les limites des pratiques effectives circonscrites par la forme de vie humaine (pour vouloir que notre manière langagière de vivre soit en accord avec la forme de vie humaine), nous devons *nous affranchir* du contre-vouloir métaphysique, cette tendance implicite envers l'usage métaphysique du langage, au profit de l'usage quotidien du langage qui laisse les choses en l'état.

Il semble y avoir au moins trois sens à cette éthique de la liberté. Premièrement, le vouloir-voir est éthique au sens d'une éthique de la liberté dans la mesure où, d'une part, la manière de concevoir vers laquelle la conversion du regard des *Recherches philosophiques* veut nous conduire est justement un *vouloir*-voir. En effet, à travers cette conversion du regard, c'est spécifiquement la volonté qui est en cause (et donc la possibilité de la liberté indispensable au bonheur), et non simplement la perspective au sens intellectuel du terme, et plus précisément une *réorientation du vouloir* : ne plus *vouloir* concevoir les choses dans une perspective métaphysique, mais *vouloir* les concevoir dans une perspective quotidienne.

D'autre part, ce vouloir-voir est lié à une éthique de la liberté dans la mesure où il désigne une attitude de liberté intérieure au sens d'autonomie. C'est d'ailleurs l'interprétation de Soulez : « Appelons "éthique" cette conception inhabituelle de la volonté de voir, dont le pouvoir de convertir le sujet vient du seul sujet »[2]. En effet, ce n'est plus une tendance inconsciente en moi qui m'amène à concevoir le langage et les choses d'une certaine manière (métaphysique); c'est moi qui choisis de les concevoir comme je le veux, c'est-à-dire selon une perspective quotidienne qui répond

1. *Ibid.*, p. 83.

2. A. Soulez (éd.), *Leçons sur la liberté de la volonté*, suivi de : *Essai sur le libre jeu de la pensée*, *op. cit.*, p. 318; *cf.* aussi p. 331.

à mon besoin véritable. Je choisis de laisser le langage et les choses en l'état. Cela implique de *m'affranchir* d'un contre-vouloir, de renoncer à ce besoin inauthentique, à ce désir métaphysique.

Deuxièmement, le vouloir-voir est éthique au sens d'une éthique de la liberté dans la mesure où l'enjeu est également l'affranchissement à l'égard d'une conception contraignante de la liberté. Ici, changer notre manière de concevoir la liberté peut nous amener à conquérir notre liberté sur le plan éthique. Voyons comment cela est possible à partir de la démythologisation de la conception de la liberté du premier Wittgenstein par le second Wittgenstein. Cet exemple permet selon nous d'illustrer très précisément comment le discours philosophique peut arriver à opérer une conversion chez le second Wittgenstein.

Il s'agit d'abord de mettre en lumière la confusion linguistique à l'origine de la conception de la volonté des *Carnets 1914-1916* et du *Tractatus*. Le point de départ de cette conception est le raisonnement problématique suivant : je ne peux pas exercer ma volonté en tout temps. Par conséquent, je ne peux pas « vouloir à volonté » (je ne peux pas vouloir vouloir). D'une part, ce raisonnement repose sur une conception confuse de la volonté tirée de la grammaire de l'expérience (la volonté est conçue comme quelque chose qui arrive, c'est-à-dire un événement, par opposition à une action volontaire qu'on peut provoquer)[1]. D'autre part, ce sentiment d'impuissance est justifié en fonction d'une généralisation indue à partir d'un contexte spécial : s'il m'arrive parfois d'être contraint ou d'avoir un sentiment de dépendance à l'égard du monde extérieur, cela ne signifie pas, comme le dit Wittgenstein dans les *Carnets 1914-1916*, que je suis totalement impuissant[2], c'est-à-dire que ma volonté *se définit* essentiellement par ce sentiment[3].

Si je suis totalement impuissant sur le plan empirique, se demande le premier Wittgenstein, je fais pourtant l'expérience

1. *Cf.* RP, § 611 ; *cf.* P. M. S. Hacker, *Wittgenstein Mind and Will. Part I: Essays*, *op. cit.*, p. 214.
2. C, 11.6.16.
3. *Cf.* RPP, I, § 221 ; RP, § 613.

vécue de la valeur. D'où vient alors la valeur? Elle doit venir de l'extérieur du monde des faits (sans quoi elle n'aurait pas de valeur), à savoir d'une volonté éthique au sens transcendantal (la « vraie » volonté). La réflexion du premier Wittgenstein aboutit donc à une conception dualiste de la volonté : la volonté éthique se définit par opposition à une volonté empirique. Ayant posé le problème de la volonté dans un paradigme empirique (comment puis-je être libre si je ne peux influer sur les événements du monde?), mais convaincu que la volonté *n'est pas* empirique (sinon comment rendre compte de la valeur?), la volonté *doit* donc être métaphysique. Tout se passe comme s'il fallait absolument choisir entre le domaine empirique et le domaine de la volonté transcendantale, ce qui ne va bien sûr pas du tout de soi, mais répond plutôt à une exigence métaphysique.

Du point de vue du second Wittgenstein, l'analyse grammaticale révèle que s'il est vrai que je ne peux exercer ma volonté en tout temps, que je suis parfois contraint, forcé ou déterminé, la volonté n'a cependant pas la grammaire de l'expérience, mais celle de l'*acte* (au sens ordinaire du terme) et, qui plus est, d'un acte sans antécédent physique ou psychologique[1]. Cette conception de la volonté a bien sûr des répercussions sur la conception de la liberté du premier Wittgenstein qui cherchait au fond à trouver le juste rapport entre la liberté de la volonté et une certaine forme de déterminisme qui suscitait chez lui un sentiment d'impuissance. Or, comme nous l'avons vu, non seulement la conception de la liberté des *Carnets 1914-1916* et du *Tractatus* se fonde sur la généralisation d'un sentiment de dépendance particulier à un type de déterminisme qui contraint la volonté à chaque instant[2], mais comme l'a bien montré Wittgenstein dans les *Leçons sur la liberté de la volonté*, ce sentiment d'impuissance se fonde également sur deux confusions.

D'une part, il se fonde sur cette idée que la régularité exprimée dans des lois ou des tendances *doit* impliquer la contrainte. Comme nous

1. *Cf.* RP, § 615; P. M. S. Hacker, *Wittgenstein Mind and Will. Part I: Essays*, *op. cit.*, p. 227-229; J. Bouveresse, *Wittgenstein : la rime et la raison...*, *op. cit.*, p. 133.

2. RPP, I, § 221.

l'avons vu, l'analyse grammaticale révèle que ce faux raisonnement est motivé par une image de la régularité comme « produite par des rails » : si les choses vont régulièrement comme elles vont, elles doivent être forcées à aller comme elles vont ; comme si elles étaient fixées à des rails sur lesquelles elles avaient à cheminer. Or, par exemple, les décisions conformes à des lois naturelles ne sont pas nécessairement *contraintes* par des lois naturelles. Quand on dit que nos décisions suivent des lois naturelles, on veut dire que nous pourrions hypothétiquement prévoir nos décisions (dans la mesure où la notion de loi implique celle de régularité). Mais même si on pouvait prévoir nos décisions (ce qui est improbable), elles ne seraient pas contraintes *par* des lois naturelles parce qu'il est dénué de sens de dire que « les lois naturelles *contraignent* », qu'elles ont le pouvoir de contraindre. Les lois naturelles sont exactes, c'est tout[1]. Elles disent simplement que les choses vont comme elles vont de manière régulière. D'autre part, ce sentiment d'impuissance repose sur l'idée que la liberté de la volonté *doit* exclure la contrainte. Or, l'analyse grammaticale montre que nous pouvons parfaitement être libres tout en étant contraints (si je ne peux pas être libre à tous les niveaux, cela ne veut pas dire que je suis totalement impuissant). Par exemple, une tendance biologique ou culturelle peut exercer continuellement une force sur ma volonté, mais ultimement je suis libre de résister ou non.

En somme, le sentiment tractarien de dépendance et d'impuissance à l'égard du monde extérieur repose sur la conception de la régularité comme contrainte cristallisée dans l'image des rails. Or, la régularité n'est pas contraignante en elle-même, c'est nous qui la concevons ou non comme essentiellement contraignante (nous sommes « forcés à vouloir la voir » comme contraignante). Démythologiser cette conception de la liberté, c'est donc s'affranchir d'une conception contraignante de la liberté et comprendre que le « fatalisme stoïcien » du premier Wittgenstein ne relève pas de la nature intrinsèque des choses, mais d'une confusion linguistique

1. LLV, 15.

liée à une tendance de l'être humain présente chez certains caractères philosophiques. Changer notre manière « intellectuelle » de concevoir la liberté peut nous amener à conquérir notre liberté sur le plan éthique parce que, comme c'est le cas ici, cette conversion a le pouvoir de nous affranchir d'un sentiment d'impuissance envers le monde extérieur qui peut nous rendre malheureux.

Troisièmement, le vouloir-voir est éthique au sens d'une éthique de la liberté dans la mesure où le passage de l'analyse grammaticale aux considérations métaphilosophiques touchant à la volonté et à la liberté nous amène à nous affranchir d'une manière contraignante de concevoir l'activité philosophique. En effet, l'analyse grammaticale des concepts de volonté et de liberté est elle-même une activité réflexive de la volonté sur la volonté. Pourtant, en nous livrant à cette activité philosophique, nous sommes parfois implicitement forcés de voir les choses d'une certaine façon, c'est-à-dire en fonction d'une image captivante [1].

Nous pouvons appliquer ici la conception de la liberté (et de la volonté) que l'analyse grammaticale a mise en lumière à la tâche de la philosophie : nous pouvons agir et prendre des décisions philosophiques conformément à cette tendance à vouloir voir les choses d'une certaine manière tout en demeurant libres. La force qu'exerce cette tendance sur notre volonté pourrait être perçue comme une forme problématique de déterminisme (une dépendance à l'égard d'une volonté étrangère) incompatible avec la liberté, mais en réalité « nous ne sommes pas contraints d'être contraints » par cette tendance à voir les choses d'une certaine manière. Nous pouvons nous affranchir de ce contre-vouloir métaphysique qui oriente le discours philosophique. Il suffit de voir cette tendance d'une autre façon, d'envisager la possibilité d'une image alternative, un arrangement conceptuel qui va jeter sur elle un éclairage différent, non problématique.

1. *Cf.* LLB, 36-37.

Analyse comparative ciblée : le second Wittgenstein face au modèle stoïcien d'Épictète

Examinons maintenant quelques ressemblances et différences entre le modèle stoïcien de la conversion chez Épictète et le modèle de la conversion qu'il semble possible de tirer de la réflexion du second Wittgenstein. Cette analyse comparative nous permettra de résumer certains points déjà soulevés, mais à partir d'un autre angle. En ce sens, nous utiliserons l'opposition entre le modèle stoïcien (lié la plupart du temps au modèle tractarien) et le modèle du second Wittgenstein comme une dialectique féconde permettant de tirer des conclusions sur une possible fonction éthique du discours philosophique sur le plan de la conversion que le discours philosophique peut opérer.

La conversion de la volonté comme conversion à soi

D'entrée de jeu, il est intéressant de remarquer que le modèle de la conversion du second Wittgenstein peut, comme celui du *Tractatus*, être conçu à la lumière du modèle stoïcien d'une conversion de la volonté sur la volonté au sens d'un choix primordial, consistant en une transformation éthique indissociable d'une transformation intellectuelle, passant par le renoncement à l'égard d'un certain vouloir, et ce, au profit d'un vouloir qui nous est propre.

Comme nous l'avons vu, la conversion de l'usage métaphysique à l'usage quotidien est, comme dans le *Tractatus* et le modèle stoïcien, une transformation de la volonté sur elle-même, mais dont la spécificité est ici l'idée d'un arrachement et d'un affranchissement à l'égard d'un contre-vouloir métaphysique (*metanoia*) en vue de revenir à un vouloir-voir éthique en accord avec le langage et la vie ordinaires (*epistrophè*).

À l'instar des modèles tractarien et stoïcien, la volonté à convertir est une prise de position préalable à l'égard de la réalité : la manière de concevoir le langage et les choses se fonde sur un vouloir-voir qui détermine préalablement comment ce langage et ces choses doivent être. C'est en ce sens qu'on peut parler encore une fois d'une conversion de la volonté. Dans le même ordre d'idées, comme le relève Dragona-Monachou, il y a également chez le second Wittgenstein les traces d'une conception « stoïcienne » de la volonté comme position éthique prescriptive et attitudinale[1] tel qu'en témoigne le passage ci-dessous.

« Dans le sens où poser une question et insister sur une réponse est l'expression d'une attitude différente, un mode de vie différent que de ne pas la poser, on peut dire *de même* pour des énoncés comme "C'est la volonté de Dieu" ou "Nous ne sommes pas maîtres de notre destin". Le travail accompli par cette phrase, ou en tout cas quelque chose du genre, pourrait aussi être accompli par un ordre ! Incluant celui qu'on se donne à soi-même. »[2]

En revanche, à la différence du *Tractatus*, la volonté ne correspond pas chez le second Wittgenstein à un sujet éthique au sens métaphysique. Comme chez Épictète, et à la différence du modèle tractarien, le sujet voulant fait désormais partie du monde physique.

Nous reviendrons sur la question de la relation entre le sujet et la nature dans la section suivante portant sur la visée éthique de la conversion. Attardons-nous cependant à la spécificité de la conception du sujet du second Wittgenstein en lien avec la question du corps. Dans le modèle stoïcien, nous avons vu que le sujet ne s'identifiait pas à un corps, mais n'était ni séparé du corps ni séparé de la nature en général. À l'inverse, nous avons également relevé que le sujet du *Tractatus* ne résidait pas dans le monde physique et donc ne se définissait pas par son corps[3]. Or, chez le second Wittgenstein, un peu comme dans le modèle stoïcien, le sujet ne s'identifie pas à un corps, mais il n'est pas pour autant privé d'une certaine dimension corporelle. Pour expliciter ce point, partons de ce passage des *Remarques sur la philosophie de la psychologie*.

1. M. Dragona-Monachou, « Epictetus on Freedom : Parallels between Epictetus and Wittgenstein », *in* T. Scaltsas et A. S. Mason (eds.), *The Philosophy of Epictetus*, *op. cit.*, p. 137-138.

2. CV, 61 (notre traduction).

3. T, 5.641.

> Le préjugé du parallélisme psycho-physique est également le fruit d'une conception primitive de la grammaire. Car, si l'on admet une causalité entre les phénomènes psychologiques sans médiation physiologique, alors on croit avoir du même coup concédé l'existence d'une âme *à côté* du corps, l'existence d'un être animé spirituel[1].

En d'autres termes, il peut y avoir des phénomènes psychologiques qui ne correspondent pas à des régularités physiologiques (à des processus cérébraux), mais cela ne signifie pas que le sujet de ces expériences psychologiques soit une âme fantomatique à laquelle le corps serait coordonné.

Si le sujet n'est pas une âme, est-il un corps ? Wittgenstein ne cherche pas ici à nous amener vers ce genre de débat scolastique. Il critique plutôt la psychologie naturaliste au sens physicaliste et scientiste du terme au profit d'un naturalisme anthropologique (*cf.* section III de ce chapitre) lequel, solidaire d'une approche grammaticale en philosophie de la psychologie, permet de redéfinir la relation du sujet avec sa nature corporelle. En effet, la question de savoir si le sujet est un corps (ou une âme, ou un composé des deux) présuppose que « Je » a une fonction référentielle ce qui, selon Wittgenstein, n'est pas le cas la plupart du temps. Par exemple, à la première personne de l'indicatif présent, le langage des sensations a plutôt une fonction expressive naturelle. Wittgenstein parle notamment du langage de la douleur comme le substitut linguistique sophistiqué de l'expression primitive de la souffrance à travers les cris ou les gémissements[2].

Comme le soutient Christiane Chauviré, le sujet (« Je ») est à comprendre plutôt comme une fonction grammaticale de configuration du discours (ou encore une notation ou un style) qui institue, en vertu d'un acte de langage, un système de repérage dont « je » suis le point d'origine[3]. Il n'y a pas de fait-sujet (le sujet n'est

1. RPP, I, § 903-906.
2. CV, 31 ; RP, § 244-245.
3. C. Chauviré, *L'immanence de l'ego. Langage et subjectivité chez Wittgenstein*, Paris, P.U.F., 2009, p. 117-121, 127.

pas, par définition, un « objet ») parce que le sujet n'a pas un sens empirique, mais grammatical. Ainsi, il n'est ni un corps, ni une âme, ni même un composé des deux. Qui plus est, il ne se confond pas avec le jeu de langage du corps : au sein de cette conception grammaticale, le sujet n'est pas, pour ainsi dire, « quelque chose qui se tient là, dans l'espace », mais une *fonction*.

Or, si le sujet n'est pas un corps au sens référentiel du terme, la conception grammaticale du sujet comporte tout de même une dimension corporelle. En effet, chez le second Wittgenstein, les énoncés psychologiques à la première personne de l'indicatif présent ont tendance, mais pas toujours, à être les expressions (*Aüßerungen*) de comportements naturels « primitifs » et donc, en quelque sorte, les prolongements de notre nature corporelle [1]. Cela se voit à travers la description du langage psychologique qui, en fonction des contextes, se révèle plus ou moins comme un substitut linguistique de réactions primitives. C'est notamment le cas de l'intention [2], de la pensée [3], d'une émotion comme la peur [4] et de la croyance [5].

Cela dit, Wittgenstein nous met en garde contre la confusion du jeu de langage des sensations et celui des énoncés psychologiques qui peut mener au représentationnalisme : « Parallèle trompeur : le cri, expression de la douleur – la proposition, expression de la pensée ! Comme si le but de la proposition était de faire savoir à quelqu'un ce que quelqu'un d'autre ressent, mais en quelque sorte dans l'appareil de la pensée, et non dans l'appareil digestif » [6]. En somme, la conception wittgensteinienne du sujet ne se situe pas dans le paradigme corps/âme parce que « Je » n'a pas, la plupart du temps, une fonction référentielle. C'est un sujet grammatical

1. Cf. *Ibid.*, p. 133-135 ; A. Kenny, « Whose Naturalism ? Which Wittgenstein ? », *American Philosophical Quarterly* 48, no. 2, 2011, p. 214 ; J. Bouveresse, *Le mythe de l'intériorité*, Paris, Minuit, 1987, p. 635.

2. RP, § 647.

3. RP, II. xi, p. 306.

4. RP, II, ix, p. 267.

5. DC, § 180-181.

6. RP, § 317.

immanent au langage et donc qu'on ne peut hypostasier en objet, mais qui comporte une dimension corporelle.

Ajoutons que, comme dans le modèle stoïcien de la conversion, la transformation de la volonté est ici solidaire d'une transformation de la pensée et du langage. En effet, comme nous l'avons vu, le discours philosophique est motivé chez le second Wittgenstein par un contre-vouloir métaphysique lié au domaine du désir et qui tourmente le philosophe. Comme chez Épictète, le bonheur visé par la conversion repose donc sur le rapport de nos désirs envers nos jouissances.

Sur le plan intellectuel, ce sont dans les deux cas certains préjugés non questionnés qui engendrent les désirs insatisfaits. En réalité, Épictète parle plutôt de « jugements »[1] qui nous conditionnent à notre insu, alors que Wittgenstein défend que la source ultime du trouble est plutôt une erreur de catégorie, c'est-à-dire une préconception cristallisée dans une image à l'origine des jugements. La conversion consiste alors à transformer la pensée et le langage qui maintiennent en vie les désirs qui nous rendent malheureux, et ce, dans la mesure où ils sont déjà, à la base, l'expression d'un vouloir-voir.

Cependant, dans le modèle stoïcien, cette conversion passe, comme nous l'avons vu, par une thérapeutique des passions et par l'assentiment de ce qui est bien selon la théorie morale, ce que nous ne retrouvons pas encore une fois chez le second Wittgenstein. La transformation de la volonté découle strictement de la transformation du langage qui consiste, au moyen d'une méthode grammaticale, à passer d'un usage métaphysique à un usage quotidien. La stratégie consiste donc plutôt à agir indirectement sur le contre-vouloir en travaillant sur le langage qui en est l'expression, ce qui permet d'éviter de s'empêtrer dans une psychologie des émotions négatives et d'être contraint par une théorie morale qui aurait préalablement décidé de ce qui est légitime dans notre analyse.

1. Épictète, *Manuel*, V, *op. cit.*

Sur le plan éthique, la croyance stoïcienne que le bonheur visé par la conversion repose sur le rapport de nos désirs envers nos jouissances se retrouve chez le second Wittgenstein, par exemple, à travers cette idée que (vouloir) penser à tort que nous sommes impuissants face aux événements du monde nous rend malheureux parce que notre manière langagière de vivre n'est alors pas en accord avec la forme de vie humaine (ce qui, comme nous l'avons vu, est en quelque sorte le critère du bonheur). Il y a un prix à payer à ne pas accepter que la vie soit telle qu'elle est. Or, dans le modèle stoïcien, la théorie physique démontre comment la nature est ordonnée et déterminée, comment elle est intrinsèquement contraignante. La seule solution est d'accepter notre impuissance face au déterminisme naturel (comme le premier Wittgenstein acceptait le déterminisme empirique). Chez le second Wittgenstein, l'analyse grammaticale montre plutôt que la régularité présente dans le monde ou dans la nature n'est pas contraignante en elle-même ; c'est nous qui la voyons comme contraignante, qui avons tendance à adopter une conception contraignante de la régularité, ce qui peut conduire à la croyance en un déterminisme qui nie la liberté de la volonté et suscite en nous un sentiment d'impuissance. La transformation intellectuelle de la pensée et du langage est donc par le fait même une transformation éthique de la volonté qui a un impact sur notre bonheur.

Par ailleurs, dans les modèles tractarien et stoïcien, il y a également cette idée d'un renoncement à vouloir ce qui ne dépend pas de nous, c'est-à-dire les choses extérieures par rapport auxquelles notre volonté est impuissante. Cela implique chez le premier Wittgenstein de renoncer au désir métaphysique de penser ou de dire ce qui relèverait de l'illusion d'une perspective extérieure au domaine empirique et donc extérieure à la pensée et au langage dont la fonction essentielle est de représenter des faits.

Chez le second Wittgenstein, il ne s'agit plus, pour la volonté, de renoncer d'emblée à influer sur les faits du monde, mais de renoncer au vouloir-voir qui motive l'usage métaphysique du langage. Il s'agit, comme dans le *Tractatus*, de renoncer à une certaine volonté ou désir métaphysique, non pas cependant parce qu'elle cherche à adopter une perspective extérieure au domaine des faits, mais parce qu'elle cherche à adopter une perspective extérieure au langage et à la vie ordinaires.

Finalement, dans le modèle stoïcien et chez le premier Wittgenstein, le discours philosophique opère une conversion à soi au sens où la volonté est conçue dans les deux cas comme l'acte de conversion du sujet, c'est-à-dire le choix de soi comme sujet éthique. Chez le second Wittgenstein, il s'agit plutôt, encore une fois, de reconduire le langage de son usage métaphysique à son usage quotidien, c'est-à-dire de réapprendre à voir les phénomènes linguistiques originaires. Nous pouvons parler d'une *epistrophè*, mais qui vise cette fois-ci à ramener non pas comme tel le sujet, mais plutôt *notre langage* au domaine qui lui est propre. Or, puisque cette conversion du langage est par le fait même une conversion d'un besoin inauthentique à un besoin authentique et que le langage s'inscrit dans une forme de vie, revenir à l'usage quotidien du langage, c'est revenir à la manière langagière de vivre qui est propre à l'être humain et, plus particulièrement, au domaine de la *volonté* humaine (à ce dont nous avons véritablement besoin). En ce sens très spécifique, le modèle de la conversion du second Wittgenstein peut donc, lui aussi, être conçu comme une conversion à soi, c'est-à-dire à un vouloir qui nous est propre.

Les étapes de la conversion

Il est intéressant de relever maintenant que le modèle de la conversion du second Wittgenstein reprend, sous une forme différente, les étapes de la conversion des modèles tractarien et stoïcien de la conversion partant du problème de l'impuissance à l'égard du monde, en passant par la dichotomie entre le domaine de la volonté et le domaine des choses extérieures, et aboutissant à une solution fondée sur une éthique de la finitude.

D'abord, on constate qu'il y a des parallèles entre le modèle stoïcien et les modèles du premier *et* du second Wittgenstein autour de cette idée qu'un objectif important de la conversion est de trouver le juste rapport entre la volonté et une certaine forme de déterminisme qui suscite un sentiment d'impuissance. Comme l'a bien dit Hadot, l'expérience de base du choix de vie stoïcien est marquée par la prise de conscience aiguë du destin [1]. Il est désormais clair que le premier Wittgenstein est très sensible à ce « fatalisme stoïcien ».

Toutefois, le second Wittgenstein continue à dialoguer avec cette tendance « stoïcienne », bien que désormais sur le mode de la démythologisation. Sans chercher d'emblée à la critiquer, il accorde toujours une place à cette croyance particulière en cherchant plutôt à expliciter la conception sur laquelle elle repose. Par exemple, il est selon lui possible de constater que la négation du libre arbitre mène à une attitude fondée sur la croyance non scientifique en la déresponsabilisation à l'égard de notre bonheur ou de notre malheur [2]. Cette description contribue à démythologiser la tendance envers ce « fatalisme stoïcien » dans la mesure où elle la met à nu, la présente telle qu'elle est, sans le déguisement du mythe. Nous retrouvons le même genre de propos dans un autre passage datant de la même année et que nous avons cité ci-dessus [3]. Wittgenstein fait ici une remarque grammaticale concernant des propositions cherchant à exprimer la croyance envers le Destin à laquelle il était sensible dans les *Carnets 1914-1916* et le *Tractatus*. Il ne rejette pas comme telle cette croyance (elle semble d'ailleurs toujours faire partie de lui), mais met plutôt en lumière, à partir d'une perspective descriptive, le fait que ces propositions expriment une attitude et une manière de vivre particulières et que leur fonction est comparable au fait de se donner un ordre à soi-même.

En somme, le second Wittgenstein dialogue toujours avec cette croyance envers une certaine forme de déterminisme moral qui le tourmentait à l'époque du *Tractatus*, mais en cherchant désormais à mettre à nu la préconception (l'image, la mythologie) à l'origine de cette croyance. Or, si l'analyse grammaticale, qui consiste à expliciter

1. P. Hadot, *Qu'est-ce que la philosophie antique ?*, *op. cit.*, p. 198.
2. CV, 63.
3. CV, 61.

les conventions régissant notre usage des propositions exprimant ce type de croyance, s'inscrit dans une perspective *descriptive* – en effet, la mythologie n'a pas nécessairement ici un sens péjoratif (il s'agit simplement d'une image) – elle fait cependant ressortir une confusion problématique tant sur le plan intellectuel que sur le plan éthique.

Sur le plan intellectuel, nous avons vu que cette attitude ou manière de voir le monde reposait selon le second Wittgenstein, d'une part, sur la généralisation abusive d'un sentiment de dépendance particulier et, d'autre part, sur le faux raisonnement selon lequel si je ne peux exercer ma volonté en tout temps, je suis totalement impuissant. Sur le plan éthique, il s'agit de voir que le second Wittgenstein ne remet pas au fond en question le fait qu'*il y ait* une certaine forme de déterminisme ou, du moins, une profonde limite à notre liberté, mais plutôt ultimement la *réaction* à l'endroit de ce déterminisme, c'est-à-dire le sentiment d'impuissance que ce dernier suscite. Face à ce qui est perçu comme un déterminisme problématique, il y a, comme c'était le cas chez le premier Wittgenstein, la possibilité d'adopter une attitude malheureuse, marquée par un sentiment d'impuissance qui rend justement la vie problématique, ou une attitude heureuse marquée par la disparition du problème.

> Ou ne dois-je pas dire que celui qui vit bien ne ressent pas le problème comme quelque chose d'affligeant, et donc non plus comme problématique, mais plutôt comme une joie – quelque chose de semblable à un éther lumineux autour de sa vie, et non à un arrière-plan douteux ?[1]

Le juste rapport entre la liberté et un certain type de déterminisme ne passe cependant pas ici, comme chez le premier Wittgenstein, par l'acceptation de l'impuissance de la volonté à l'égard des choses extérieures puisque ce sentiment d'impuissance se fonde désormais selon lui sur une conception confuse de la volonté et de la liberté. La solution passe plutôt par la disparition du problème, c'est-à-dire

1. RM, 84-85.

par un changement radical de paradigme (une *metanoia*), que la démythologisation du vouloir-voir opérée par l'analyse grammaticale rend possible. Non plus accepter l'impuissance, mais sortir du paradigme dans lequel le problème de l'impuissance se pose.

Ensuite, comme le relève à juste titre Dragona-Monachou, Wittgenstein et Épictète sont tous deux convaincus que nous pouvons être libres à travers l'exercice de la volonté même s'il y a des choses qui ne dépendent pas de nous, c'est-à-dire que nous ne pouvons pas changer. Chez Épictète comme chez Wittgenstein, nous nous situons donc au-delà de l'opposition entre le libertarisme et le déterminisme causal[1].

Il y a une continuité de ce thème entre le premier et le second Wittgenstein. En effet, d'une part, dans les *Carnets 1914-1916*, on retrouve à la fois l'idée que je suis dépendant d'une volonté étrangère (le monde, Dieu, le Destin) et celle que je peux me rendre indépendant (devenir en accord avec le monde, accomplir la volonté de Dieu). D'autre part, dans les *Leçons sur la liberté de la volonté*, il n'y a pas de dichotomie entre la liberté de la volonté et le déterminisme. Nous pouvons être libres tout en étant contraints par une tendance culturelle ou biologique[2].

Même s'il est vrai que les modèles tractarien et stoïcien de la conversion réconcilient la liberté de la volonté et le déterminisme, c'est toutefois après les avoir conçus comme deux domaines indépendants et situés aux extrêmes. En effet, comme nous l'avons vu, dans les deux cas, la division entre ce qui dépend de moi et ce qui ne dépend pas de moi donne lieu à une séparation entre le domaine de ma volonté invincible et celui des choses extérieures par rapport auxquelles je suis totalement impuissant. Dans le modèle de la conversion du second Wittgenstein, il n'y a rien à réconcilier parce que l'analyse grammaticale montre que la liberté de la volonté

1. M. Dragona-Monachou, « Epictetus on Freedom : Parallels between Epictetus and Wittgenstein », *in* T. Scaltsas et A. S. Mason (eds.), *The Philosophy of Epictetus*, *op. cit.*, p. 137-138.

2. *Cf.* LLV, 41.

et le déterminisme peuvent cohabiter *à la base*. On procède plutôt à une démythologisation du dualisme entre la volonté empirique et la volonté éthique et par le fait même de la dichotomie entre les domaines de la volonté éthique et des choses extérieures. C'est la distorsion cognitive du « tout ou rien » : croyant devoir choisir entre le domaine de la volonté et celui de l'expérience, si je fais l'expérience vécue de la valeur, cette dernière ne peut paradoxalement pas faire partie du domaine de l'expérience, sans quoi elle n'aurait pas de valeur ; elle doit donc être extérieure au domaine de l'expérience et faire partie du domaine de la volonté éthique au sens transcendant et transcendantal. En somme, la dichotomie entre la liberté de la volonté et le déterminisme, celle qu'on retrouve dans les modèles tractarien et stoïcien de la conversion et qui pose le problème de la réconciliation du domaine de la volonté et du domaine des choses extérieures, découle d'une conception confuse de la volonté et de la liberté. La liberté de la volonté est fondamentalement compatible avec un certain type de déterminisme.

En outre, pour le premier comme pour le second Wittgenstein, c'est, comme le dit James Peterman[1], le caractère « inchangeable » de la vie qui pose problème et la solution passe par la disparition du problème à travers une éthique de la finitude. Dans le modèle tractarien et stoïcien de la conversion, l'éthique de la finitude consiste à accepter l'impuissance de la volonté à influer sur les événements du monde : pour vivre heureux, écrit Wittgenstein dans les *Carnets 1914-1916*, « il faut que je sois en accord avec le monde »[2]. Le sentiment d'impuissance est ici dépassé à travers une conception métaphysique de la volonté. Face au problème de l'impuissance de la volonté empirique à influer sur les événements du monde, la liberté passe par le pouvoir de la volonté éthique de changer les frontières du monde afin que cette dernière soit en accord avec ce qui arrive.

1. J. F. Peterman, *Philosophy as Therapy*, *op. cit.*, p. 103-104.
2. C, 8.7.16.

Pour le second Wittgenstein, ce n'est plus par l'acceptation de l'impuissance à l'égard du monde qu'il pense avoir trouvé le juste rapport entre la liberté de la volonté et le déterminisme, mais par la démythologisation de la conception sur laquelle repose ce sentiment d'impuissance qui l'amène plutôt à accepter les limites infranchissables du langage et de la vie ordinaires. La recherche de ce juste rapport passe donc toujours par une éthique de la finitude selon laquelle il faut être en accord avec la vie telle qu'elle est[1].

En définitive, comme nous l'avons vu, cette éthique de la finitude présuppose la démythologisation du sentiment d'impuissance qui sert au contraire d'impulsion à l'éthique de la volonté du premier Wittgenstein. « La solution passe par une manière de vivre qui fasse disparaître le problème », écrit le second Wittgenstein. Mais la manière de vivre est, dans la forme de vie humaine, *langagière* au sens de la conception du langage des *Recherches philosophiques*. Trouver le juste rapport entre la liberté et le déterminisme est donc trouver le juste rapport entre le langage et les limites des pratiques effectives de notre forme de vie humaine. Autrement dit, la solution passe par la conversion d'un langage qui repose sur un désir métaphysique d'adopter une perspective extérieure au langage et à la vie ordinaires, pour revenir à un vouloir-voir éthique qui consiste à accepter qu'il n'y ait rien de signifiant « à l'extérieur ».

Excursus : *la dimension transpersonnelle de la transformation individuelle*

Sur le plan de la transformation que Wittgenstein cherche à opérer, on peut parler en un sens d'une transformation « individuelle » par analogie avec le modèle hellénistique de la conversion. En effet, à travers une démarche personnelle de travail sur lui-même[2], sur sa propre tentation envers la métaphysique (celle à laquelle il a succombé dans le *Tractatus*), il ne s'agit pas de transformer la société, mais de se transformer lui-même et de transformer ses

1. *Cf.* RM, 27.
2. CV, 16.

lecteurs « un à un »[1], leur faire prendre conscience qu'ils portent eux aussi en eux cette tentation métaphysique et qu'ils peuvent la déraciner au moyen de la méthode grammaticale.

C'est en ce sens que Stanley Cavell affirme que la nature de la connaissance de soi et du sujet est un des thèmes centraux des *Recherches philosophiques*[2]. Il parle de « connaissance de soi » au sens où le fait de ramener le langage de son usage métaphysique à son usage quotidien me permet de prendre conscience de ce que je fais, c'est-à-dire de mes comportements linguistiques[3]. La conversion peut donc nous aider dans la mesure où elle nous fait prendre conscience que nous ne savions pas ce que nous disions et, par le fait même, ce que nous faisions à nous-mêmes[4]. Il s'agit au fond de dire que pour passer au vouloir-voir éthique, il faut expliciter le contre-vouloir à dépasser.

Wittgenstein met en lumière sa propre tendance envers l'usage métaphysique du langage, en l'occurrence celle qui s'est manifestée dans la conception du langage qu'il a défendue dans le *Tractatus*, à travers un dialogue avec lui-même : « Presque tous mes écrits sont des conversations privées avec moi-même. Des choses que je dis à moi-même en tête-à-tête »[5]. À travers ce processus transparent de connaissance de soi (Wittgenstein se met en quelque sorte à nu), le lecteur est amené à s'engager dans un processus de connaissance de soi similaire; le contre-vouloir à l'œuvre dans l'esprit de Wittgenstein est comme le miroir du contre-vouloir à l'œuvre dans l'esprit du lecteur[6]. Mais cette étape de connaissance de soi est transitoire; elle s'inscrit dans un processus de travail sur soi menant à une transformation individuelle. Le modèle de la conversion du

1. *Cf.* M. Nussbaum, *The Therapy of Desire. Theory and Practice in Hellenistic Ethics*, *op. cit.*, p. 502, 505.

2. S. Cavell, « The Availability of Wittgenstein's Later Philosophy », art. cit., p. 89.

3. *Ibid.*, p. 87.

4. *Ibid.*, p. 83.

5. CV, 77 (notre traduction).

6. *Cf.* E. Halais, *Wittgenstein et l'énigme de l'existence : La forme et l'expression*, *op. cit.*, p. 147.

second Wittgenstein désigne donc une transformation individuelle au sens d'une transformation du contre-vouloir d'un individu, Wittgenstein, et par le fait même de celui d'un autre individu, le lecteur.

Toutefois, si la conversion des *Recherches philosophiques* est une transformation individuelle, il ne s'ensuit pas, comme pour le modèle hellénistique d'ailleurs, que cette transformation s'inscrit dans une perspective « individualiste » au sens péjoratif du terme. D'une part, avec Foucault, nous pourrions dire qu'il ne s'agit pas ici d'accorder une valeur absolue à l'individu dans sa singularité indépendamment du groupe ou des institutions ni de valoriser la vie privée; cette transformation est « individuelle » au sens où elle relève de la valorisation et de l'intensification du rapport à soi[1]. D'autre part, comme c'est d'ailleurs le cas pour le modèle hellénistique de la conversion, il n'est pas possible, chez le second Wittgenstein, de concevoir cette transformation individuelle sans sa dimension transpersonnelle co-constitutive. En effet, le processus de travail sur soi dans lequel s'engage Wittgenstein et dans lequel est engagé le lecteur consiste ultimement à agir sur une tendance et un langage partagés par la communauté voire l'espèce humaine.

Connaître et transformer son propre contre-vouloir, c'est le faire à travers le langage qui exprime ce contre-vouloir, un langage partagé par la communauté des locuteurs. C'est pourquoi il s'agit bien de reconduire l'usage métaphysique à l'usage quotidien *du langage*. La conversion de la volonté n'est pas la conversion d'une volonté préverbale, mais d'une volonté indissociable des pratiques langagières communes. C'est d'ailleurs selon Soulez une des spécificités du modèle de la conversion du second Wittgenstein par rapport au processus psychanalytique de travail sur soi. Si, dans les deux cas, on travaille sur des confusions conceptuelles pour en arriver à un bien-être non intellectuel, la psychanalyse traite le sujet souffrant tandis que Wittgenstein traite plutôt le langage

1. M. Foucault, *Histoire de la sexualité III. Le souci de soi*, *op. cit.*, p. 59.

souffrant d'un sujet[1]. La transformation individuelle est donc ici indissociable de la dimension sociale parce que le langage souffrant que Wittgenstein cherche à guérir est un langage public[2].

Mais d'un autre côté, connaître et transformer son propre contre-vouloir, c'est aussi connaître et transformer un contre-vouloir également partagé avec les autres et inhérent à la forme de vie humaine. C'est pourquoi le lecteur, en tant qu'individu, reconnaît son propre contre-vouloir lorsqu'il entre en relation avec le processus de connaissance de soi de Wittgenstein. En effet, comme l'a bien montré Cavell, dans les *Recherches philosophiques*, la connaissance de soi prend la forme de la connaissance de *nous*[3]. Apprendre sur nous à partir de ce que j'apprends sur moi. À partir de la prise de conscience de mes comportements linguistiques, de ce que je fais, j'apprends à me connaître, en particulier à connaître les préjugés qui contraignent, en un certain sens, ma manière de penser, de parler et de vivre. Or, en prenant conscience de mes « travers », je prends conscience d'une tendance ou d'un désir intrinsèque à la forme de vie humaine et au caractère séduisant du langage que je partage avec les autres. Ces deux découvertes font que la connaissance de soi est par le fait même la connaissance de l'humain. Nous voyons encore une fois en quel sens le modèle de la conversion du second Wittgenstein est traversé par une éthique de la finitude. Dans cette optique, la dimension transpersonnelle de cette transformation individuelle se manifeste également dans la visée éthique du travail sur soi, c'est-à-dire au sein de l'exigence éthique d'adopter une manière langagière de vivre en accord avec la forme de vie humaine. Encore une fois, cette posture particulière qui consiste à la fois à se concentrer sur soi et à se dépasser, à être soi-même et au-dessus de soi, fait écho à la sagesse antique.

1. *Cf.* A. Soulez (éd.), *Leçons sur la liberté de la volonté*, suivi de : *Essai sur le libre jeu de la pensée.*, *op. cit.*, p. 330.

2. *Ibid.*, p. 333.

3. S. Cavell, « The Availability of Wittgenstein's Later Philosophy », art. cit., p. 88.

La visée éthique de la conversion

Comment Wittgenstein peut-il contribuer à la question de la visée éthique de la philosophie et, plus précisément, de la conversion philosophique comme effort vers la sagesse ? Hadot définit la sagesse comme l'idéal asymptotique d'un mode de vie le plus vertueux qui soit, au fondement de la tranquillité d'âme ou l'absence de trouble (*ataraxia*), liée au sentiment de sécurité absolue, et constituant la fin ultime de l'activité philosophique. D'une part, elle se caractérise plus spécifiquement par la liberté intérieure et l'indépendance à l'égard des choses extérieures qui s'expriment à travers l'égalité d'âme, l'absence de besoin (*autarkeia*) et l'attitude d'indifférence à l'égard des choses indifférentes. D'autre part, toujours selon Hadot, ce mouvement de concentration vers le domaine qui nous est propre puise toute sa force dans un mouvement de dilatation se caractérisant par la prise de conscience de notre appartenance à un tout, que ce soit la Nature ou la Raison, et donc par le dépassement de la perspective individuelle.

Dans les pages qui suivent, nous tenterons de montrer comment les éléments de ce modèle conceptuel permettent de jeter un éclairage sur certains thèmes abordés par le premier et le second Wittgenstein à propos de la visée éthique de la conversion, ce qui nous permettra par le fait même de mettre en relief la spécificité de la contribution de ce dernier sur cette question.

La sagesse comme idéal asymptotique : conversion cyclique versus conversion linéaire

Puisque Wittgenstein soutient que l'éthique correspond à la partie non écrite du *Tractatus*, qu'il est parvenu « à mettre les choses en place en étant silencieux à ce propos » et qu'elle est étroitement liée au sentiment mystique, elle est donc un mode de vie silencieux. Du moins, le discours philosophique théorique ne semble pas pouvoir y occuper une place puisque les propositions que le philosophe formule sur l'éthique sont, selon lui, dénuées de sens. Il semblerait donc que nous soyons ici en présence d'un dualisme entre la philosophie comme discours et l'éthique comme mode de vie silencieux. Comme Hadot l'a bien montré, la philosophie de Wittgenstein se distingue ici de celle des philosophes hellénistiques et romains. En effet, suivant Anscombe[1], il interprète la fin du *Tractatus* comme le moment où le lecteur « en a suffisamment appris pour quitter la philosophie et entrer dans la sagesse : la sagesse étant silencieuse »[2]. Autrement dit, la fin du *Tractatus* marque le moment où le discours philosophique (prenant ici la forme d'élucidations) s'autoélimine avec les tourments existentiels qu'il maintenait en vie pour céder la place à une sagesse silencieuse et permanente au sein de laquelle le problème de la vie ne se pose plus[3].

Si cette interprétation est correcte, la sagesse du *Tractatus* est alors en rupture avec celle des philosophes hellénistiques et romains qui, selon Hadot, concevaient cette dernière non pas comme la fin accessible du discours philosophique, mais comme l'idéal asymptotique qui le motive. Fidèle à cette conception de la philosophie, Hadot critique Wittgenstein sur ce point.

> Personnellement, je doute que cet idéal d'une vie de sagesse silencieuse soit réalisable. La vie de Wittgenstein lui-même montre qu'il n'a pu s'y tenir. J'aurais plutôt tendance à penser, comme je l'ai dit ailleurs, qu'il ne faut pas opposer une philosophie conçue comme un pur discours et une sagesse qui serait un mode de vie silencieux. Car la sagesse n'est pas un état qui mettrait fin à la philosophie, mais un idéal inaccessible qui motive la quête sans fin du philosophe. La philosophie doit donc, puisqu'elle est effort vers la sagesse, être, à la fois et indissolublement, discours critique et exercice de transformation de soi-même[4].

Toutefois, il n'est pas certain que la critique de Hadot s'étende, comme il le croit, au Wittgenstein des *Recherches philosophiques*. Selon lui, le passage suivant indique que la tâche de cet ouvrage

1. G. E. M. Anscombe, *An Introduction to Wittgenstein's Tractatus. Themes in the philosophy of Wittgenstein*, *op. cit.*
2. P. Hadot, *Exercices spirituels et philosophie antique*, *op. cit.*, p. 385.
3. *Cf.* T, Préface, 6.52-6.521, 6.54, 7.
4. P. Hadot, *Qu'est-ce que la philosophie antique ?*, *op. cit.*, p. 21.

est de reprendre « sur des bases différentes l'anéantissement philosophique de la philosophie »[1].

> La clarté à laquelle nous aspirons est en effet une clarté *totale*. Mais cela veut seulement dire que les problèmes philosophiques doivent *totalement* disparaître. La véritable découverte est celle qui me donne la capacité de cesser de philosopher quand je le veux. – Elle est celle qui apporte la paix à la philosophie, de sorte que celle-ci n'est plus tourmentée par des questions qui la mettent *elle-même* en question. Maintenant on établit une méthode par des exemples, et on peut interrompre la série de ces exemples. – Des problèmes – non *un problème* – sont résolus (des difficultés écartées)[2].

Puisque la découverte est de « cesser de philosopher quand je le veux », il semblerait que la conception de la philosophie développée ici par Wittgenstein ne soit pas *linéaire*, c'est-à-dire que le discours philosophique n'arrive pas, comme dans le *Tractatus*, à un point ultime où il doit céder toute la place à une sagesse silencieuse. Nous pourrions plutôt parler d'une conception *cyclique* de la conversion, et ce, en deux sens différents.

D'une part, au sens d'une certaine forme de sagesse comme objectif à atteindre temporairement : le philosophe exerce ponctuellement son activité de clarification linguistique en se confrontant, chaque fois, à des problèmes philosophiques particuliers en vue de favoriser l'émergence, dans ce contexte bien précis, d'une clarté totale qui lui permettra d'abandonner son effort intellectuel au profit d'un silence apaisant qui marquera le retour à une vie non philosophique. Lorsqu'il en aura envie, le philosophe pourra se remettre à la tâche et s'attaquer à d'autres problèmes particuliers qui le tourmentent.

D'autre part, la conversion est cyclique également dans la mesure où elle vise une certaine forme de sagesse comme idéal asymptotique. L'idée ici est que le processus est toujours à recommencer en vue d'un idéal inaccessible de clarté totale, c'est-à-dire en vue de la

1. P. Hadot, *Wittgenstein et les limites du langage*, *op. cit.*, p. 84.
2. RP, § 133.

disparition complète de tous les problèmes philosophiques. En ce deuxième sens, le Wittgenstein des *Recherches philosophiques* rejoint l'interprétation de la sagesse antique proposée par Hadot. C'est plutôt à travers l'idée d'une sagesse comme objectif à atteindre temporairement que se situe la différence. En effet, celle-ci implique la possibilité d'alterner entre un état de confusion qui nécessite le travail de la philosophie comme activité de clarification et un état de sagesse silencieuse accessible temporairement tandis que, dans le modèle antique proposé par Hadot, qui, disons-le, est fortement inspiré du stoïcisme, la sagesse (sans le discours philosophique) n'est *jamais* accessible (pas même temporairement)[1]; la vie philosophique est un effort perpétuel vers la sagesse, mais qui est indissociable du discours philosophique. Il faut quand même préciser que la sagesse inaccessible dont parle Hadot ici correspond en fait à la sagesse au sens fort du terme, c'est-à-dire à la sagesse divine que seuls les dieux peuvent posséder parfaitement. Il existe toutefois une sagesse humaine, sans quoi aucun progrès spirituel ne serait possible, qui consiste pour le philosophe à atteindre une certaine santé de l'âme tout en demeurant conscient de la distance qui le sépare des dieux et du travail répété qu'il faut accomplir pour continuellement se re-convertir[2]. En ce sens restreint, on peut donc parler dans le modèle antique d'une sagesse accessible temporairement. Mais cette sagesse temporaire exclut-elle le discours philosophique ?

Chose certaine, nous pouvons dire que la vie silencieuse à laquelle aspire Wittgenstein – dans le *Tractatus* comme dans les *Recherches philosophiques* – n'est pas, comme chez les philosophes hellénistiques et romains, une vie *philosophique*, et ce, précisément parce que le discours philosophique qui est censé opérationnaliser le mode de vie du philosophe doit céder la place au silence, que ce soit à travers une conception linéaire ou cyclique de la conversion. En d'autres termes, le silence wittgensteinien ne semble pas s'inscrire

1. P. Hadot, *Discours et mode de vie philosophique*, *op. cit.*, p. 560-561.
2. *Ibid.*, p. 544.

dans un mode de vie philosophique, c'est-à-dire dans un effort vers la sagesse ; il serait plutôt la marque de la sagesse *elle-même*. Dans le *Tractatus*, le discours philosophique, c'est-à-dire les propositions-élucidations, s'autoélimine à la fin de l'ouvrage pour céder toute la place à une sagesse silencieuse qui se veut permanente. Dans les *Recherches philosophiques*, la sagesse comme objectif à atteindre temporairement repose sur le principe que le discours philosophique (ici le travail de clarification) puisse être entrecoupé par des moments de silence non philosophique.

Au lieu de s'enraciner dans une vie philosophique comme chez les philosophes hellénistiques et romains, le discours philosophique cherche donc à favoriser l'émergence d'une éthique comme manière de vivre qui ne s'exprime pas au moyen du discours philosophique. Dans les deux cas, le discours philosophique est subordonné au mode de vie, mais, chez Wittgenstein, ce mode de vie n'est pas philosophique parce que le discours philosophique a ici cédé la place au silence. Ainsi, si les *Recherches philosophiques* se différencient du *Tractatus* en ce qu'elles s'appuient sur une conception cyclique et non linéaire de la conversion, il semble tout de même y avoir une continuité entre les deux ouvrages dans la mesure où nous pouvons y retrouver le même dualisme entre le discours philosophique et un mode de vie silencieux donc non philosophique.

Analyse comparative ciblée : le premier Wittgenstein face au modèle stoïcien

Il existe quelques points de comparaison instructifs entre le premier Wittgenstein et le modèle stoïcien quant à la visée éthique de la conversion. Afin de rendre possible ce dialogue, concentrons-nous sur quatre grands thèmes dérivés de la conception antique de la sagesse : l'idéal d'ataraxie, la liberté au sens de l'indépendance à l'égard des choses extérieures, l'harmonie avec le monde et l'indifférence du sage.

L'idéal d'ataraxie et le sentiment de sécurité absolue

Il y a des similitudes entre la visée éthique du modèle de la conversion du *Tractatus* et celle du modèle de la conversion qu'on retrouve chez Épictète en ce qui a trait à la conception du bonheur qui leur est sous-jacente. Il est possible d'établir un parallèle entre l'ataraxie du sage stoïcien, que rien ne peut ébranler, et la conception du bonheur du premier Wittgenstein. Par exemple, Épictète affirme que le sage, où qu'il soit et quoi qu'il fasse, n'éprouve ni peine ni colère, ne trouve ni contrainte ni obstacles; il vit impassible et libre de toutes choses[1].

> Maintenant aucun mal ne peut m'arriver; il n'y a plus pour moi de brigand ni de tremblement de terre; tout est plein de paix et de tranquillité; jamais ville, réunion, voisin ou société ne peuvent me faire tort [...][2].

Dans sa *Conférence sur l'éthique*, Wittgenstein revient sur les thèmes éthiques des *Carnets 1914-1916* et du *Tractatus*. À la recherche d'une description qui évoquerait le mieux le sens de cette valeur absolue qui est selon lui propre à l'éthique, il parle notamment de l'expérience de se sentir absolument sûr : « Je désigne par là cette disposition d'esprit où nous sommes enclins à dire : "j'ai la conscience tranquille, rien ne peut m'atteindre, quoi qu'il arrive." »[3]. Il y a donc une affinité entre les deux modèles pour ce qui est du contenu à donner au concept de bonheur. Ce dernier se définit par une certaine conception de l'ataraxie (la tranquillité d'âme ou l'absence de trouble), illustrée par l'idéal d'un sentiment de sécurité absolue.

La liberté au sens de l'indépendance aux choses extérieures

La liberté au sens de l'indépendance aux choses extérieures est un autre point de comparaison intéressant. En effet, chez Wittgenstein,

1. Épictète, *Entretiens*, III, *op. cit.*
2. *Ibid.*, XIII, 11.
3. LC, 149.

le bonheur passe par la renonciation aux agréments du monde au profit d'une « vie de connaissance ».

> Comment l'homme peut-il seulement être heureux, puisqu'il ne peut se défendre de la misère de ce monde? Par la vie de connaissance, précisément. [...] La vie de connaissance est la vie heureuse, en dépit de la misère du monde. Seule est heureuse la vie de qui peut renoncer aux agréments de ce monde[1].

Il s'agit du même type d'attitude de détachement que chez Épictète.

> Il me faut mourir : si c'est à l'instant, je meurs; si c'est un peu plus tard, je dîne, puisque c'est l'heure; après, je mourrai. Comment? Comme il convient à un homme qui rend ce qui n'est pas à lui.[2].

Dans les deux cas, cette liberté s'exprime tout particulièrement à travers l'affranchissement à l'égard de la crainte de la mort. Épictète croit en effet que le principe de tous les maux n'est pas la mort, mais la crainte de la mort et que c'est en nous exerçant contre elle que nous pouvons véritablement devenir libres[3]. Dans le même sens, Wittgenstein dit que l'homme heureux ne doit avoir aucune crainte. Pas même de la mort[4]. Et, comme chez Marc Aurèle[5], la solution à la crainte de la mort est ici de vivre dans le présent[6].

L'harmonie avec le monde

Nous retrouvons également cette idée, propre au modèle antique de la sagesse proposé par Hadot, selon laquelle la liberté doit se fonder sur la prise de conscience de l'appartenance à un Tout et qui s'exprime ici à travers l'exigence de l'harmonie avec le monde. En effet, dans les deux cas, la conversion passe par la renonciation à influer sur les événements du monde au profit d'une volonté « en

1. C, 13.18.16.
2. Épictète, *Entretiens*, I, I, 31, *op. cit.*
3. *Ibid.*, III, XXVI, 38-39; *cf.* II, VI, 11-13.
4. C, 8.7.16.
5. Marc Aurèle, *Pensées*, II, 4, dans P.-M. Schuhl (éd.), *Les Stoïciens*, *op. cit.*
6. T, 6.4311 ; *cf.* P. Hadot, *Qu'est-ce que la philosophie antique ?*, *op. cit.*, p. 411.

accord avec le monde ». « N'essaie pas que ce qui arrive arrive comme tu veux [dit Épictète], mais veux ce qui arrive comme il arrive, et tu couleras des jours heureux »[1]. Wittgenstein affirme de son côté que pour vivre heureux, « il faut que je sois en accord avec le monde. Et c'est bien cela que *veut dire* "être heureux" »[2]. Être en accord avec le monde signifie que ma volonté est en harmonie avec la volonté du monde (Dieu, le Destin, cette volonté étrangère dont je parais dépendre). En un mot, il s'agit de « vouloir ce qui arrive ».

Il y a cependant ici une différence importante entre le modèle stoïcien et le modèle wittgensteinien : l'harmonie avec le monde qui est la visée de l'éthique du *Tractatus* ne se fonde pas sur une théorie physique comme c'est le cas dans le système stoïcien. En effet, Zénon, fondateur du stoïcisme, disait déjà que le *telos* de l'être humain est de vivre conformément à la nature, c'est-à-dire selon la vertu, l'excellence propre à la nature humaine rationnelle[3]. Avec Cléanthe, la même formule prend un sens spirituel : vivre conformément à la nature signifie vivre en harmonie avec la nature cosmique qui est commune à tous les êtres naturels[4]. C'est Chrysippe qui va intégrer les deux sens de la formule en fondant l'éthique sur la physique (ou en tout cas en les rendant indissociables)[5].

Mais comment concilier l'idée qu'il faut, pour être heureux, être indifférent aux choses extérieures qui ne dépendent pas de nous (ce qui doit inclure les choses naturelles) et celle que pour être heureux, il faut que nous soyons en accord avec la nature ? La distinction fondamentale établie par la *prohairésis* entre le moi et les choses extérieures ne mène-t-elle pas, comme le dit Vœlke, à une « distinction axiologique absolue » entre le domaine des valeurs, propre au sujet éthique, et le domaine empirique du monde extérieur[6] ? C'est le problème des deux *telos* de l'éthique stoïcienne

1. Épictète, *Manuel*, VIII, *op. cit.*
2. C, 8.7.16.
3. Diogène Laërce, *Vies et opinions des philosophes*, VII, I, 87, *op. cit.*
4. *Cf.* Cléanthe, *Hymne à Zeus*, dans P.-M. Schuhl (éd.), *Les Stoïciens*, *op. cit.*
5. *Cf.* J. Brunschwig, « Stoïcisme ancien », dans M. Canto-Sperber, *Dictionnaire d'éthique et de philosophie morale*, *op. cit.*, p. 1859.
6. *Cf.* A. J. Vœlke, *L'idée de volonté dans le stoïcisme*, *op. cit.*, p. 155-156.

(du moins l'apparence de deux *telos*), c'est-à-dire la différence entre le *telos* propre à l'être humain et le *telos* que l'être humain partage avec les autres êtres naturels. D'un côté, la volonté humaine est indépendante de la nature, elle est invincible dans le domaine qui lui est propre, mais impuissante face au monde extérieur. De l'autre, comme le dit Vœlke, « la valeur se confond avec un *logos* immanent à la nature »[1].

Comme l'a montré Jacques Brunschwig, la notion naturelle d'*appropriation* (*oikeiôsis*) permet de résoudre cette apparente contradiction. En effet, les stoïciens, avec Chrysippe, soutiennent que la tendance première de l'être vivant est le souci de soi, l'instinct de conservation et d'autodéveloppement lié à une sorte de familiarité avec lui-même, un attachement instinctif, bref une appropriation de soi à soi qui est centrée sur le bien qui lui est propre et qui consiste à rechercher ce qui est utile et éviter ce qui est nuisible. L'appropriation prend un sens éthique lorsque la recherche naturelle de ce qui est utile devient le *choix* du bien moral selon la raison, ce qui nécessite de circonscrire le domaine de la volonté, de ce qui est propre à l'être humain, par opposition à ce qui ne lui est pas spécifique (les choses extérieures incluant les choses naturelles non humaines).

Mais c'est quand même la tendance *naturelle* envers l'appropriation qui oriente l'être humain vers l'éthique et l'amène à s'opposer en un certain sens au reste de la nature, c'est-à-dire dans la mesure où le choix du bien est un choix en accord avec la vertu, l'excellence propre à la nature humaine rationnelle, et, puisqu'il est le prolongement d'une tendance naturelle, en accord avec la nature cosmique partagée avec les autres êtres vivants[2]. Au bout du compte, agir conformément à la nature humaine (selon la vertu), c'est donc agir conformément à la nature cosmique. La nature est en quelque sorte la norme du bien. Ici, il y a un lien à faire avec la distinction entre ce qui est mien et ce qui n'est pas mien au cœur

1. *Ibid.*, p. 32.
2. Cf. *Ibid.*, p. 1860-1861.

du modèle de la conversion d'Épictète. L'appropriation consiste à définir le domaine qui nous est propre, qui est en notre pouvoir, qui relève de notre volonté. La conversion à soi découlerait d'une tendance naturelle envers l'appropriation ; il s'agirait d'une forme éthique d'appropriation.

Par ailleurs, s'il est question d'une certaine forme d'appropriation au sens éthique chez Wittgenstein, celle-ci ne semble pas fondée dans le *Tractatus* sur une base naturelle. Dans les *Carnets 1914-1916*, Wittgenstein dit que pour vivre heureux, il faut être en accord avec le monde. Cette formule a un sens spirituel, voire religieux puisque le sens du monde est assimilable à Dieu, un sens métaphysique, transcendant. Il n'a pas le sens naturaliste que lui donne Chrysippe par exemple (même si la nature a également chez les stoïciens une dimension spirituelle)[1]. De plus, le monde du *Tractatus* est un ensemble de faits mutuellement indépendants sans principe immanent de cohérence ou d'ordre. En effet, la croyance au principe de causalité, par exemple, est pour Wittgenstein un préjugé, ce qui est incompatible avec l'idée d'un principe naturel qui ordonne les choses, c'est-à-dire avec la notion même de *physis*. En ce sens, aux paragraphes 6.371 et 6.372 du *Tractatus*, Wittgenstein critique le naturalisme des Anciens au profit d'une conception transcendantale de la logique comme ordre *a priori* du monde. Il soutient que, comme la science moderne, les Anciens sont naturalistes au sens où ils croient qu'il y a un principe naturel d'ordre et de cohérence immanent au monde. La science parle de « lois naturelles » et les Anciens de « Destin » ou de « Dieu ». Par contre, le naturalisme des Anciens, précise Wittgenstein, est « plus clair » parce qu'il reconnaît une limitation tandis que la science cherche à tout expliquer.

Le Wittgenstein du *Tractatus* critique l'explication par les lois naturelles puisque la régularité observée dans le monde empirique (par exemple le lien causal) n'est selon lui qu'une illusion psychologique ; elle découle simplement d'une tendance à former des associations d'idées en réponse à des séquences d'impressions

1. C, 30.7.16.

couplées[1]. Autrement dit, ce lien n'est pas intrinsèquement nécessaire. Il n'y a de nécessité que logique[2]. Il y a donc bel et bien un principe de cohérence et d'ordre – la logique –, mais il n'est ni naturaliste ni immanent au monde. La logique est *transcendantale*, c'est-à-dire qu'elle est une condition de possibilité *a priori* de notre représentation des faits du monde.

Wittgenstein voit néanmoins une affinité entre sa conception de la logique et le naturalisme des Anciens : ces derniers reconnaissent comme lui une limite à l'explication et par le fait même une dimension « mystique ». Dans cette optique, il ne critique pas en tant que tels les concepts de « Dieu » et de « Destin » comme principes d'explication du monde chez les Anciens, mais plutôt, encore une fois, l'idée que ces derniers soient des principes *immanents* au monde empirique. En effet, il défend au contraire que Dieu est le sens de la vie[3] qui ne se révèle pas dans le monde[4], et qu'il est synonyme de Destin[5]. Sa position n'est donc pas naturaliste, ni au sens des Anciens ni au sens des sciences naturelles, mais *métaphysique* ou « sur-naturaliste »[6].

De plus, contrairement au modèle stoïcien, étant donné l'absence d'une conception panthéiste de la nature, c'est-à-dire l'absence d'un Dieu-providence immanent au monde, vivre en accord avec le monde n'a pas dans les *Carnets 1914-1916* une signification aussi joyeuse. Il n'est pas clair à quel point le Dieu du premier Wittgenstein puisse faire l'objet d'une louange ou d'un hymne comme chez Cléanthe. En effet, comme le mentionne William James, la volonté du sujet et la volonté de Dieu semblent demeurer jusqu'à la fin « sous la forme d'une contradiction non résolue »[7]. Même après la conversion, cette volonté étrangère dont je parais dépendre semble conserver

1. *Cf.* D. Pears, « Wittgenstein's Naturalism », *Monist* 78, no. 4, 1995, p. 411.
2. T, 6.375.
3. C, 11.6.16.
4. T, 6.432.
5. C, 8.7.16.
6. *Cf.* A. Kenny, « Whose Naturalism? Which Wittgenstein? », art. cit., p. 115.
7. W. James, *Les formes multiples de l'expérience religieuse. Essai de psychologie descriptive*, *op. cit.*, p. 165.

un caractère hostile ou du moins demeurer indépendante de ma volonté. Être en accord avec le monde, c'est être en accord avec une volonté qui est séparée de moi en tant que sujet voulant et non avec une nature cosmique dont je ferais partie (Wittgenstein ne dit-il pas que l'idéalisme rigoureusement développé mène au réalisme ?).

Cela dit, il y a bel et bien une dimension « esthétique » à l'éthique des *Carnets 1914-1916* et du *Tractatus* qui, comme nous l'avons mentionné, est comparable à certains éléments de la physique vécue des stoïciens, notamment l'expérience affective et contemplative d'émerveillement devant l'existence du monde comme totalité. Il s'agit toutefois d'un simple parallèle parce que, contrairement à ce qu'on retrouve dans le modèle stoïcien, non seulement le sujet métaphysique du *Tractatus* ne finit pas par se fondre à la nature, mais la notion de physique vécue présuppose une théorie physique qui est « vécue », c'est-à-dire appliquée, ce que nous ne retrouvons pas chez Wittgenstein. La contemplation tractarienne du monde « de l'extérieur » ou « sous l'angle de l'éternité » rappelle cependant la « vue d'en haut », cet exercice spirituel stoïcien qui consiste à adopter une perspective surplombante sur la totalité du monde et ainsi apprécier les choses à leur juste valeur. D'en haut, on prend conscience dans les deux cas que les faits particuliers sont indifférents, mais que le Tout de l'existence a une valeur absolue.

L'indifférence du sage

Finalement, en lien avec la conception de la sagesse comme harmonie avec le monde, il y a un terrain commun de réflexion autour d'un autre élément du modèle proposé par Hadot, c'est-à-dire l'importance accordée à l'attitude de détachement et d'indifférence qui caractérise la liberté du sage. Dans les deux cas, nous pouvons dire de manière générale que le souverain bien est avant tout moral et non naturel ou, du moins, qu'il réside dans l'attitude de l'agent à l'égard du monde et non dans l'action ou l'objet, c'est-à-dire dans ce qui relève du monde empirique. C'est pourquoi il faut apprendre à être indifférent aux choses extérieures et cultiver plutôt une certaine forme de liberté intérieure.

Or, étant donné que l'éthique est fortement liée à une théorie physique dans le modèle stoïcien, le *telos* éthique est intimement lié à un *telos* naturel, et ce, à travers une conception « atténuée » de l'indifférence, ce que nous ne retrouvons pas sous cette forme chez Wittgenstein. Comme le souligne Brunschwig[1], c'est en intégrant les indifférents préférables (conformes à la nature) au *telos* éthique que Chrysippe est parvenu à articuler la physique et l'éthique. L'image de l'archer de Cicéron illustre très bien cette articulation.

> Mais d'abord il faut détruire une erreur, pour que l'on ne pense pas qu'il suit de ce que j'ai dit qu'il y a deux souverains biens : supposons qu'on ait l'intention d'atteindre un but avec un javelot ou une flèche ; c'est en ce sens que nous parlons d'un terme suprême dans les biens ; dans cette comparaison, le tireur doit tout faire pour atteindre le but ; et pourtant, tout faire pour l'atteindre, c'est là en quelque sorte sa fin suprême ; c'est ainsi que nous parlons de souverain bien dans la vie ; frapper le but, c'est là ce qui est à choisir de préférence, mais non pas à rechercher[2].

Autrement dit, le but de la visée éthique du philosophe est d'agir conformément à la nature cosmique, mais puisque c'est ultimement hors de son contrôle, le bien à rechercher est plutôt d'agir conformément à sa nature propre, donc de manière vertueuse, en faisant tout ce qui est en son pouvoir pour atteindre le but sans rendre son bonheur dépendant de l'atteinte de ce but. Corollaire : il faut rechercher la vertu morale, mais si le philosophe a le choix, il doit préférer ce qui est conforme à la nature cosmique.

Chez Wittgenstein, nous avons plutôt l'impression que l'attitude de détachement qui coïncide avec l'exigence, pour être heureux, de vivre en accord avec le monde correspond davantage à l'éthique « indifférentiste » d'Ariston de Chios : « … la fin consiste à vivre dans une disposition indifférente envers toutes les choses intermédiaires entre la vertu et le vice, de n'admettre aucune distinction entre

1. J. Brunschwig, « Stoïcisme ancien », dans M. Canto-Sperber, *Dictionnaire d'éthique et de philosophie morale*, *op. cit.*, p. 1862.

2. Cicéron, *Des fins des biens et des maux*, III, VI, 22, *op. cit.*

elles et d'être également disposé envers toutes… »[1]. La tendance vers l'indifférentisme s'explique dans les deux modèles par une conception du bonheur fondée sur la satisfaction des désirs. Si, pour être heureux, nos désirs doivent être satisfaits, il faut s'exercer à obtenir l'objet désiré. Comme nous n'avons pas de contrôle sur les choses extérieures, notre seul pouvoir est de changer notre désir, quitte à le supprimer[2].

De manière semblable, pour le Wittgenstein des *Carnets 1914-1916*, comme nous l'avons vu, le non-désir lui apparaît comme l'unique bien. En effet, pour être heureux, il faut selon lui renoncer au désir que le monde soit autrement que ce qu'il est, c'est-à-dire renoncer à influer sur les événements, ce qui semble inclure en un certain sens l'indifférence à l'égard du bien d'autrui, même si Wittgenstein reconnaît immédiatement le caractère problématique de cette éthique indifférentiste. Il exprime d'ailleurs une certaine réserve puisqu'il dit que tout dépend de la façon de désirer et que c'est seulement *en un certain sens* que le non-désir est l'unique bien[3].

Conclusion

En somme, nous retrouvons chez le premier Wittgenstein quatre éléments formels du modèle antique de la sagesse proposé par Hadot : le bonheur comme ataraxie, la liberté au sens de l'indépendance à l'égard des choses extérieures, l'harmonie avec le monde et l'attitude d'indifférence. Ancrés dans un modèle spécifique, c'est-à-dire le modèle stoïcien, certaines ressemblances et différences particulières sont apparues : à travers l'idée d'un sentiment de sécurité absolue, Wittgenstein reprend (de manière très générale) l'idéal stoïcien d'ataraxie, un bonheur que « rien ne peut ébranler » et qui est intimement lié à une certaine conception de la liberté. Comme dans le modèle stoïcien, cette dernière s'exprime notamment à travers la renonciation à se laisser affecter par les

1. Diogène Laërce, *Vies et opinions des philosophes*, VII, II, 160, *op. cit.*
2. *Cf.* Épictète, *Manuel*, II, 1-2, *op. cit.*
3. *Cf.* C, 29.7.16.

événements extérieurs, c'est-à-dire par ce qui ne dépend pas de nous (en particulier la mort), et ce, au profit d'une volonté en accord avec le monde. Or, contrairement au modèle stoïcien, l'exigence éthique d'harmonie avec le monde n'a pas, chez le premier Wittgenstein, un sens physique ou naturaliste. Finalement, en vue de la liberté intérieure qui procure la tranquillité de l'âme, le premier Wittgenstein préconise une attitude d'indifférence ou de détachement à l'égard des choses indifférentes qui n'est pas atténuée par quelque chose comme la thèse stoïcienne des préférables qui lie le *telos* éthique au *telos* naturel.

Analyse comparative ciblée : le second Wittgenstein face au modèle stoïcien

La réflexion sur la spécificité de la visée éthique du modèle de la conversion du second Wittgenstein par rapport au modèle stoïcien s'articule principalement autour de cette caractéristique de la sagesse qu'est le dépassement de la perspective individuelle vers la prise de conscience de l'appartenance à un Tout et plus précisément autour de la question de la relation entre le sujet et la nature. Nous nous attarderons ici à la relation du sujet avec la nature cosmique et la nature humaine pour ensuite nous demander si la paix à laquelle aspire la seconde philosophie de Wittgenstein, dans la mesure où elle est liée à un *telos* naturel, est à la manière des modèles stoïcien et tractarien, un idéal d'*ataraxie*.

L'harmonie avec la nature

Comme nous l'avons déjà évoqué, il y a ici un parallèle à faire entre la visée éthique du modèle wittgensteinien et celle du modèle stoïcien autour de l'idée que le bonheur passe par l'harmonie avec la nature. Nous avons vu que Chrysippe a interprété ce *telos* éthique à la fois au sens d'un accord avec la nature humaine et avec la nature cosmique, synthétisant en quelque sorte respectivement les positions de Zénon et de Cléanthe. Nous avons également vu que le premier Wittgenstein disait que pour être heureux, nous devions être en accord avec le monde, mais qu'il s'éloignait du modèle stoïcien dans la mesure où le monde avait ici un sens métaphysique ou « sur-naturel ». Or, il est intéressant de relever que le second Wittgenstein renoue en quelque sorte avec le modèle stoïcien à travers cette idée que la visée éthique de la conversion est l'harmonie avec la forme de vie, une notion qui, contrairement à la conception du *Tractatus*, comporte une dimension naturaliste. Il convient d'abord de préciser le sens de ce naturalisme pour ensuite établir la spécificité de la visée éthique du modèle de la conversion chez le second Wittgenstein.

Étant donné la séparation nette que Wittgenstein fait entre la tâche de la philosophie, qui est de décrire l'usage effectif du langage, et celle des sciences empiriques, qui est d'expliquer les phénomènes [1], il est clair que le naturalisme n'est pas assimilable ici au scientisme ou au physicalisme [2]. Dans cette optique, le naturalisme du second Wittgenstein n'est pas non plus « cosmologique » ; la dimension naturaliste de la notion de forme de vie ne repose pas sur une conception de la nature au sens de « monde physique », et ce, ni au sens de la physique stoïcienne ni au sens des physiques moderne et contemporaine [3]. Nous pourrions plutôt parler d'un « naturalisme anthropologique » au sein duquel le concept de nature est entendu au sens de nature *humaine* [4], un sens qui se reflète, comme le dit Sandra Laugier, dans l'expression « langage naturel » [5]. La position de Wittgenstein ne consiste-t-elle pas justement à n'admettre aucun

1. RP, § 109,

2. *Cf.* S. Laugier, « Règles, formes de vie et relativisme chez Wittgenstein », *Noesis* 14 [En ligne], 2008, mis en ligne le 28 juin 2010, consulté le 17 mars 2022. URL : http://journals.openedition.org/noesis/1652, § 22, 25 ; A. Kenny, « Whose Naturalism ? Which Wittgenstein ? », art. cit., p. 116.

3. *Cf.* A. Kenny, « Whose Naturalism ? Which Wittgenstein ? », art. cit., p. 113-114.

4. Cf. *Ibid.*, p. 114.

5. S. Laugier, « Règles, formes de vie et relativisme chez Wittgenstein », art. cit., § 24.

point de vue signifiant à l'extérieur de la forme de vie humaine qui est langagière [1] ?

De manière analogue, l'idée d'une nature, c'est-à-dire d'un monde physique complètement séparable de l'être humain, semble ultimement inconcevable ou, du moins, dépourvue de sens. Il s'agirait d'une forme naturaliste de réalisme métaphysique qui suppose la possibilité d'une perspective indépendante du langage quotidien (tandis que ce que nous imaginons comme extralinguistique est construit à partir de matériaux linguistiques) et de nos pratiques effectives qui servent pourtant d'ancrages à la signification. Ainsi, il n'est pas étonnant que la nature soit jusqu'à un certain point, chez le second Wittgenstein, indissociable du rapport langagier que l'être humain entretient avec elle. En effet, la nature extralinguistique (au sens fort du terme) est dénuée de sens étant donné son caractère « méta-physique » synonyme ici de « méta-humain ».

Cela dit, si le naturalisme anthropologique de Wittgenstein ne cadre pas avec cette version réaliste du naturalisme cosmologique, cela ne signifie pas pour autant que Wittgenstein adopte forcément la position inverse, celle d'une conception antiréaliste et conventionnaliste (pure et dure) de la nature. Wittgenstein parle effectivement de la dimension « prélinguistique » des comportements humains, mais pas dans le paradigme réalisme/antiréalisme ou même naturalisme/conventionnalisme.

> Il est utile de se souvenir ici que soigner et traiter chez autrui, et non pas seulement sur soi, les parties du corps où siège une douleur correspond à une attitude primitive – celle de prêter attention au comportement d'autrui souffrant, alors que *ce n'est pas* à notre propre comportement que nous prêtons attention lorsque nous souffrons. [...] Mais que veut dire ici le mot "primitif" ? Sans doute que cette sorte d'attitude est *antérieure au langage ?* qu'un jeu de langage repose *sur elle*, qu'elle est le prototype d'une façon de penser et non le résultat de la pensée [2].

1. PB, V, § 47 ; *cf.* BT, 429.
2. F, § 540-541.

En d'autres termes, le domaine du prélinguistique n'est ni une réalité transcendant l'expérience humaine ni une pure construction de l'esprit ou de la société, mais plutôt un ensemble de normes de représentations enracinées dans la biologie humaine[1].

Les dimensions culturelle et sociale (avec leur caractère normatif) sont indissociables de la dimension biologique[2], elle-même conçue par Wittgenstein à partir d'un point de vue normatif puisque, selon lui, la nature n'est pas nécessairement structurée par des règles fixes conçues en fonction de l'image des rails parallèles qui se prolongent à l'infini[3]. En somme, le naturalisme anthropologique de Wittgenstein a une dimension biologique au sens où, comme le précise Pears, le langage se fonde sur une structure primitive prélinguistique (un ensemble de normes de représentation) de perceptions et de comportements[4] (il faudrait également ajouter de *conceptions*).

De manière semblable, Laugier parle d'un langage fondé sur un fait de nature, un donné à accepter, des formes de vie langagières s'inscrivant dans un ensemble de capacités et limites humaines réelles[5]. Or, la notion de forme de vie ne se réduit pas ici à sa dimension biologique, mais est indissociable d'une dimension culturelle, le terme « nature » étant le plus souvent entendu au sens de « seconde nature ». En effet, le langage, ajoute Laugier, est enraciné dans des structures sociales et dans le tissu matériel des existences et des activités humaines[6]. Hacker et Baker relèvent également que la notion de forme de vie inclut à la fois ce qui est « biologiquement naturel » et « culturellement naturel »[7]. Bref, les dimensions biologique et culturelle de la forme de vie humaine sont

1. *Cf.* D. Pears, « Wittgenstein's Naturalism », art. cit., p. 419-421 ; DC, § 106-107 ; A. Kenny, « Whose Naturalism ? Which Wittgenstein ? », art. cit., p. 117.

2. *Cf.* CV, 31 ; RP, § 244-245.

3. *Cf.* LLV, 20-21 ; RP, § 218-219.

4. D. Pears, « Wittgenstein's Naturalism », art. cit., p. 419.

5. S. Laugier, « Règles, formes de vie et relativisme chez Wittgenstein », art. cit., § 25.

6. *Ibid.*, § 24.

7. P. M. S. Hacker *et al.*, *Wittgenstein, Rules, Grammar and Necessity*, *op. cit.*, p. 239-240.

interdépendantes dans la mesure où la manière de percevoir, d'agir et de concevoir qui est partagée par les êtres humains prend une pluralité de formes particulières à travers les divers jeux de langage et donc en fonction de l'usage que nous en faisons dans les pratiques effectives, conformément à nos conventions, à nos coutumes et à nos habitudes de vie.

Dans ce contexte, qu'en est-il de la visée éthique de la conversion selon laquelle il faut, pour être heureux, s'accorder à la forme de vie humaine ? Comme dans le modèle stoïcien, la transformation individuelle opérée par la philosophie passe par un processus de dépassement de soi, un décentrement de la subjectivité, qui mène à la prise de conscience de notre appartenance à la nature. Or, dans le modèle stoïcien, on recherche ultimement l'harmonie avec la nature au sens cosmologique du terme tandis que, chez Wittgenstein, il y a l'idée d'une appartenance à un Tout qui n'est pas le *kosmos* tout entier (incluant les êtres naturels non humains), mais qui se limite plus spécifiquement à la nature *humaine*. Il y a donc bel et bien ici un mouvement de dilatation, mais il ne mène pas à une attitude métaphysique consistant, comme dans le *Tractatus*, à renoncer à la perspective empirique au profit d'une perspective sous l'angle de l'éternité, ou comme dans le modèle stoïcien, à s'exercer à accéder à une expérience d'unité avec la nature cosmique que Hadot appelle la physique vécue.

La conversion de l'usage métaphysique à l'usage quotidien du langage vise chez le second Wittgenstein à harmoniser notre manière langagière de vivre avec les pratiques effectives de la forme de vie humaine. Il y a bel et bien quelque chose comme un mouvement de dépassement de soi qui peut amener le locuteur individuel (Wittgenstein ou le lecteur) à s'accorder avec une réalité qui transcende l'*ego*, mais cette visée éthique n'est pas *métaphysique*. Le bonheur passe par l'harmonisation avec la nature humaine au sens concret d'un *ethos* communautaire ou collectif, c'est-à-dire, d'un côté, l'ensemble des habitudes langagières que, de fait, nous adoptons en société et qui servent de bases communes à nos différentes manières de vivre (dimensions culturelle et sociale) et, d'un autre côté, l'ensemble des normes de représentations perceptuelles, comportementales et conceptuelles partagées par l'espèce humaine (dimension biologique au sens normatif).

À partir de ces considérations sur la visée éthique de la conversion comme harmonie avec la nature, nous aimerions faire ressortir deux sous-points de comparaison. D'une part, dans le modèle stoïcien comme chez le second Wittgenstein, le *telos* éthique est lié à un *telos* naturel, mais en des sens différents. Dans le modèle stoïcien, le *telos* éthique est l'accomplissement de la nature humaine à travers la recherche de la vertu qui actualise l'excellence propre à l'être humain, à savoir la rationalité. Celui-ci est lié à un *telos* naturel au sens de « nature cosmique » ou de « monde physique ». Accomplir sa nature propre (la raison humaine), c'est agir en accord avec la nature cosmique (la Raison universelle). Dans le modèle wittgensteinien, le *telos* éthique est assimilable à la paix – implicitement associable au bonheur, comme nous le verrons – qui est liée à un *telos* naturel au sens plus spécifique de « nature humaine ». En effet, la forme de vie est le concept-limite naturaliste d'une éthique de la finitude et de la liberté.

D'autre part, nous avons vu que le *Tractatus* rejetait en quelque sorte la conception ancienne de la *physis* comme principe immanent de cohérence et d'ordre dans le monde au profit d'une conception transcendantale de la logique. Or, notamment à travers une réflexion sur la dimension « prélinguistique » de la vie humaine, le second Wittgenstein conserve un certain type de « transcendantalité », mais qui revêt désormais un sens naturaliste. En effet, la notion de forme de vie implique une structure naturelle de perceptions, d'actions et de conceptions qui oriente implicitement et préalablement la manière langagière de vivre des êtres humains, et ce, non pas dans la mesure où elle est un principe d'explication, comme le concept de nature des sciences naturelles, mais plutôt au sens d'un cadre transcendantal à la fois immanent à la vie humaine et la précédant en tant qu'ensemble de normes de représentation. Cette structure naturelle est donc le principe immanent de cohérence et d'ordre non pas de la nature en général, mais de la forme de vie *humaine*.

Un idéal d'ataraxie ?

Penchons-nous maintenant sur le parallèle qui semble exister entre les modèles stoïcien et wittgensteinien concernant la visée éthique de la conversion comme idéal d'ataraxie. Dans le modèle stoïcien (et tractarien), l'ataraxie est liée à une expérience éthique basée sur le sentiment de sécurité absolue[1], ce que nous ne retrouvons pas explicitement chez le second Wittgenstein. Or, ce dernier aspire à un idéal de « clarté » et de « paix »[2], un langage qui n'est pas étranger au concept d'ataraxie, c'est-à-dire à l'idée de tranquillité d'âme ou d'absence de trouble.

Cet idéal est-il purement intellectuel ou est-il lié à une visée éthique semblable à l'idéal d'ataraxie des modèles stoïcien et tractarien ? Les passages où il en est question portent plus spécifiquement sur la visée intellectuelle de l'activité philosophique (aucune mention claire de thèmes éthiques). En effet, il est plutôt question d'une conversion du regard qui consiste à passer d'un état où nous sommes intellectuellement tourmentés par certaines questions philosophiques à un état de paix et de clarté des *pensées*, et ce, en vue d'un idéal asymptotique de clarté totale qui marquerait la fin de la philosophie en tant qu'activité intellectuelle.

Nous savons pourtant que le modèle de la conversion du second Wittgenstein a une visée éthique au sens d'une éthique de la finitude et d'une éthique de la liberté. Y a-t-il un lien entre cette visée éthique et l'idéal de paix et de clarté évoqué dans les passages ci-dessus ? Est-ce que cet idéal peut être interprété, à l'instar du modèle stoïcien, comme un idéal d'ataraxie ? Si l'ataraxie se caractérise par le sentiment de sécurité absolue, une paix que rien ne peut ébranler, la visée éthique du modèle de la conversion du second Wittgenstein n'est pas un idéal d'ataraxie au sens du *Tractatus*. En effet, comme le modèle stoïcien, le modèle de la conversion du second Wittgenstein est *cyclique* : il faut régulièrement se reconvertir parce

1. Épictète, *Entretiens*, III, XIII, 11, *op. cit.* ; L. Wittgenstein, *Leçons et conversations*, *op. cit.*, p. 149.

2. RP, § 133 ; CV, 43.

que la disparition permanente de tous les problèmes philosophiques est un idéal inaccessible. La conversion linéaire du *Tractatus*, celle qui amène le lecteur, à la fin de l'ouvrage, à délaisser une fois pour toutes le discours philosophique pour une éthique silencieuse comme manière de vivre, associable, comme le dit Wittgenstein dans la *Conférence sur l'éthique*, à l'expérience du sentiment de sécurité absolue, se base sur un optimisme métaphysique aux accents positivistes qui ne cadre pas avec la place centrale que fait désormais le second Wittgenstein au caractère contingent et concret de la finitude humaine.

En ce sens, comme le rapporte Rush Rhees, Wittgenstein a même admis avoir eu tort de prétendre, dans le paragraphe 133 des *Recherches philosophiques*, que nous pouvons cesser de faire de la philosophie quand nous le voulons, ce souhait étant peut-être encore trop proche d'une certaine forme d'optimisme métaphysique ou, du moins, volontariste : « Vous savez que j'ai dit que je peux arrêter de faire de la philosophie quand je le veux. C'est un mensonge ! Je ne peux pas »[1]. Autrement dit, notre finitude fait que nous succombons plus souvent qu'autrement à la tentation du discours philosophique. C'est plus fort que nous. Le reconnaître, c'est nous méfier de quelque chose comme l'idée d'un « sentiment de sécurité absolue » (et d'ailleurs de tout désir d'absolu), sauf peut-être s'il est explicitement reconnu comme idéal inaccessible qui oriente l'activité philosophique et donc comme une mythologie ayant une fonction éthopoétique.

Par ailleurs, si la visée intellectuelle de paix et de clarté peut se comparer à un idéal d'ataraxie au sens asymptotique, il semble possible qu'elle soit également liée à la visée éthique de la conversion dont nous avons déjà parlé. En effet, nous pouvons d'abord remarquer un certain parallélisme entre les passages portant sur la clarté et la paix au sens intellectuel[2] et le passage des *Remarques mêlées* qui parle du *telos* éthique selon lequel, pour

1. R. Rhees, *Ludwig Wittgenstein. Personal Recollections*, Oxford, Basil Blackwell, 1981, no. 9, p. 186 (notre traduction).

2. CV, 43 ; RP, § 133.

être heureux, nous devons être en accord avec la forme de vie[1]. En comparant ces passages, il apparaît effectivement que la solution aux problèmes philosophiques (perspective intellectuelle) passe, comme c'est le cas pour le problème de la vie (perspective éthique), par une dissolution.

De plus, l'idéal intellectuel de clarté et de paix est indissociable d'une visée éthique dans la mesure où, encore une fois, c'est un certain vouloir, qui motive la manière de concevoir les choses et le langage, qu'il s'agit de convertir : ne plus vouloir concevoir les choses et le langage dans une perspective métaphysique, mais dans une perspective quotidienne. Or, il a ici un sens éthique non pas seulement parce qu'il mobilise la volonté, mais également, comme nous l'avons vu, parce qu'il est lié à une éthique de la finitude et de la liberté. En effet, d'une part, la tâche de clarification linguistique est guidée par le principe selon lequel nous devons accepter que nous ne pouvons pas franchir les limites de la forme de vie humaine, ce qui doit par le fait même nous amener à renoncer au contre-vouloir métaphysique, mû par un désir de transcendance qui sème la confusion et tourmente le philosophe. D'autre part, cela implique que pour vouloir accepter la vie humaine telle qu'elle est, nous devons nous *affranchir* de ce contre-vouloir, de la pression qu'exerce la tendance ou le désir envers l'illusion du point de vue métaphysique afin de choisir par nous-mêmes ce que nous voulons. La visée intellectuelle de la conversion est donc également indissociable d'une éthique de la liberté au sens d'autonomie.

Conclusion

Pour conclure, à la suite de l'analyse du thème de la conversion chez Wittgenstein, qu'avons-nous appris sur la fonction éthique du discours philosophique en général ? Nous avons retenu les quatre points suivants. Premièrement, la réflexion du second Wittgenstein nous a permis de mettre en lumière un nouveau modèle de conversion philosophique qui ne consiste pas, comme

1. RM, 27.

dans le modèle hellénistique, à passer d'une perspective empirique à une perspective métaphysique, mais plutôt d'une perspective métaphysique à une perspective quotidienne ou ordinaire.

Deuxièmement, tant chez le premier que chez le second Wittgenstein, il a été possible de faire ressortir la dimension *existentielle* de la conversion au sens global du terme, c'est-à-dire au sens où c'est d'une transformation totale de la personne dont il est question puisqu'elle touche à la fois aux versants intellectuel et éthique de l'existence humaine. Plus précisément, Wittgenstein nous a effectivement permis de voir que le discours philosophique pouvait opérer une conversion de notre conception du monde et du langage qui en est l'expression (versant intellectuel) ainsi que de la volonté qui en est la motivation en fonction d'une éthique de la finitude et de la liberté au sens d'autonomie (versant éthique). En effet, nous avons appris que la conversion pouvait être conçue comme une transformation radicale de notre manière de penser afin d'en arriver à faire le choix de concevoir la vie comme je le veux, à partir de l'attitude qui est propre au sujet voulant que je suis (éthique de la liberté), tout en acceptant les limites de la forme de vie humaine dont l'expression langagière est indépassable (éthique de la finitude).

Cela dit, en plus de ces deux conceptions de l'éthique (et ce, autant chez le premier et le second Wittgenstein que dans le modèle hellénistique de la conversion), il faut également souligner la présence implicite d'une *éthique de l'authenticité*. En effet, il est significatif que la transformation individuelle dont il est ici question se présente, comme dans le modèle hellénistique, comme une conversion à soi qui passe par le retour au domaine qui nous est propre en tant que sujet voulant et en tant qu'être humain (c'est l'*epistrophè*). Dans les *Carnets 1914-1916* et le *Tractatus*, c'est le choix de soi comme sujet éthique qui est l'enjeu principal et qui consiste à nous réapproprier le domaine de la volonté transcendantale qui nous définit (notamment parce qu'il correspond à ce qui dépend de nous). Dans le même ordre d'idées, dans les *Recherches philosophiques*, le but de la conversion est d'arriver à faire tourner nos considérations philosophiques autour de notre besoin véritable, ancré dans la vie ordinaire, c'est-à-dire dans les pratiques langagières effectives de la forme de vie humaine.

Ainsi, il apparaît maintenant que ces trois conceptions de l'éthique (finitude, liberté et authenticité) peuvent s'articuler ensemble pour donner lieu à la maxime morale suivante : *le choix de concevoir la vie comme je veux doit coïncider avec une volonté en harmonie avec la vie telle qu'elle est et avec le sujet éthique que je suis en propre.*

Troisièmement, l'analyse de la visée éthique du modèle de la conversion chez Wittgenstein nous a permis de faire ressortir deux nouveaux modèles de sagesse en plus du modèle philosophique asymptotique (hellénistique-romain) : un modèle non philosophique linéaire (premier Wittgenstein) et un modèle non philosophique cyclique/asymptotique (second Wittgenstein).

Enfin, quatrièmement, Wittgenstein nous a permis d'approfondir la dimension transpersonnelle de la conversion philosophique en nous aidant à voir que le dépassement de soi vers une perspective universelle ne doit pas nécessairement avoir un sens métaphysique (elle ne doit pas obligatoirement passer, par exemple, par la vision du monde sous l'angle de l'éternité). Je peux me dépasser en tant qu'individu tout en demeurant dans les limites de la forme de vie humaine, par exemple en harmonisant ma manière langagière de vivre avec celle qui est commune aux êtres humains, ce qui, au lieu d'avoir un sens métaphysique, relève d'une perspective socio-culturelle et biologique au sens normatif.

CONCLUSION

Qu'est-ce que la fonction éthique du discours philosophique ? Une fois contextualisée, cette question générale a donné lieu à certaines réponses particulières ayant une portée universelle. En introduction, nous avons associé cette fonction à l'interprétation de la vie philosophique hellénistique et romaine proposée par Pierre Hadot. Il s'agit de la possibilité pour le discours philosophique d'être à la fois l'expression et le moteur d'un art de vivre, un ensemble d'attitudes et d'actions concrètes orientées vers la vie heureuse. Autrement dit, l'interprétation de Hadot nous a amenés à voir cet aspect du discours philosophique ; elle a permis de mettre en lumière la possibilité pour ce dernier d'avoir ce que nous avons appelé une « fonction éthique ».

Puisque cette interprétation servait de base à la question qui nous intéresse, il a fallu procéder à une analyse plus approfondie de la théorie de Hadot qui a servi à mettre en relief le modèle conceptuel de la vie philosophique qui s'en dégageait. Par la même occasion, cette analyse a permis de préciser le sens de cette fonction, non pas seulement dans le contexte de la philosophie hellénistique et romaine, mais également et surtout dans le cadre d'un modèle conceptuel ayant une portée universelle. Ainsi, ce qui nous a même autorisés à parler d'une telle fonction dès le départ et tout au long de cette étude est le sens général que nous lui avons donné à partir de l'interprétation de Hadot. Or, le but de cette recherche a été de donner un contenu plus substantiel et plus précis à ce sens général.

Pour ce faire, nous avons tout d'abord dégagé et analysé trois composantes du modèle de la vie philosophique tirées de l'analyse historique de Hadot. Ensuite, la contribution de Wittgenstein, à la lumière du modèle de Hadot et avec le modèle stoïcien comme cas de figure, a permis de donner un contenu particulier à chacune de ces composantes. Nous avons posé comme hypothèse que cette contribution locale pouvait avoir une portée universelle qui nous permettrait de tirer des conclusions sur la fonction éthique du discours philosophique en général. Ces conclusions peuvent être exprimées au moyen d'un nouveau modèle conceptuel que nous exposerons dans ce chapitre final.

Les réponses à la question ne sont pas générales au sens où elles prétendraient être vraies au-delà de tout contexte et de toutes circonstances. C'est plutôt au sens où, bien qu'elles découlent de la rencontre entre trois contextes particuliers – le modèle de la vie philosophique de Hadot, le modèle stoïcien et la pensée de Wittgenstein –, elles ont une portée universelle ; non pas au sens où l'activité philosophique est dans tous les cas pratiquée implicitement ou explicitement à l'image de ce modèle conceptuel, mais dans la mesure où ce dernier reflète une *possibilité* inhérente à l'existence humaine en général et à l'activité philosophique en particulier et qui peut ou non s'actualiser selon notre caractère philosophique. Ces éléments de réponse nous renseignent également sur la fonction éthique en général dans la mesure où ils ont une portée universelle qui réside dans le fait qu'ils véhiculent des principes qui peuvent se tenir tout seuls, de façon autonome, qui peuvent ultimement nous parler (à nous, philosophes, mais également aux non-philosophes) au-delà du cadre théorique et sociohistorique particulier d'où nous les avons extraits. Il s'agit finalement de dépouiller ces éléments de réponse de leur caractère strictement théorique pour leur donner une forme qui met en évidence l'éclairage qu'ils peuvent jeter sur nos vies, c'est-à-dire la vérité éthique qu'ils renferment.

LE VERSANT SUBJECTIF DE LA SUBORDINATION DU DISCOURS PHILOSOPHIQUE AU MODE DE VIE ÉTHIQUE

Le discours philosophique comme expression d'un certain vouloir

La première composante de ce nouveau modèle conceptuel consiste à jeter un éclairage sur le versant subjectif de la relation de subordination du discours philosophique au mode de vie éthique sur le plan de la motivation. De manière générale, le discours philosophique a ici la fonction éthique d'exprimer un certain vouloir. En effet, nous avons appris plus précisément que les *valeurs fondamentales*, en relation avec un *contre-vouloir* (besoins, tendances, désirs, sentiments) à la base de *préconceptions* cristallisées dans des *images captivantes*, forment un *caractère* philosophique particulier et orientent *implicitement* les différentes *conceptions* que le philosophe, par l'usage de sa *volonté*, fait le *choix* d'exprimer au moyen du *discours philosophique*. Au terme de notre recherche, il faut également ajouter ici l'enracinement du discours philosophique (en particulier des valeurs fondamentales et du contre-vouloir qui le motivent) dans la *culture* et la *société* de notre *époque* ainsi que dans la *biologie humaine* au sens normatif d'une structure prélinguistique de conceptions, de comportements et de perceptions qui orientent préalablement notre manière langagière de vivre (*cf.* le naturalisme anthropologique du second Wittgenstein lié à la notion de forme de vie).

Nous sommes arrivés à cette conclusion notamment à partir d'une interprétation du projet éthique du *Tractatus* fondée sur une réflexion à propos de la notion de choix de vie philosophique proposée par Hadot que nous avons complétée par l'analyse des notions de projet initial (*épibolê*) et de choix primordial (*prohairésis*) au sens de prise de position préalable à l'égard du monde chez Épictète. C'est ainsi que nous avons pu faire ressortir une vérité éthique autonome : à l'image du *Tractatus*, les propositions philosophiques peuvent être conçues comme l'expression d'un choix primordial en faveur d'une éthique comme manière de vivre qui pénètre et oriente dès le départ le discours philosophique et qui s'inscrit dans un projet philosophique plus large fondé sur des valeurs particulières.

Par contre, étant donné qu'elle présuppose un certain type de fatalisme stoïcien alimenté par une confusion conceptuelle, nous avons mis ici de côté la conception métaphysique de la volonté et du sujet sur laquelle se fonde l'idée d'une subordination du discours philosophique à un certain vouloir chez le premier Wittgenstein pour miser plutôt sur la forme que prend cette dernière après le

Tractatus. En effet, nous avons vu que le vouloir qui oriente le discours philosophique du *Tractatus* se fondait sur une conception transcendantale, transcendante et dualiste de la volonté comme sujet éthique. Or, une fois extirpé de son sens métaphysique (transcendant et dualiste), le caractère transcendantal de la volonté dont Wittgenstein cherchait à rendre compte dans sa première philosophie prend la forme plus intéressante du modèle qu'il a préconisé à partir de l'époque intermédiaire de sa réflexion et qui consiste plutôt à dire que le discours philosophique est le véhicule de préconceptions exprimant un vouloir-voir indissociable d'un contre-vouloir et cristallisées dans des images qui nous forcent implicitement à voir les choses d'une certaine manière.

LE VERSANT OBJECTIF DE LA SUBORDINATION DU DISCOURS PHILOSOPHIQUE AU MODE DE VIE ÉTHIQUE

La fonction éthopoétique au sens faible

La deuxième composante nous renseigne sur le versant objectif de la relation de subordination du discours philosophique au mode de vie éthique. De manière générale, le discours philosophique a ici la fonction éthique (éthopoétique au sens faible) de produire de bonnes habitudes de vie, c'est-à-dire de produire un effet éthique sur les comportements que nous adoptons et les actions que nous posons de façon répétée. Plus précisément, il s'agit ici de dire que le discours philosophique peut, par analogie avec la maxime morale et le code éthique, produire des *arrangements conceptuels* (théoriques ou non) qui, s'ils sont *en accord* avec l'éthique telle qu'elle est vécue dans les pratiques effectives de la forme de vie humaine, *jettent un éclairage* sur notre mode de vie éthique (dimension esthétique), en fonction de la conception du bonheur que nous valorisons, de façon à ce que nous puissions *orienter* nos actions habituelles en ce sens (dimension signifiante).

En effet, en guidant systématiquement nos choix et nos actions au moyen d'un discours philosophique cohérent, nous sommes en mesure de développer de bonnes habitudes de vie; nous favorisons l'intégration de comportements éthiques. Sans discours philosophique qui oriente en tant qu'élément constitutif de l'action éthique, nous sommes livrés à nous-mêmes, condamnés à tâtonner dans nos actions, à errer aveuglément, sans être en mesure de développer les comportements qui, seuls lorsqu'ils sont cultivés de façon répétée peuvent, sur la durée, transformer notre mode de vie en vue du bonheur. En d'autres termes, le modèle conceptuel que nous procure le discours philosophique éthopoétique (à travers des maximes, des codes, mais aussi des théories éthiques) nous permet de déterminer de façon cohérente notre conception du bonheur en fonction de nos valeurs.

Pour passer de la théorie à la pratique, de savoir ce qui est bon pour soi à *vouloir* et *faire* ce qui est bon pour soi et ainsi devenir heureux, il faut la répétition. D'où la notion d'habitudes. Il ne s'agit pas de poser une bonne action une seule fois, mais de poser de façon répétée le type d'actions que le modèle conceptuel nous a aidés à identifier comme étant une action éthique. Le discours philosophique éthopoétique qui produit des modèles conceptuels qui orientent le mode de vie éthique produit de bonnes habitudes de vie dans la mesure où il nous indique quelle est la bonne action à poser en fonction du contexte et ainsi rend possible l'intégration systématique de cette action dans nos habitudes de vie.

Il faut souligner ici un thème récurrent qui nous a suivis tout au long de cette recherche : un discours philosophique qui a une fonction éthique est un discours en accord avec les pratiques effectives (la manière langagière de vivre que nous avons de fait instituée) circonscrites par la forme de vie humaine, c'est-à-dire la manière de vivre (de concevoir, de percevoir et de nous comporter) commune aux êtres humains qui s'exprime à travers une pluralité et une diversité de formes langagières particulières. Pour jeter un éclairage sur notre mode de vie éthique en fonction de la conception du bonheur que nous valorisons et ainsi orienter nos choix et nos actions en ce sens, le discours philosophique doit être adéquat ou harmonieux dans cette optique.

En effet, penser, parler et agir en discordance avec la manière de vivre langagière que nous partageons avec les autres sont les symptômes d'un mode de vie désorienté. À la base de ce mode de vie, il y a une confusion conceptuelle qui nous conduit à mener notre vie comme celui ou celle qui cherche en vain à s'orienter dans un pays avec la mauvaise carte. Nous nous retrouvons constamment, sur le plan intellectuel et éthique, là où nous ne voulons pas être. La fin inévitable de ce mode de vie rongé par le souci ne peut être que l'aliénation. D'où la nécessité intellectuelle et éthique, dans le cadre d'une éthique comme manière de vivre, d'un discours philosophique éthopoétique qui oriente et donc qui est préalablement en accord avec le mode de vie.

Si Wittgenstein a tendance à dire que le discours *théorique* n'est pas en accord avec l'éthique vécue, nous nous sommes distancés de cette position qui repose selon nous sur une opposition indue entre une conception négative de la théorie et l'éthique comme manière de vivre. En effet, nous pouvons maintenant voir que la conception de la théorie critiquée par Wittgenstein a un sens restreint auquel la théorie ne se réduit pas. Il s'agit d'une conception particulière du discours philosophique qui confond la méthode de la philosophie avec celle des sciences empiriques puisqu'elle consiste à justifier des faits ou des phénomènes au moyen de théories explicatives en vue d'un idéal d'objectivité qui présuppose qu'il y a une vérité au-delà de tout contexte et de toutes circonstances. Tout au long de cette recherche, nous avons plutôt fait valoir une conception plus large de la théorie qui ne commet pas forcément, par exemple, la faute de la surgénéralisation dénoncée par Wittgenstein et qui consiste simplement en une pensée discursive exprimée à l'écrit ou à l'oral, qui expose des thèses, appuyées par des arguments, formant un système ordonné et pouvant prendre une pluralité et une diversité de formes particulières.

Nous avons également vu que, tant au sens restreint qu'au sens large, la théorie pouvait être intégrée à l'éthique comme manière de vivre étant donné que la fonction éthopoétique peut pénétrer toute forme de discours. C'est le sens de la distinction que nous avons mise de l'avant entre la fonction et la forme du discours philosophique : ce n'est pas le type d'arrangement conceptuel qui détermine s'il est en accord avec l'éthique vécue, mais l'usage que nous en faisons dans un contexte particulier. Un discours écrit à la troisième personne peut exprimer des valeurs (le *Tractatus* par exemple), et un discours qui expose des thèses philosophiques appuyées par des arguments et formant un système théorique peut avoir la fonction éthopoétique de transformer notre manière de vivre habituelle (la philosophie stoïcienne par exemple).

Même si nous sommes partis du modèle de la vie philosophique de Hadot pour défendre la thèse de la subordination du discours philosophique à une éthique comme manière de vivre, nous nous sommes distancés de la tendance ineffabiliste de son interprétation. En effet, Hadot dit au fond que le discours philosophique (théorique ou non) peut être intégré à l'éthique comme manière de vivre, mais que *le discours et le mode de vie sont ultimement irréductibles.* Notre interprétation de la relation entre le langage et le mode de vie, bien qu'elle soit inspirée par Hadot, est en réalité plus radicale et va puiser dans la seconde philosophie de Wittgenstein. Une des idées importantes que nous avons développée tout au long de cette recherche est que, dans la forme de vie humaine, le langage (dont le discours philosophique) et le mode de vie sont inséparables. En effet, il est impossible pour nous de concevoir l'existence d'un mode de vie pur (détaché du langage) parce qu'il nous est impossible de concevoir, au moyen du langage signifiant, une perspective extérieure au langage signifiant.

Par conséquent, puisqu'ils sont inséparables, quand le langage change, le mode de vie tend à changer également, ce qui implique une conception holistique de l'existence humaine. Face à certains cas-limites (l'amour, l'expérience mystique, etc.), nous avons adopté ici une conception plus large du langage comme mode d'expression articulé des différentes dimensions de l'existence (cognitive, émotionnelle, corporelle, intuitive, etc.) pouvant prendre une pluralité et une diversité de formes particulières. Finalement, à la question de savoir comment le langage peut être en décalage avec le mode de vie s'ils sont inséparables, nous avons répondu que, même si la manière de vivre humaine est toujours déjà langagière, nous pouvons toutefois mal concevoir le langage ou les choses en fonction de désirs irrationnels et inconscients profondément ancrés en nous (c'est ce qui crée le décalage).

LA FONCTION ÉTHOPOÉTIQUE AU SENS FORT

La conversion de la volonté comme conversion à soi

La troisième composante consiste à mettre en lumière la fonction éthique (éthopoétique au sens fort) du discours philosophique de rejaillir sur le versant subjectif du mode de vie éthique. En effet, nous avons vu plus précisément que le discours philosophique pouvait opérer une transformation individuelle conçue à partir du modèle de la *conversion de la volonté*, synonyme d'une *conversion à soi*, et qui désigne l'*arrachement* (*metanoia*) à l'égard d'un certain *vouloir inauthentique*, indissociable d'un contre-vouloir (besoins, tendances, désirs, sentiments) au fondement de la *pensée* (conceptions) exprimée par le *langage*, pour revenir à un *vouloir authentique* qui coïncide avec le domaine qui est propre au sujet éthique que nous sommes (*epistrophè*).

Autant à partir du premier que du second Wittgenstein, nous pouvons dégager une conception de la conversion de la volonté comme conversion à soi, c'est-à-dire comme mouvement de retour au domaine qui nous est propre en tant que sujet éthique. La différence principale entre ces deux modèles, pourrait-on dire, réside ici dans ce qui est défini comme étant ce domaine authentique. Chez le premier Wittgenstein, c'est le domaine du sujet voulant au sens transcendant et transcendantal par opposition au domaine empirique qui, lui, nous est foncièrement étranger. Chez le second Wittgenstein, c'est au contraire le domaine de l'« ordinaire » ou du « quotidien » qui est notre lieu d'origine et qui s'exprime à travers l'usage effectif du langage par opposition à la perspective et au langage métaphysiques. Nous délaissons néanmoins ici la conception métaphysique de la volonté et du sujet du premier Wittgenstein pour plutôt privilégier le modèle de la conversion de la volonté comme conversion à soi qui surgit à partir de l'époque intermédiaire et dont nous avons parlé comme une conversion du contre-vouloir métaphysique au vouloir-voir éthique.

Chez le premier et le second Wittgenstein, nous avons pu voir également que la conversion cible le vouloir (dimension éthique), mais affecte par le fait même la pensée et le langage (dimension intellectuelle). Il s'agit ici d'un autre thème important de notre recherche : quand nous changeons radicalement ce que nous voulons, nous changeons par le fait même la conception et le langage qui sont les expressions de cette volonté. Chez le premier Wittgenstein, lorsque nous arrivons à ne plus vouloir concevoir ce que nous sommes à partir d'une perspective empirique, mais à partir d'une perspective qui est propre au domaine transcendantal et transcendant qui est le nôtre en tant que sujet voulant, nous cessons par le fait même de vouloir parler de nous-mêmes et du domaine qui nous est propre au moyen d'un langage dont la fonction essentielle est de représenter des faits possibles, c'est-à-dire quelque chose que nous ne sommes pas. De la même manière, chez le second Wittgenstein, renoncer au désir métaphysique d'un point de vue extérieur à la forme de vie humaine, c'est renoncer à la conception et au langage métaphysiques qui expriment ce désir.

Néanmoins, sur cette question, nous retenons encore une fois le modèle de la conversion qui émerge à partir de l'époque intermédiaire de la réflexion de Wittgenstein puisqu'il permet de mieux rendre compte de la dimension existentielle qui, comme le disait Hadot, est propre à ce type de transformation individuelle, c'est-à-dire au pouvoir de cette dernière d'affecter toutes les sphères de l'existence humaine. En effet, si la conversion que le discours philosophique du *Tractatus* tente d'opérer est une transformation de la volonté, de la pensée et du langage, elle s'inscrit dans un modèle qui n'intègre pas, comme ce sera le cas jusqu'à un certain point par la suite, les dimensions corporelle, sociale, culturelle et historique. En somme, la spécificité du modèle de la conversion que nous avons retenu est bel et bien d'être une conversion de la volonté, mais qui affecte par le fait même la pensée et le langage qui en sont l'expression et qui sont à leur tour ancrés dans la *culture* et la *société* d'une *époque* de même que dans la *biologie* humaine. Ainsi, la conversion a une dimension existentielle au sens holistique : en transformant la volonté, elle touche aussi aux autres sphères de l'existence humaine.

LA VISÉE ÉTHIQUE DU DISCOURS PHILOSOPHIQUE

Un idéal asymptotique, philosophique et transpersonnel de bonheur au sens d'absence de trouble

La fonction éthique du discours philosophique peut également s'exprimer à travers la visée éthique de la conversion que ce dernier cherche à opérer. Dans cette optique, la quatrième composante du nouveau modèle conceptuel permet, premièrement, de faire ressortir que la visée éthique de la conversion de la volonté est un idéal *asymptotique* et *philosophique* de *bonheur* au sens de paix ou d'*absence de trouble*; non pas asymptotique au sens où nous n'atteignons jamais cet état de paix, mais dans la mesure où nous ne l'atteignons jamais de façon permanente (il faut se reconvertir chaque jour), et ce, pour autant également que le discours philosophique ne cède jamais la place à un mode de vie non philosophique, mais fasse partie intégrante de l'éthique comme manière de vivre.

L'idéal d'absence de trouble ne doit pas non plus être confondu ici avec une éthique indifférentiste du même type que celle que le premier Wittgenstein semble avoir préconisée et qui avait forcément quelque chose de répréhensible ; sans doute un exemple de comment une confusion conceptuelle à la base d'une réflexion philosophique peut nous conduire à adopter une position éthique absurde (et potentiellement, ce qui peut devenir encore plus problématique, qui peut nous amener à *vivre* en fonction d'elle). La démythologisation du fatalisme stoïcien et de la conception métaphysique de la volonté sur lequel il reposait permet de montrer, chez le second Wittgenstein, qu'il est possible d'aspirer à cet état d'absence de trouble sans renoncer à se laisser affecter par les choses extérieures au domaine de la volonté éthique au sens transcendant et transcendantal et ainsi se déresponsabiliser de nos actions et du bien d'autrui. Bref, nous sommes donc, d'une part, plus près du modèle cyclique et asymptotique de la conversion que nous retrouvons chez le second Wittgenstein que du modèle linéaire du *Tractatus* et, d'autre part, nous privilégions la conception démythologisée de l'absence de trouble qu'il est possible de tirer de la seconde philosophie et non l'idéal métaphysique de détachement qui se dégage de la première dans la mesure où il est lié à une éthique indifférentiste.

Néanmoins, contrairement à Wittgenstein qui soutient que l'éthique n'est pas un mode de vie *philosophique*, mais relève plutôt de la vie ordinaire, nous nous rangeons plutôt derrière Hadot pour dire que la visée éthique de la conversion peut bel et bien être philosophique. En effet, la position de Wittgenstein présuppose ici à tort que la philosophie se réduit à la théorie en un sens restreint ou du moins à une activité purement intellectuelle. Ainsi, puisque l'éthique est également pour lui un mode de vie comportant une dimension résolument existentielle et personnelle, il croit qu'elle n'a donc rien à voir avec la philosophie. Or, comme nous avons tenté de le démontrer, nous croyons plutôt que la philosophie ne se réduit pas à une activité purement intellectuelle ou théorique (au sens restreint ou au sens large). La réflexion de Wittgenstein elle-même nous permet de voir que la philosophie est une activité intellectuelle, certes, mais pouvant avoir une fonction éthique. La philosophie, ou plutôt le discours philosophique, ne s'oppose pas au mode de vie éthique : il peut être utilisé comme moyen au service du mode de vie éthique. L'éthique peut donc être un mode de vie philosophique dans la mesure où le discours philosophique peut être l'expression et le moteur d'une éthique comme manière de vivre.

Deuxièmement, nous avons vu que la visée éthique de la conversion de la volonté (et de la pensée exprimée par le langage) pouvait avoir une dimension *transpersonnelle* qui relève d'un *naturalisme anthropologique* : le mouvement de retour à soi est indissociable d'un mouvement de dépassement de soi vers une *perspective universelle*, mais qui n'est pas métaphysique et qui comporte une dimension *socio-culturelle* et *biologique* au sens normatif. En effet, le bonheur passe par un mode de vie en accord avec la « nature humaine », c'est-à-dire, d'une part, avec ce qui est « culturellement naturel » (les pratiques langagières habituelles que nous partageons en société) et, d'autre part, avec ce qui est « biologiquement naturel » (les normes de représentations perceptuelles, comportementales et conceptuelles communes à l'espèce humaine).

Nous nous distançons ici de la tendance individualiste de l'éthique de Wittgenstein. En effet, comme nous l'avons mentionné, non seulement la conception de l'éthique du premier Wittgenstein est marquée par le solipsisme, mais même s'il y a une dimension communautaire très forte à la philosophie du langage du second Wittgenstein, les remarques les plus tardives de ce dernier sur l'éthique continuent à s'inscrire uniquement dans la perspective d'une éthique individuelle. Or, l'éthique ne se réduit pas au domaine du sujet, c'est-à-dire à la perspective de la première personne. L'éthique désigne aussi, bien sûr, une manière de vivre ensemble qui touche aux sphères de la société, de la culture et de l'espèce. En ce sens, il y a une dimension transpersonnelle à la visée éthique de la conversion qu'il est possible de tirer de la seconde philosophie de Wittgenstein et qui se fonde sur cette idée que l'harmonie avec la forme de vie humaine est une condition nécessaire au bonheur qui implique le dépassement de l'*ego* vers une perspective universelle.

Troisièmement, notre analyse a révélé que la visée éthique de la conversion de la volonté est éthique au sens d'une éthique de la finitude, une éthique de la liberté au sens d'autonomie et d'une éthique de l'authenticité : le choix de concevoir la vie comme je veux (*éthique de la liberté au sens d'autonomie*) doit coïncider avec une volonté en harmonie avec la vie telle qu'elle est (*éthique de la finitude*) et avec le sujet éthique que je suis en propre (*éthique de l'authenticité*) en vue du bonheur au sens d'absence de trouble.

En effet, un langage en harmonie avec la forme de vie humaine est un langage qui n'est pas motivé par le désir métaphysique que notre manière de vivre langagière soit autrement que ce qu'elle est ; un langage qui accepte les limites insurmontables de la vie et du langage, c'est-à-dire précisément le fait que la vie *est* essentiellement langagière et qu'il n'y a pas d'autre vie et d'autre langage que la vie que nous vivons et que le langage que nous parlons. Maintenant, choisir de concevoir la vie comme je veux, c'est choisir de concevoir la vie en fonction de mon besoin véritable et non en fonction d'un contre-vouloir métaphysique qui me détermine à mon insu. Ainsi, en choisissant mon besoin véritable, je me choisis en tant que sujet éthique ; je cesse d'être l'esclave d'un contre-vouloir inconscient et je me réapproprie le domaine qui est le mien en tant que sujet éthique.

Ultimement, nous pourrions résumer la fonction éthique du discours philosophique à un usage possible du langage philosophique. Non pas l'usage que nous *devrions* faire, mais une ressource à notre disposition, qui a déjà été utilisée durant l'histoire par certains philosophes qui partageaient un caractère philosophique semblable, c'est-à-dire qui avaient tendance à croire, par exemple, un peu comme les philosophes hellénistiques et romains, qu'est vain le discours philosophique qui ne sert pas à nous guérir, par la raison, des émotions négatives qui nous empêchent d'être heureux. Aujourd'hui, c'est plutôt la psychothérapie et la psychiatrie qui ont cette fonction. Nous pouvons cependant nous demander si la philosophie peut apporter une contribution significative, complémentaire et spécifique à la réflexion sur le travail sur soi en vue du bonheur.

N'était-ce pas sa vocation originelle ? Devrions-nous renouer avec cette possibilité de l'activité philosophique ou accepter le consensus actuel autour d'une conception surtout théorique et académique de la philosophie ? Peut-être n'est-ce effectivement plus la tâche de la philosophie. Peut-être devons-nous accepter de laisser cette tâche à d'autres disciplines. Chose certaine, le discours philosophique *peut* avoir une fonction éthique. C'est à nous de choisir si cette possibilité est seulement d'intérêt historique (certains l'ont actualisée dans leur pratique philosophique à une certaine époque) ou théorique (cette possibilité jette un éclairage sur un aspect de l'activité philosophique en tant que telle) ou s'il est souhaitable de la mettre en pratique sous une forme ou sous une autre. La question de la « méthode éthique » devient alors incontournable. *Comment* le discours philosophique arrive-t-il à opérer la conversion ? Voilà la question à laquelle il faudra désormais chercher à répondre.

BIBLIOGRAPHIE

AGAM-SEGAL R. *et al.* (eds.), *Wittgenstein's Moral Thought*, London, Routledge, 2018.

AIDUN D., « Wittgenstein, Philosophical Method and Aspect-Seeing », *Philosophical Investigations* 5, no. 2, 1982, p. 106-115.

ANSCOMBE G. E. M., *An Introduction to Wittgenstein's Tractatus. Themes in the philosophy of Wittgenstein*, Southbend (Indiana), St-Augustine's Press, 1959.

ARISTOTE, *Éthique à Nicomaque*, trad. fr. R. Bodéüs, Paris, GF-Flammarion, 2004.

AUSTIN J. L., *Quand dire, c'est faire*, trad. fr. G. Lane, Paris, Seuil, 1970.

BAKER G., *Wittgenstein's Method. Neglected Aspects*, Oxford, Blackwell, 2006.

BANICKI K., « Philosophy as Therapy: Towards a Conceptual Model », *Philosophical Papers* 43, no. 1, 2014, p. 7-31.

BODÉÜS R., *Le philosophe et la cité : recherches sur les rapports entre morale et politique dans la pensée d'Aristote*, Paris, Les Belles Lettres, 1982.

BOUVERESSE J., *Le mythe de l'intériorité*, Paris, Minuit, 1987.

– *Philosophie, mythologie et pseudo-science. Wittgenstein lecteur de Freud*, Paris, L'Éclat, 1991.

– *Wittgenstein : la rime et la raison. Science, éthique et esthétique*, Paris, Minuit, 1973.

BRUNSCHWIG J., « Stoïcisme ancien », dans M. Canto-Sperber, *Dictionnaire d'éthique et de philosophie morale*, Paris, P.U.F., 2 tomes, 2004.

CAHILL K. *et al.* (eds.), *Wittgenstein and Naturalism*, London, Routledge, 2017.

CASSIN B., *Vocabulaire européen des philosophies. Dictionnaire des intraduisibles*, Paris, Seuil-Dictionnaires le Robert, 2004.

CAVALIER R. J., *Ludwig Wittgenstein's Tractatus Logico-Philosophicus: A Transcendantal Critique of Ethics*, Washington D.C., University Press of America, 1980.

CAVELL S., « The Availability of Wittgenstein's Later Philosophy », *The Philosophical Review* 71, no. 1, 1962, p. 67-93.

– *The Claim of the Reason. Wittgenstein, Skepticism, Morality, and Tragedy*, Oxford-New York, Oxford University Press, 1979.

– *Une nouvelle Amérique encore inapprochable*, trad. fr. S. Laugier, Combas, L'Éclat, 1991.

CHASE M. *et al.* (eds.), *Philosophy as a Way of Life. Ancients and Moderns: Essays in Honor of Pierre Hadot*, Chechester, Wiley Blackwell, 2013.

CHAUVIRÉ C., *L'immanence de l'ego. Langage et subjectivité chez Wittgenstein*, Paris, P.U.F., 2009.

CONANT J., « Throwing Away the Top of the Ladder », *The Yale Review* 79, 1989, p. 328-364.

DAMONTE M. « The Soft Presence of Wittgenstein in Virtue Ethics and His Hard Significance for Its Future », *in* E. Grimi (ed.), *Virtue Ethics: Retrospect and Prospect*, Cham, Springer, 2019.

DAVIDSON A. I. et F. WORMS (dir). *Pierre Hadot. L'enseignement des antiques, l'enseignement des modernes*, Paris, Éditions Rue d'Ulm-Presses de l'École normale supérieure, 2010.

DE MESEL B., *The Later Wittgenstein and Moral Philosophy*, Cham, Springer, 2018.

— *et al.* (eds.), *Ethics in the Wake of Wittgenstein*, New York, Routledge, 2019.

DESCOMBES V., *Le complément de sujet. Enquête sur le fait d'agir de soi-même*, Paris, Gallimard, 2004.

DIAMOND C., *Reading Wittgenstein with Anscombe, Going on to Ethics*, Cambridge (Mass.), Harvard University Press, 2019.

– *The Realistic Spirit. Wittgenstein, Philosophy and the Mind*, Cambridge (Mass.), The MIT Press, 1991.

DONATELLI P., *Manières d'être humain. Une autre philosophie morale*, trad. fr. S. Chavel, Paris, Vrin, 2015.

– « Moral Perfectionism and Virtue », *Critical Inquiry* 45, no. 2, hiver 2019, p. 332-350.

DRAGONA-MONACHOU M., « Epictetus on Freedom: Parallels between Epictetus and Wittgenstein », T. Scaltsas and A. S. Mason (eds.), *The Philosophy of Epictetus*, Oxford-New York, Oxford University Press, 2007, p. 112-139.

FISCHER E., « How to Practise Philosophy As Therapy: Philosophical Therapy and Therapeutic Philosophy », *Metaphilosophy* 42, no. 1-2, 2011, p. 49-82.

– *Philosophical Delusion and its Therapy: Outline of a Philosophical Revolution*, New York, Routledge, 2013.

FOUCAULT M., *Histoire de la sexualité III. Le souci de soi*, Paris, Gallimard, 1984.

– *L'herméneutique du sujet. Cours au Collège de France. 1981-1982*, Paris, Gallimard-Seuil, 2001.

GAUTHIER R. A., *Introduction à l'*Éthique à Nicomaque, Louvain, Publications universitaires de Louvain, 1970.

GAUVRY C., « L'expérience psychique, une expérience indicible », *Cahiers philosophiques* 158, 2019, p. 99-113.

GOLDSCHMIDT V., *Le système stoïcien et l'idée de temps*, Paris, Vrin, 1977.

GRŒTHUYSEN B., *Anthropologie philosophique*, Paris, Tel-Gallimard, 1952.

HACKER P. M. S., *Wittgenstein Mind and Will. Part I: Essays*, Oxford-Cambridge, Blackwell, 2000.

— *et al.*, *Wittgenstein, Rules, Grammar and Necessity*, Oxford, Basil Blackwell, 1985.

HADOT P., *Discours et mode de vie philosophique*, Paris, Les Belles Lettres, 2014.

– « Epistrophè et Metanoia dans l'histoire de la philosophie », *Actes du XIe congrès international de philosophie, Bruxelles*, 20 au 26 août 1953, XII, p. 31-36.

– *Exercices spirituels et philosophie antique*, Paris, Albin Michel, 2002.

– « Il y a de nos jours des professeurs de philosophie, mais pas de philosophes… », dans M. Granger (éd.), *Henry D. Thoreau*. Paris, L'Herne, 1994.

– *Introduction aux « Pensées » de Marc Aurèle : La citadelle intérieure*, Paris, Fayard, 1997.

– *La philosophie comme éducation des adultes*, Paris, Vrin, 2019.

– *La philosophie comme manière de vivre*, Paris, Albin Michel, 2001.

– « Mes exercices spirituels », *Le Nouvel Observateur* 2369, juillet 2008.

– « Philosophie, discours philosophique et divisions de la philosophie chez les stoïciens », *Revue internationale de philosophie* 45, 1991, p. 205-219.

– *Qu'est-ce que la philosophie antique ?*, Paris, Gallimard, 1995.

– (éd.). « Réflexions sur la notion de “culture de soi” », *Michel Foucault Philosophe*, Paris, Seuil, 1989.

– *Wittgenstein et les limites du langage*, Paris, Vrin, 2004.

HAGBERG G. L., *Describing Ourselves. Wittgenstein and Autobiographical Consciousness*, New York, Oxford University Press, 2008.

HALAIS E., *Wittgenstein et l'énigme de l'existence : La forme et l'expression*, Paris, P.U.F., 2007.

HEIDEGGER M., *Être et Temps*, trad. fr. E. Martineau, Paris, Authentica, 1985.

HUTCHINSON P., « *What's the Point of Elucidation ?* », Metaphilosophy 38, no. 5, octobre 2007.

— *et al.* « An Elucidatory Interpretation of Wittgenstein's Tractatus: A Critique of Daniel D. Hutto's and Marie McGinn's Reading of Tractatus 6.54 », *International Journal of Philosophical Studies* 14, no. 1, mars 2006, p. 1-29.

HUTTER H., *Shaping the Future: Nietzsche's New Regime of the Soul and Its Ascetic Practices*, Lanham, Lexington Books, 2006.

HUTTO D. D., *Wittgenstein and the End of Philosophy: Neither Theory Nor Therapy*, Basingstoke, Palgrave Macmillan, 2006.

HYMERS M., *Wittgenstein and the Practice of Philosophy*, Peterborough (Ontario), Broadview Press, 2010.

JAMES W, . *Le pragmatisme*, trad. fr. N. Ferron, Paris, Flammarion, 2007.

– *Les formes multiples de l'expérience religieuse. Essai de psychologie descriptive*, trad. fr. F. Abauzit, Chambéry, Exergue, 2001.

JOHNSTON P., *Wittgenstein and Moral Philosophy*, London, Routledge, 1989.

KANT E., *Opus postumum*, trad. fr. F. Marty, Paris, P.U.F., 1986.

KENNY A., « *Whose Naturalism? Which Wittgenstein?* », Americal Philosophical Quarterly 48, no. 2, 2011.

LAMBERT P., *Logique, éthique et esthétique chez Wittgenstein entre 1911 et 1921*, Thèse soutenue à l'Université de Montréal sous la direction de D. Dumouchel, 2002.

LAUGIER S., « Langage ordinaire et exercice spirituel », dans A. I. Davidson and F. Worms (éd.), *Pierre Hadot, l'enseignement des antiques, l'enseignement des modernes*, Paris, Éditions Rue d'Ulm-Presses de l'École normale supérieure, 2010.

– « La vulnérabilité des formes de vie », *Raisons politiques* 57, no. 1, 2015, p. 65-80.

– *Les sens de l'usage*, Paris, Vrin, 2009.

– « Règles, formes de vie et relativisme chez Wittgenstein », *Noesis* 14 [En ligne], 2008, mis en ligne le 28 juin 2010, consulté le 17 mars 2022. URL : http://journals.openedition.org/noesis/1652.

– *Wittgenstein. Le mythe de l'inexpressivité*, Paris, Vrin, 2010.

LE RU V. (dir.), *Pierre Hadot : apprendre à lire et à vivre*, Reims, Presses universitaires de Reims, 2014.

MASON H. E., « On the Treatment of the Notion of the Will in Wittgenstein's Later Writings », *Philosophical Investigations* 11, juillet 1988, p. 183-196.

MCGUINNESS B., *Wittgenstein: A Life*, Londres, Duckworth, 1998.

MCMANUS D., *Wittgenstein and Scepticism*, New York, Routledge, 2004.

MONK R., *Wittgenstein. Le devoir de génie*, Paris, Odile Jacob, 1990.

MURRAY G., *Five Stages of Greek Religion: Studies Based on a Course of Lectures Delivered in April 1912 at Columbia University*, London, Watts, 1935.

NIETZSCHE F., *Humain trop humain. Un livre pour esprits libres*, in *Œuvres philosophiques complètes* III, trad. fr. R. Rovini, Paris, Gallimard, 1968.

– *La naissance de la tragédie*, trad. fr. G. Bianquis, Paris, Gallimard, 1949.

NUSSBAUM M. C., *The Therapy of Desire. Theory And Practice In Hellenistic Ethics*, Princeton (New Jersey), Princeton University Press, 1994.

OUELBANI M., *La philosophie de Wittgenstein*, Paris, Vrin, 2019.

PAVIE X., *Exercices spirituels. Leçons de la philosophie contemporaine*, Paris, Les Belles Lettres, 2013.

PEARS D., « Wittgenstein's Naturalism », *Monist* 78, no. 4, 1995, p. 411-424.

PETERMAN J. F., *Philosophy as Therapy*, Albany, Suny Press, 1992.

PETERS M., « The ethics of reading Wittgenstein », *Educational Philosophy and Theory* 51, no. 6, 2019, p. 546-558.

PLANT B, « The End(s) of Philosophy: Rhetoric, Therapy and Wittgenstein's Pyrrhonism », *Philosophical Investigations* 27, no. 3, juillet 2004.

PLATON. *Alcibiade*, trad. fr. Ch. Marbœuf et J.-F. Pradeau, Paris, GF-Flammarion, 2000.

– *Apologie de Socrate. Criton. Phédon*, trad. fr. L. Robin, Paris, Gallimard, 1985.

– *La République*, trad. fr. R. Baccou, Paris, GF-Flammarion, 1966.

– *Parménide. Théétète. Le sophiste*, trad. fr. A. Diès, Paris, Tel-Gallimard, 1926.

PLUTARQUE, « Le philosophe doit surtout s'entretenir avec les grands », *Œuvres morales*, trad. fr. M. Cuvigny, Paris, Les Belles Lettres, t. 11, 1985.

POHLENZ M., *Die Stoa. Geschichte einer geistigen Bewegung*, Göttingen, Vandenhoeck & Ruprecht, 1970.

– *Kleine Schriften*, Hildescheim, Georg Olms, 1965.

PROOPS I., « The New Wittgenstein : A Critique », *European Journal of Philosophy* 9, no. 3, 2001, p. 375-404.

READ R., » A No Theory ? : Against Hutto on Wittgenstein », *Philosophical Investigations* 29, no. 1, janvier 2006, p. 73-81.

REY A., *Dictionnaire historique de la langue française*, Paris, Le Robert, 2010.

RHEES R., *Ludwig Wittgenstein. Personal Recollections*, Oxford, Basil Blackwell, 1981.

SCHOPENHAUER A., *Le monde comme volonté et comme représentation*, trad. fr. A. Burdeau, rev. R. Roos, Paris, P.U.F., 1966.

P.-M. SCHUHL (éd.), *Les Stoïciens*, trad. fr. É. Bréhier *et al.*, Paris, Gallimard, 1997.

SÉNÈQUE, *Lettres à Lucilius*, trad. fr. H. Noblot, Paris, Les Belles Lettres, 1945.

SEYMOUR M., *L'institution du langage*, Montréal, Presses de l'Université de Montréal, 2005.

SNELL B., *Neun Tage Latein*, Göttingen, Vandenhoek & Ruprecht, 1955.

SORABJI R., « *Epictetus on* proairesis *and Self* », *in* T. Scaltsas and A. S. Mason (eds.), *The Philosophy of Epictetus*, New York, Oxford University Press, 2007.

SOULEZ A. (éd.), *Leçons sur la liberté de la volonté*, suivi de : *Essai sur le libre jeu de la pensée*, Paris, P.U.F., 1998.

THOREAU H. D., *Walden*, trad. fr. G. Landré-Augier, Paris, Aubier-Montaigne, 1967.

TRIPP R. *et al.* (eds.), *Picturing Life. Wittgenstein's Visual Ethics*, Würzburg, Königshausen & Neumann, 2016.

VŒLKE A. J., *La philosophie comme thérapie de l'âme. Études de philosophie hellénistique*, Paris, Cerf, 1993.

– *L'idée de volonté dans le stoïcisme*, Paris, P.U.F., 1973.

WEINER D. A., *Genius and Talent: Schopenhauer's Influence on Wittgenstein's Early Philosophy*, Rutherford, Fairleigh Dickinson University Press, 1992.

WISDOM J., *Philosophy and Psycho-Analysis*, California, University of California Press, 1969.

WISNEWSKI J., « Five Forms of Philosophical Therapy », *Philosophy Today* 47, no. 1, printemps 2003, p. 53-79.

WITTGENSTEIN L., *Briefe an Ludwig von Ficker*, G. H. von Wright (ed.), Salzburg, Müller, 1969.

– *Carnets 1914-1916*, trad. fr. G. G. Granger, Paris, Gallimard, 1971.

– *Culture and Value*, trad. angl. P. Winch, Chicago, University of Chicago Press, 1980.

– *De la Certitude*, trad. fr. D. Moyal-Sharrock, Paris, Gallimard, 2006.

– *Fiches*, trad. fr. J. Fauve, Paris, Gallimard, 1970.

– *Grammaire philosophique*, trad. fr. M.-A. Lescourret, Paris, Gallimard, 1980.

– *Leçons sur la liberté de la volonté*, suivi de : *Essai sur le libre jeu de la pensée*, trad. fr. A. Soulez, Paris, P.U.F., 1998.

– *Leçons et conversations*, trad. fr. J. Fauve, Paris, Gallimard, 1992.

– *Remarques philosophiques*, trad. fr. J. Fauve, Paris, Gallimard, 1975.

– *Remarques sur le Rameau d'or de Frazer*, trad. fr. J. Lacoste, Montreux, L'Âge d'Homme, 1982.

– *Remarques sur les fondements des mathématiques*, trad. fr. M.-A. Lescourret, Paris, Gallimard, 1983.

– *Remarques sur la philosophie de la psychologie*, trad. fr. G. Granel, Mauvezin, Trans-Europ-Repress, 1989.

– *Remarques mêlées*, trad. fr. J.-P. Cometti, Paris, GF-Flammarion, 2002.

– *Recherches philosophiques*, trad. fr. F. Dastur *et al.*, Paris, Gallimard, 2004.

– *The Big Typescript, TS 213*, trad. fr. C. Grant Luckhardt et M. Aue, Malden (Mass.), Blackwell, 2005.

– *Tractatus logico-philosophicus*, trad. fr. G.-G. Granger, Paris, Gallimard, 1993.

XÉNOPHON, *Mémorables*, trad. fr. L.-A. Dorion, Paris, Les Belles Lettres, 2000.

Remerciements

Je tiens à remercier chaleureusement Michel Seymour et Vincent Descombes qui ont dirigé la thèse de doctorat à l'origine de ce livre. Je suis honoré d'avoir pu bénéficier de leur génie – de leurs commentaires éclairés, conseils judicieux et critiques constructives – et aussi d'avoir été en contact avec leur passion pour la philosophie. Merci également à Sandra Laugier, Louis-André Dorion et Mathieu Marion d'avoir bonifié ma réflexion grâce à leurs remarques bienveillantes à titre de membres du jury de thèse. J'aimerais particulièrement témoigner ma reconnaissance envers Mme Laugier qui, en tant que directrice de collection chez Vrin, a recommandé mon texte pour publication et a cru en mon projet depuis le début.

TABLE DES MATIÈRES

Achevé d'imprimer en octobre 2022 par *La Manufacture - Imprimeur* – 52200 Langres
Imprimé en France – N° d'imprimeur : 220951 – Dépôt légal : novembre 2022